KB263906

'숲'에서 만나는 심리학

'숲'에서 만나는 심리학

'숲'에서 만나는 심리학

1판 1쇄 발행 2025년 12월 26일

저자 송준용, 안혜용, 염미정, 오수익, 김성래, 김소영, 강명숙

교정 주현강 **편집** 윤혜린 **마케팅·지원** 이창민

펴낸곳 (주)하움출판사 **펴낸이** 문현광

이메일 haum1000@naver.com **홈페이지** haum.kr
블로그 blog.naver.com/haum1000 **인스타그램** @haum1007

ISBN 979-11-7374-225-5(03180)

'숲'에서 만나는 심리학

송준용, 안혜용, 염미정, 오수익,
김성래, 김소영, 강명숙

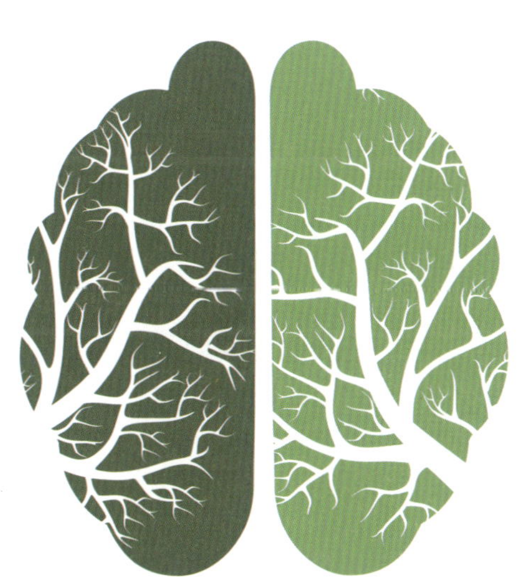

히움

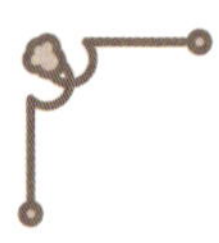

목차

1부

왜 숲에서 치유를 말하는가?

2부

치유는 왜 일어나는가?

3부

산림치유의 평가와 전문성

4부

산림치유 심리 여행 통합 모델
Forest-Psyche Integrated Model

추천사

이 책은 마음을 탐구하는 심리학과 마음을 치유하는 숲이라는 두 세계를 한 권에 담아, 누구나 쉽게 이해할 수 있도록 안내합니다. 또한 자연의 치유력을 상담 치료 현장에 실질적으로 적용할 수 있는 통찰과 방법을 진솔하게 전해 줍니다.

“심리학은 마음을 탐구하고, 숲은 마음을 치유한다.”라는 명제를 바탕으로, 전문가와 독자 모두에게 깊은 울림과 실용적 영감을 선사합니다. 자연과 내면 모두를 아우르는 이 책은 진정한 자유와 성장을 꿈꾸는 이들에게 든든한 길잡이가 될 것임을 확신합니다.

수도국제대학원대학교 부총장 여한구 교수

치유를 공부하는 사람들이 현장에서 만난 숲은 단순한 자연의 배경이 아니라, 공존과 질서의 위대한 교과서다. 이 책은 숲의 생태를 빌려 인간 삶의 의미를 사유하게 하는 깊이 있는 성찰을 담고 있다. 자연을 통해 인간을 읽고, 인간을 통해 다시 자연을 돌아보게 만드는 책이다. 이 책을 쓰고 읽는 모든 이들에게 응원을 보낸다.

온석대학원대학교 산림치유복지학과장 김윤수 교수

　풍요로워 보이고 모든 것이 여유 있어 보이는 세상인데 사람들 사이에 더욱 상처와 아픔 외로움만 더해지는 것 같습니다. 안식과 위로의 필요가 현대인들에게 더욱 요구되는 세상입니다.

　이번 송준용 박사님의 심혈이 담긴 귀한 저서 『'숲'에서 만나는 심리학』은 산림치유와 심리상담을 아우르는 융합의 지침서입니다.

　숲은 인간의 원초적 고향이며 심리적 치유의 근원입니다.

　본 저서를 통해서 전문가들과 현장에서 사역하는 이들뿐 아니라 메마른 세대를 살아가는 세대들에게 치유와 회복 그리고 위로가 될 것을 확신합니다.

Oikos University

President Jphn Kim, Ph.D

미국 오이코스대학교 총장 김종인 박사

　숲은 우리를 언제나 늘 엄마 품처럼 아낌없이 따뜻하게 품어 줍니다. 지친 몸과 마음을 차분히 회복시켜 주며 심리적 안정과 내적 평온으로 삶의 균형 회복에 활력을 불어넣어 주는 치유의 공간이기도 하지요.

　『'숲'에서 만나는 심리학』은 자연 속에서 숲해설가와 치유사 모두에게 마음을 돌보고 성장하는 순간순간들을 더욱 깊고 넓게 이해하며, 현장에서 느끼던 직관을 학문적으로 뒷받침해 주는 진정한 길잡이 등불이 되어 언제까지나 항상 함께하는 든든한 동반자가 될 것입니다.

(사)한국숲길등산지도사협회 대표 표승철

　이 책을 통해 숲이 단순한 배경이 아니라 마음을 비추는 거울임을 발견하게 될 것입니다.

　나무 사이로 불어오는 바람, 발밑에 쌓인 흙냄새 속에서 우리는 삶의 무게를 내려놓습니다. 숲은 단순한 휴식이 아닌, 숲을 통해 자기 자신을 이해하고 회복하는 길을 안내합니다. 숲을 사랑하는 사람이라면 누구나 공감할 것입니다.

　『'숲'에서 만나는 심리학』은 그 경험을 과학적 언어와 따뜻한 이야기로 풀어내며, 독자들에게 숲을 통해 마음을 돌보는 길을 안내할 것입니다. 송준용 박사님과 공동으로 저술된 이 책이 산림치유 개론서로서 그리고 산림치유와 심리테라피가 결합된 힐링 프로그램으로 활용될 것으로 기대해 봅니다.

(사)세계자연치유협회 회장 조연호

'숲'에서 만나는 심리학

산림치유·심리테라피는 숲이라는 자연환경을 활용하여, 과학적·경험적 심리치료 기법을 통합 적용함으로써, 개인의 정서 안정, 스트레스 회복, 자기 이해, 자기 서사 통합, 삶의 의미 회복을 돕는 자연 기반 심리치료이다. 현대인은 과도한 스트레스, 사회적 고립, 정서적 소진에 시달리고 있다. 우리는 종종 약물이나 일시적 도피에서 해결책을 찾지만, 정작 우리 곁에 있는 '자연'이 가장 오래되고 효과적인 치유자임을 잊곤 한다.

숲은 단순한 휴식처를 넘어, 감각과 감정을 회복시키고 삶의 균형을 회복하게 하는 '심리적 공간'이다. 본 책은 산림치유에 대한 과학적 이해와 심리학적 기반을 통합하여, 자연환경이 인간 심리에 어떤 영향을 미치는지를 통찰한다.

이 책은 학문적 탐구이자 실천적 제안이다. 산림치유 전문가, 심리상담가, 정신건강 종사자뿐 아니라 자연과 마음의 연결에 관심 있는 모든 독자를 위해 쓰였다. 독자 여러분이 이 책을 통해 숲과 마음이 만나는 지점에서 새로운 회복의 가능성을 발견하게 되길 바란다.

이 책은 현대 사회가 스트레스, 불안, 우울 등 정서적 어려움을 겪는 인구가 지속적으로 증가함에 따라 산림치유 치유 인자를 활용하여 산림치유의 효과와 심리 변화 과정 구조를 탐색하기 위한 목적을 가진 연구를 바탕으로 집필하였다. 기존 산림치유 프로그램은 주로 생리적 효과에 집중되고 있어, 심리적 구조 변화를 유도하는 심화 개입은 상대적으로 부족한 실정이었다. 김선교 국회의원과 임상섭 산림청장은 2025년 3월 14일 서울 국회의원회관에서 「산림치유 활성화 및 산림치유산업 진흥에 관한 법률안(이하, 산림치유법안)」 입법 공청회를 개최하면서, 앞으로 치유의 방향은 산림, 해양, 농업을 포함한 다양한 영역으로 확대될 전망이며, 심리와 의료·보건을 함께 할 수 있는 영역 확대가 필요하다고 하였다. 결국, 양적, 질적인 면에서의 발전을 위한 통합 모델 모색과 함께 치유 프로그램의 활성화는 물론 연구 또한 활발하게 진행되어야 한다는 것이다.

산림치유·심리테라피의 새로운 치유 모델 모색과 연구 결과로서의 중요성뿐만 아니라 실천 적용 방안에 대해서 연구를 진행했다는 데 의의가 있다. 이를 위해 2024년 2월부터 2025년 6월까지 8개월 동안 총 6차례 프로그램을 진행하였으며, 산림치유·심리테라피의 통합 모델을 모색하였다. 숲에서 자연과 함께하는 산림 숲, 도시 숲, 바다 해안가 또는 해양 숲에서의 치유 인자 가운데 소리경관(Soundscape) 영상을 1분 정도 저장하여 보고 난 후, Storytelling으로 자신의 내면을 표현함으로써 자신을 알아차리고 상호 지각의 통찰을 통해 자신을 수용함으로써 정서적 긴장을 해소하는 심리적 환기(Psycholgical Ventilation)의 과정으로 의식의 전환이 이루어진다는 것을 알 수 있었다, 이러한 사례 연구를 한 후 치유 과정 모형을 살펴본 결과, 치유 구조는 '보게 됨', '알아차림', '나를 봄', '심리적 환기'의 4단계 과정으로 진행되었다. 이러한 연구 결과는 심리학자 제임스 펜네베이커(Pennebaker, J.W)의 '억압(보게 됨)→표현(알아차림)→수용(나를 봄)→회복(심리적 환기)'의 감정 환기 이론과 일치하였다.

따라서 산림치유가 어떤 효과성이 있으며, 어떤 과정을 통해서 이루어지는가에 대한 심리 변화 과정 구조를 탐색해 보았으며, 숲과 자연에서 함께하는 산림치유·심리테라피가 심리적 환기로 나타난 결과를 바탕으로 실천적 측면에서 인간의 불안이나 고통을 단지 제거의 대상으로 볼 것이 아니라 '견디는' 것으로 보는 환기(Ventilation)의 영성을 위해 필요한 치유적 접근과 돌봄을 위한 산림치유·심리테라피 환기(Ventilation)의 실천 적용을 제시하였다.

아울러, 이 책은 총 4부 14장으로 구성되어 있으며, 1부 '왜 숲에서 치유를 말하는가?', 1장 '숲에서 만나는 마음의 소리', 2장 '산림테라피(Forest Therapy)', 3장 '산림치유의 국내외 동향'을 살펴보았으며 2부 '치유는 왜 일어나는가?', 4장 '정서 조절과 자연의 심리학' 5장 '산림치유 인자와 6대 요법'에 대해서 6장 '심리테라피(Psycho Therapy)', 7장 '뇌 과학과의 만남', 3부 '산림치유의 평가와 전문성'에 대해서 8장 'HRV(Heart Rate Variability)', 9장 'POMS(Profiles Of Mood States: 기분상태 검사)', 10장 'HTP(집, 나무, 사람-그림 검사)' 등에 대해 살펴보았다. 4부 '산림치유 심리 여행 통합 모델(Forest-Psyche Integrated Model)', 11장 '산림치유·심리 테라피(Therapy) 프로그램', 12장 '여행과 함께하는 산림치유에서의 Shortform을 활용한 Soundscape 산림치유 사례(Forest-Psyche Journey Integrated Model: FPJI)', 13장 '산림치유 모형', 14장 '산림치유의 활성화 방안'으로 앞으로 산림치유·심리테라피가 나아가야 할 활성화 방안에 대해서 살펴보았다.

이 책은 상담심리, 미술치료, 간호, 약용식물, 차(茶), 산림 등 다양한 전문가들로 구성되어 산림·심리치유 여행 통합 모델(Forest-Psyche Journey

Integration Model)을 적용하여 숲과 해양 숲, 도시 숲에서 프로그램을 진행하였으며, HRV, POMS-B, HTP 검사 등을 토대로 결과를 측정하여 변화도를 연구하였다. 이를 토대로 산림치유가 앞으로 다양한 접근과 치유 모델을 개발하여 결국 산림치유 인자를 활용한 힐링과 심리적인 변화를 이끌어낼 수 있기를 바라며, 산림치유가 추구하며 나아가야 할 방향을 제시함은 물론, 우울, 불안, Burn-out 등 정서적 어려움을 겪는 성인과 자기 탐색은 물론 성장을 원하는 청년·중년을 포함한 회복과 리셋이 필요한 상담사, 교사 등 돌봄 전문가, 일반 직장인 등 다양한 대상들에게 적용하여 도움을 줄 것으로 기대한다. 아울러 산림치유 현장에서 프로그램으로 활용할 것을 제안한다.

1부

왜 숲에서 치유를 말하는가?

1장 | 숲에서 만나는 마음의 소리

　우리나라는 산림이 급속도로 울창한 숲을 이루고 1995년경부터는 1인당 국민소득이 1만 달러가 넘으면서 산림 휴양은 여가 활동 시간의 증가 등에 힘입어 중요한 분야가 되었다. 2005년부터 소득 수준 향상과 급격한 도시화로 인하여 생활환경의 변화 그리고 새로운 환경성 질환의 발생 등으로 건강 증진을 목표로 하는 산림 휴양 활동이 산림치유로 주목받기 시작했다. 2005년에 ㈜한국산림포럼이 발족되었고, 산림치유 분야의 다양한 연구와 산림치유 환경 조성 그리고 산림치유 활동을 현장에서 지도하는 전문 인력을 양성하기 시작하였다. 우리나라에서 산림치유는 건강에 대한 인식의 변화와 사회적인 요구에 발맞춰 현대 의학의 부족한 부분을 보완해 주는 천연 테라피의 하나로서 최근 산림치유에 대한 국민적인 관심과 기대가 높아지고 있다. 산림치유에 관한 정의는 법률로 정하는바, 「산림문화·휴양에 관한 법률」 제2조에 의하면 '산림치유'란 향기, 경관 등 자연의 다양한 요소를 활용하여 인체의 면역력을 높이고 건강을 증진시키는 활동을 말하고, '치유의 숲'이란 산림치유를 할 수 있도록 조성한 산림(시설과 그 토지를 포함한다)으로 정의하였다. 따라서 정리하면, 산림치유란, 숲이 가지고 있는 경관, 소리, 향기, 피톤치드 등 다양한 환경적 요소를 활용하여 심리적 안정과 인체의 면역력을 높이고 건강을 증진시키는 활동이라고 정의할 수 있을 것이다.[1]

　산림치유의 효과적인 인자로서 소리 환경 또한 중요한 역할을 한다. 도심 속에 가로수를 심는 이유는 여러 가지가 있으나 그중에 도로로부터 나는 소음을 방지하는 기능도 있다. 거대한 자연의 숲은 도심의 가로수가 가지는 여러 가지 효과의 수십 배의 효과를 갖고 있다. 숲은 나뭇잎이 여러 겹의 층으로 만들어진 방음벽 역할을 하기 때문에 숲속에서는 소리가 멀리 갈 수 없다. 숲에는 마스킹 효과가 있다고 하는데 이는 엄밀히 따져 보면 다른 의미인 것이다. 숲에서 시끄럽게 들리는 매미 소리 때문에 다른 소리를 잘 들을 수 없다면 이는 마스킹 효과라 할 수 있으며, 일반적으로 숲에서 다른 소음이 잘 들리지 않는 것은 숲의 흡음 효과 때문일 것이다. 숲속에서 시끄러운 매미 소리의 음량을 측정하면 소음 수준으로 데시벨(db)이 높게 나오지만 도시 소음과는 다르게 교감신경이 활성화되지 않고 오히려 청량감을 느끼게 되는 것은 그것이 자연의 소리이기 때문이다. 자연의 소리는 불규칙과 규칙이 조화된 1/f 변동리듬을 갖기 때문에 긴장을 완화시키고 기분을 편안하게 한다고 한다. 우리의 몸은 70%가 액체로 이루어졌기 때문에 외부의 울림은 우리 몸속에 그대로 전달되는 것이다. 그것이 현대 의학에서는 진동치료, 안마, 물리치료 등의 형태로 실행되고 있다. 자연 속에는 빗소리, 바람 소리, 폭포 소리, 시냇물 소리, 새소리, 파도 소리, 매미 소리, 천둥소리, 풀벌레 소리, 개구리 울음소리, 눈이 내리는 소리, 동물 소리 등 무수하게 많은 소리가 있어 때로는 두려움마저도 갖게 한다. 그러나 숲에서 나는 소리는 태초부터 인간들이 자연 속에서 살아오면서 경험으로 축적되어 온 본원적이고 익숙한 것이며 마음을 편안하게 해 주는 것이다. 그 소리는 조작된 것이 아니라 자연스러우며 심신을 이완시켜 주는 진동이기도 하다. 현대 사회는 너무 빠르게 변화되고 있기 때문에 자연의 소리에 귀를 기울일 여유가 없는지 모르겠으나 우리의 선조들은 자연에 순응하며 풍류를 즐긴 듯하다. 계곡의 물소리를 들으며 마음을 정화하고자 했고, 바람의 소리를 들으려 대나무를 심기도 했다. 또한 솔숲에서 나는 소리를 맑은 소리(송운, 松韻), 파도 소리처럼 들리는 소리(송도, 松濤), 퉁소에서 나는 소리처럼 들리는 소리(송뢰, 松籟)로 구분하여 부르기도 했으니, 우리도 이제 숲에서 자연의 소리에 귀 기울이고 우리 자신의 내면의 소리를 들으려 노력해야 할 때이다.[2]

시간이 갈수록 현대인의 심리적 스트레스, 불안, 우울 등 정서적 어려움을 겪는 인구가 지속적으로 증가함에 따라, 자연 기반의 치유 개입에 대한 관심이 높아지고 있다. 특히 산림치유는 자연환경을 활용하여 인체 면역력 향상과 정신적 안정, 스트레스 해소 등을 도모하는 활동으로서 국내외에서 주목받고 있다. 그러나 기존 산림치유 프로그램은 주로 생리적 효과(예: 혈압 감소, 심박수 안정 등)에 집중되고 있어 심리적 구조 변화를 유도하는 심화 개입은 상대적으로 부족한 실정이다.[3] 김선교 국회의원과 임상섭 산림청장은 2025년 3월 14일 서울 국회의원회관에서 '산림치유활성화 및 산림치유산업 진흥에 관한 법률안(이하, 산림치유법안)' 입법 공청회를 개최하면서, 앞으로 치유의 방향은 산림, 해양, 농업을 포함한 다양한 영역으로 확대될 전망이며, 심리와 의료·보건을 함께 할 수 있는 영역 확대가 필요하다고 하였다.[4] 이러한 측면에서 산림치유는 단순한 자연 체험을 넘어, 심신의 건강을 증진하는 전문적이고 통합적인 복지 서비스로 자리 잡고 있다. 이 과정에서 자율성과 유연성은 치유 효과를 극대화하고, 참여자 중심의 서비스를 실현하는 핵심 요소로 작용한다. 전문가의 창의성과 전문성 발휘 측면에서 산림치유지도사는 대상자의 상태를 파악하여 현장 상황에 맞게 프로그램을 조정할 수 있어야 하며, 지역 자원 활용과 사회적 가치 실현 측면에서 지역사회 참여를 유도하고 지속 가능성을 높이고, 지역 특화형 산림치유 모델 형성을 가능하게 한다는 측면에서 중요하다고 할 수 있다. 산림치유의 자율성과 유연성은 단순한 운영의 편의성을 넘어, 치유의 본질을 실현하기 위한 필수 조건이라 할 수 있다. 향후 제도적 틀 안에서도 이러한 유연성이 보장되고, 민간과 공공이 협력하여 다양하고 창의적인 산림치유 프로그램이 활성화되어야 하겠다.[5] 결국, 양적 질적인 면에서의 발전을 위한 모색과 함께 치유 프로그램의 활성화는 물론 연구 또한 활발하게 진행되어야 할 것이다.

따라서 산림치유·심리테라피가 어떤 효과성이 있으며, 어떤 과정을 통해서 이루어지는가에 대한 심리 변화 과정 모형을 탐색하였다. 심리적 유연성은 우울, 불안, 외상 후 스트레스, 중독 등 다양한 심리적 문제에 대한 회복 요인으로 작용하며, 삶의 질과 회복탄력성 향상에도 긍정적인 영향을 미친다.[6] 심리적 유연성은 다양한 정신 건강 문제의 예방 및 회복 요인으로 밝혀졌다. 따라서 산림치유와 심리치유의 병행을 치유 프로그램으로 활성화할 필요성이 있다고 할 수 있으며, 이를 통해 심리적인 측면의 치유적 접근과 돌봄을 위한 산림치유·심리테라피 통합 모델 실천을 적용하였다.

<table>
<tr><td>2장</td><td></td></tr>
</table>

2장 | 산림테라피(Forest Therapy)

1. 산림테라피 특징

산림욕이란 '인간과 산림 등 자연환경 사이에서 일어나는 동조(싱크로 상태)로 인한 쾌적성 증진 효과를 목적으로 한 행위'로 정의한다. '산림욕'은 아키야마 도모히데(秋山智英) 전 임야청 장관이 만든 말로, 1982년 『아사히신문』에서 최초로 소개했다. 하지만 그동안 생리적인 평가법이 확립돼 있지 않아서 몇 년 전까지만 해도 생리적 데이터의 축적은 전무하다시피 했다. 최근 생리적 쾌적성을 평가하는 기술이 급속도로 발전하면서 관련 데이터가 축적되었고, 이에 2003년 '산림테라피'란 단어가 만들어졌다. 산림테라피란 '과학적 증거로 입증된 산림욕 효과'를 뜻하며, 이미 정착된 아로마테라피에 준해서 만들어진 조어다.

하지만 여기서 '테라피(Therapy)'란 표현에 주의할 필요가 있다. 본래 테라피란 단어는 '치료'나 '요법'을 뜻하지만, '산림테라피'의 테라피는 항생물질이 폐렴을 치료할 때 같은 '특이한 효과'에 따른 치료를 뜻하지 않는다. 산림테라피는 지나치게 높은 긴장 상태, 즉 너무 강한 교감신경의 활동을 진정시켜서 생리적 이완 상태를 유도하는 것에 그 목적이 있다. 그 결과 저하된 면역 기능을 올리고 병에 잘 걸리지 않는 몸을 만들 수 있다. 다시 말해서 산림테라피란 '산림에서 유래한 자극이 생리적 이완 상태를 유도하여 면역 기능이 올라가고 병에 잘 걸리지 않는 몸을 만드는 비특이한 효과'를 뜻하며, 예방의학의 견지에 서 있는 개념이라 할 수 있다.

1) 산림테라피의 효과

현대를 살아가는 인간의 몸은 자연에 대응하도록 만들어져 왔다. 하지만 애초에 자연 속에서 살아가도록 최적화된 몸이 인공화된 사회에서 살아가려고 하니 인간은 항상 스트레스 상태에 놓여 있을 수밖에 없다. 하지만 긴장 상태에 있는 인간의 몸이 산림테라피와 접하는 순간 생리적으로 이완되고, 인간 본연의 자연스러운 모습에 다가가 면역 기능이 높아져 병에 잘 걸리지 않는 몸으로 변화할 수 있다. 산림테라피는 이 같은 '특별하지 않은 비특이적 효과'를 기대한다. 리케이 일본 의과대학을 중심으로 한 공동 연구에서 '산림테라피를 통해 저하된 면역력이 증강된다'는 사실을 밝혔다. 대기업에 근무하는 중년 회사원 30명의 피험자를 대상으로 우선 NK 세포(Natural Killer Cell, 자연 살해 세포) 활성화 정도(면역 기능, 특히 항암 작용의 치료로 사용)를 조사했다. 이들 중 자각 증상은 없지만 면역력이 떨어져 있는 '피곤한 회사원' 12명을 추출, 산림테라피 실험에 참가시켰다. 금요일 오전 중에 신칸센을 타고 나가노현 이야마시의 산림테라피 기지로 이동한 뒤, 첫날 2시간과 이튿날 4시간, 총 6시간 동안 산림 산책을 행했다. 그 결과 NK 세포 활성이 첫날에 27%, 이튿날에는 53% 증강되어 정상치를 회복했다. 산림테라피의 '특별하지 않지만 특별한 효과'가 실증된 실험 사례라 할 수 있다.

그다음 해에 재실험을 했다. 전년도 실험 때와 같은 결과를 얻었으며, 아울러 직장으로 복귀하고 30일이 경과한 뒤 다시 계측해 보았더니, 산림테라피를 체험하기 전의 수치와 비교하여 통계적으로 의미 있는 높은 NK 세포 활성치를 보였다. 더불어 여성 간호사를 피험자로 한 실험에서도 같은 결과가 나와 산림테라피는 남성과 여성 모두에게 효과가 있음을 알 수 있었다.

2) 산림테라피와 쾌적성

인간은 꽃이나 수목 같은 자연에 무의식적으로 이끌린다. 이는 현재를 살아가는 인류가 35만 년의 세월 대부분을 자연 속에서 생활했다는 사실과 매우 깊은 관련이 있다. 이때의 경험이 인간과 자연의 동조를 낳고 쾌적함을 낳는다. 물론 개개인의 가치관은 유전자적 수준의 정보에 문화, 환경, 개개인의 경험이 덧씌워져서 형성된다. 하지만 인간과 자연은 가치관의 기초를 만들어 내는 유전자 수준에 따라 선천적으로 동조하므로 자연과 마주친 순간 인간 본연의 모습을 회복하며 이완된다고 한다.

인간은 일상적으로 특정 환경하에 있을 때 그 환경과 자신의 리듬이 일치하면 쾌적한 기분을 느낀다. 예를 들어 청중이 관심 있게 듣는다고 느끼는 강연자는 흥이 나서 얘기를 하지만, 졸고 있는 사람을 발견한 강연자는 순간 말이 막혀 버리는 경우를 종종 경험한다. 이누이 마사오는 쾌적성을 '소극적 쾌적성'과 '적극적 쾌적성'으로 나눠서 정리한 바 있다. 소극적 쾌적성은 안전이나 건강 유지를 포함하는 결핍을 충족하려는 욕구이며, 불쾌함 제거를 목적으로 한다. 따라서 개인의 사고방식이나 감정이 들어갈 여지가 없어서 다수의 대중들이 쉽게 합의에 도달한다. 이에 반해 적극적 쾌적성은 적절한 자극을 받아 생기는 성장 욕구로, 플러스알파를 얻으려는 것을 목적으로 한다. 따라서 동일인이라 하더라도 상황에 따라서 지향하는 바가 달라지므로 합의하기 어렵고 개인차가 큰 특징이 있다.

3) 산림테라피와 감성

감성은 일상적으로 흔히 쓰는 말이지만 아직 확실한 정의를 내리지 못했다. 일반적으로 감성은 '감수성의 준말인 감성'과 '직관적 능력을 뜻하는 감성'으로 구분하는데, 감성은 직관적 능력을 뜻한다. 이때는 칸트의 저작인 『순수이성비판』이 큰 의미가 있다. 칸트는 1781년에 쓴 『순수이성비판』에서 진리히카이트(Sinnlichkeit)라는 단어를 사용했는데, 일본에서는 이를 '감성'으로 번역하여 '직감'에 대응하는 말로 사용했다. '감성'이란 단어는 1921년 아마노 데이유가 처음 사용했다. 감성을 '비논리적이며 직관적인 능력의 특성이며, 그 처리 과정을 언어로 표현할 수 없는 것'으로 정의한다. 자연과 인간의 관계를 논할 때 역시 앞에서 설명한 의미로 쓴다. 비논리적이고 직관적이며 언어로 표현할 수 없는 점은 자연과 인간의 관계에 그대로 적용할 수 있다. 감성을 매개로 하면 논리적인 사고나 판단의 개입 없이 직관으로 처리하기 때문에 그 과정이나 결과를 재해석할 수 없다. 당연히 언어로 표현하는 작업도 불가능하다. 산림테라피의 이완 작용은 우리에게 유선적으로 구비된 비논리적이며 직관직인 능력이 움직인 결과리 할 수 있다. 자연과 인간은 감성을 매개로 동조 상태가 되는데, 그 결과 유발되는 이완 상태나 면역 기능의 향상은 뇌 활동, 자율신경 활동, 스트레스 호르몬, NK 세포 활성 등을 지표로 사용하는 생리 평가 시스템을 통해 비로소 명확하게 드러난다.[7]

현대 사회는 복잡다기한 사회 환경으로 말미암아 인간의 활동 범주도 매우 넓고, 다양하다. 특히 현대에 들어와서는 여러 문명의 이기를 활용하여 생활하면서 육체적인 수고는 줄어든 반면 정신적인 스트레스는 가중되고 있다. 우리들의 일상 활동들을 나누어 보면, 신체적 측면, 일과 교육의 역할, 마땅히 해야 할 의무적인 측면, 정신과 영적인 측면, 휴양 측면으로 구분할 수 있다. 특히 휴양 측면은 다른 구성 요소들이 원활하게 작동하는 데 신체적으로나 정신적으로 그리고 직간접적으로 영향을 주는 바가 매우 크다. 휴양학은 서양의 휴양(Recreation)에서 비롯된 것으로, 라틴어의 'Recratio', 'Recreo'에서 그 어원을 찾을 수 있다. 라틴어의 'Recreatio'는 '새롭게 하다'를 의미하며, 'Recreo'는 '다시 찾다', '되돌리다'라는 의미이다. 휴양은 다양한 놀이를 포함하면서도 놀이에 포함되지 않는 여행, 독서, 문화 예술 활동과 같은 것을 포함하는 포괄적인 활동이며 단지 여가 시간 동안에만 가능하다. 산림휴양은 야외 휴양의 한 형태인데, 산림지역에서 이루어지는 것을 말한다. 야외 휴양의 한 형태인 산림휴양은 휴양 활동 장소가 산림이라는 장소적 특성이 중요하며, 휴양 장소를 구성하는 요소에서도 산림을 구성하는 요소들이 주가 되는 특징을 가지고 있다.[8] 그렇다면 이러한 산림 활동에서의 치유사가 어떻게 진행되느냐에 따라 다른 각도에서 한곳을 바라보게 될지도 모른다. 치유사의 산림에서의 치유 인자에 대한 폭넓은 전문 지식과 인간에 대한 이해가 함께 갖추어져 있을 때 훌륭한 치유의 현장이 될 것이다. 이러한 인간에 대한 이해는 여러 심리학자의 이론과 함께 이해할 필요가 있다.

3장 | 산림치유의 국내외 동향

산림치유는 자연환경을 활용하여 신체적·정신적 건강을 증진하는 활동으로, 최근 국내외에서 그 중요성과 효과가 주목받고 있다. 특히 한국은 산

림치유 분야에서 선도적인 위치를 차지하며 다양한 프로그램과 연구를 통해 발전을 이어 가고 있다.[9]

1. 국내 산림치유 동향

국내에서는 산림치유 프로그램이 지속적으로 개발되고 있으며, 그 효과를 검증하는 연구도 활발히 진행되고 있다. 주요 요법으로는 운동요법, 정신요법, 식물요법 등이 활용되며, 산림 복지 시설에서 연속형 프로그램으로 운영되는 경우가 많음을 알 수 있다. 연구들은 주로 실험군과 대조군을 비교하여 프로그램의 효과를 분석하고 있다. 산림청은 산림치유 프로그램의 질적 향상을 위해 매년 경진대회를 개최하고 있다. 2024년 제7회 산림치유프로그램 경진대회에서는 다양한 우수 프로그램이 선정되어 공유되었다. 한편 서울시는 일자산, 호암산, 관악산 등 도심 내 산림 공간을 활용하여 '치유의 숲길'을 조성하고, 시민들이 쉽게 참여할 수 있는 산림치유 프로그램을 운영하고 있으며, 이를 통해 도시민의 정신적·신체적 건강 증진에 기여하고 있다.

2. 국제 산림치유 동향

국제 산림치유는 전 세계적으로 건강, 웰빙, 지속 가능성에 대한 관심이 높아지면서 다양한 형태로 발전하고 있다. 2024년에는 산림치유가 웰니스 관광, 디지털 기술, 도시 정책 등 다양한 분야와 융합되어 확산되고 있다. 2024년 10월, 청주에서 제1회 세계 산림치유 포럼(World Forum on Forest Therapy 2024)이 개최되었다. 이 포럼은 산림치유의 글로벌 확산과 협력을 위한 장으로, 연구자, 정책 입안자, 실무자 등 20여 개국의 전문가 300여 명이 모여 산림치유의 효과와 정책 방향에 대해 논의하였다. 이 포럼에서는 산림치유의 치료적 이점과 발전 가능성에 대해 논의하였으며, 한국의 산림치유 프로그램이 국제적으로 주목받는 계기가 되었다. 유럽에서는 산림치유의 효과를 과학적으로 검증하기 위한 연구가 활발히 진행되고 있다. 2024년 1월 기준으로, 유럽 전역에서 산림치유 세션의 효과를 조사한 26개의 임상 연구가 체계적으로 검토되었다. 이러한 연구들은 산림치유가 정신 건강과 신체 건강에 긍정적인 영향을 미친다는 증거를 제공하고 있다. 산림치유의 접근성을 높이기 위해 가상현실(VR) 기술이 도입되고 있다. 2024년 11월 발표된 연구 따르면, 고품질의 VR 자연환경은 스트레스 감소와 인지 기능 향상에 긍정적인 영향을 미칠 수 있다. 특히 고령자들에게 VR 산림욕은 현실적인 대안으로 주목받고 있다.

산림치유는 웰니스 관광의 주요 트렌드로 부상하고 있으며, 여행자들은 자연 속에서의 치유 경험을 추구하며, 숲속 명상, 산책, 자연과의 교감을 포함한 프로그램들이 인기를 끌고 있다. 이러한 트렌드는 도시의 번잡함에서 벗어나 자연을 통한 재충전을 원하는 현대인의 욕구를 반영하고 있다. 도시화로 인한 건강 문제를 해결하기 위해, 전 세계 도시들은 녹지 공간 확대와 산림치유 프로그램 도입을 추진하고 있다. 연구에 따르면, 녹지 공간이 풍부한 지역의 주민들은 그렇지 않은 지역보다 신체적·정신적 건강이 더 우수한 것으로 나타났다. 이에 따라 196개국이 2030년까지 도시 녹지 공간을 확대하기로 약속하였다. 국제적으로 산림치유는 건강 증진, 웰빙, 지속 가능성을 위한 핵심 전략으로 자리매김하고 있다. 앞으로는 디지털 기술과의 융합, 도시 정책과의 연계, 과학적 연구 기반 강화 등을 통해 더욱 발전할 것으로 예상된다. 또한 다양한 문화와 지역 특성을 반영한 맞춤형 산림치유 프로그램의 개발이 중요해질 것이다.

3. 산림치유 소리경관(Soundscape) 연구 동향

산림치유에서의 치유 인자 중 소리와 경관, 또는 소리경관에 대한 연구는 많지 않은 게 현실이다. 김진숙(2021)은 연구에서 개인의 스트레스 수준과 숲 환경에서 자연의 소리에 대한 선호도 사이의 관계를 탐색하는 것을 목적으로 한 서술적 상관 연구로, 산림의 소리자원을 활용한 산림치유 프로그램의 운영과 개발에서 스트레스 관리를 위한 기초 자료를 제공하는 것을 목적으로 하였다. 이에 경기도 M 수목원에서 프로그램 참가자를 대상으로 설문을 조사하였다. 자료 수집 기간은 2022년 10월 20일~11월 10일이고 총 154명의 응답을 활용하여 조사 대상의 일반적 특성, 스트레스 수준, 산림치유 프로그램 후 개선된 기분 상태, 선호하는 자연 소리를 조사하여 분석하였다. 스트레스 수준은 연령대와 직업에서 유의한 차이를 보였다. 기분 상태는 스트레스 수준별로 유의한 차이를 보였고, 기분 상태와 스트레스 수준에 따른 선호하는 소리에는 매우 유의한 차이가 나타났다. 이 연구의 결과는 산림치유 프로그램에서 대상에 따른 산림자원의 청각적 요소를 적용하는 데에 근거로 활용할 수 있을 것이라 기대된다고 하였다.[10]

김윤희(2016)는 스트레스 수준에 따른 산림치유 프로그램의 선호도에 차이가 있는지를 살펴보았다. 편의 표본 추출 방법을 이용하여 성인 남녀를 대상으로 산림치유 프로그램 선호도와 사회 심리적 스트레스 척도에 관한 설문을 실시하였다. 사회 심리적 스트레스 척도(PWL-SF: Psycho Social Well-being Index Short Form)를 근거로 성인 620명을 건강군, 잠재군, 스트레스 고위험군으로 분류하였다. 자료 분석은 SPSS 21.0 프로그램을 사용하였다. 스트레스 수준에 따른 세 군 사이의 산림치유 프로그램 선호도 차이를 알아보기 위해 일원분산분석(one-way ANOVA)을 이용하였다. 스트레스 수준에 따라 산림치유 프로그램 선호도는(호흡법, 호흡 체조, 자유롭게 숲속 걷기, 물 흐르는 소리 듣기, 카운슬링 상담 등 전문가 코칭, 스트레스 관련 강의, 대인 관계 커뮤니케이션 강의, 경관 보기, 숲 해설 듣기, 산림욕, 풍욕, 일광욕 등) 오감을 활용하는 감성적인 접근의 프로그램을 각각 상대적으로 높게 선호하는 것으로 나타났다.[11] 잠재적 스트레스군에 있어서는 두드러진 선호도가 발견되지 않았다.

정지헌(2022)은 미래 시대의 주력인 학생들에게 결정적인 영향을 행사할 수 있는 중등 교사들의 효율적인 스트레스 관리를 위한 산림치유 프로그램을 개발하고자, 수도권 중등 교사의 스트레스 대처 방식에 따른 산림치유 프로그램 선호도에 차이가 있는지를 살펴보고자 하였다. 이는 중등 교사의 스트레스 대처 방식에 따른 산림치유 프로그램 개발을 위한 기초 자료 제공을 목적으로 연구하였다. 반면에 스트레스 대처 방식은 총 32개의 프로그램 중에서 거울로 보는 숲(정신요법), 나의 건강 밥상 만들기(식이요법) 프로그램을 제외한 30개의 프로그램 선호도와 통계적으로 유의미한 차이가 있었다. 스트레스 대처 방식 중 문제 중심 대처 방식과 사회적 지지 추구 대처 방식을 높이는 것을 적극적 대처 방식으로 스트레스 대처에 더 효율적이라고 할 수 있으며, 산림치유 프로그램 참가에 대한 의지가 강할수록 문제 중심 대처 방식, 사회적 지지 추구 대처 방식, 소망적 사고 대처 방식의 평균적 수가 늘었다. 따라서 대상자들의 스트레스 대처 방식을 고려한 산림치유 프로그램 요법을 반영한 프로그램을 개발하고 방학 중 교사 연수 프로그램에 산림치유 프로그램이 반영된다면 중등 교사들의 스트레스 대처 능력을 키우고, 스트레스를 감소시키는 데 크게 기여할 것으로 보았다.[12]

백광식(2022)은 치유 인자 중에 대표적인 요소인 산림의 소리를 실내에서 청취하였을 때, 대학생의 생리·심리적 안정 및 주의 집중력에 어떠한 영향을 미치는지 알아보기 위한 목적으로 수행되었다. 주의 집중력 검사 결과 첫 번째, 도시의 소리를 듣는 것보다 산림의 소리를 들었을 때 주의 집중력 검사 점수가 높았지만 유의미한 차이가 있다. 두 번째, 심박 변이도(HRV)와 심장 박동 수(HR), 기능성 근적외선 분광분석법(fNIRS)을 사용하여 자율신경계 활동과 뇌 활동의 변화를 분석한 결과, 산림의 소리를 들었을 때 부교감계 활동이 유의하게 증가, 심장 박동 수 감소로 나타났다. 세 번째, 기분 상태 검사(POMS)와 의미분별법(SD)을 통해 심적 변화를 분석한 결과, 도시의 소리를 듣는 것보다 산림의 소리를 들었을 때 긴장-불안, 우울, 분노, 피로와 같은 부정적인 비분 상태가 유의하게 개선되었으며, 활력은 유의하며 높아지는 것을 확인할 수 있다. 연구에서 소리에 대한 개인의 선호도에 따른 효과 차이 경중 등 다각적인 연구가 필요하다. 봄, 여름, 가을, 겨울에 들을 수 있는 산림의 소리가 인체에 미치는 영향을 규명하는 다각적 연구가 수행되어야 할 것으로 보았다.[13]

김인옥(2014)은 산림의 치유 인자 가운데 하나인 산림의 청각적 환경이 인체의 심리·생리에 미치는 영향과 산림의 각각의 이완 효과를 규명하고자 설계되었다. 연구의 결과는 전문가와 일반인들에 대한 설문 결과를 바탕으로, 이완 효과가 가장 좋다고 생각한 소리는 시냇물 소리, 새소리, 풀벌레 소리라는 것을 알게 되었다. 그리고 정서 상태의 이완 효과는 아무 소리도 듣지 않은 무음 상태일 때보다 산림의 소리를 들었을 때 이완 효과가 크고 심리적으로 안정감을 느낀다는 것을 알게 되었다. 그중에서도 심리적 정서 상태의 이완 효과는 시냇물보다 새소리가 함께 있는 소리가 가장 좋으며, 풀벌레 소리가 가장 떨어지는 것을 알게 되었다. HRV를 통해 측정된 생리적 변화는 산림의 소리를 들었을 때 스트레스는 낮아지고 건강 지수는 높아진다는 것을 알 수 있었다. 산림의 소리에 우리의 몸과 마음이 각각 다른 이완 효과를 보인다는 것을 알 수 있었다. 산에서 들리는 각각의 소리들의 심리적·생리적 이완 효과와 관련해서는 산림의 소리 종류별로 이완 효과의 차이가 나타나지 않았다. 이는 아직까지 우리 몸이 이완 효과의 차이까지는 감지하지 못하기 때문이라고 할 수 있다. 또한 산림에서 들리는 것은 소리의 종류별로는 차이가 나타나지는 않지만 산림에서 들려오는 어떠한 소리라도 산림의 소리를 듣지 않을 때보다 이완 효과가 있다는 것을 시사해 준다. 이는 산림의 소리 이완 효과가 시간과 공간을 초월하여 인간에게 있어 가장 기본적으로 영위하고 있는 것 중 하나이기 때문이라고 생각한다.[14] 연구에서 사용된 산림의 소리는 산림에서 채집한 소리를 사용하였으나, 사용자가 직접 다양한 산림에서 다양하게 채집한 소리를 산림에 사용하는 것이 산림의 정확도를 좀 더 높일 수 있을 것이다.

산림치유는 고령화 사회와 만성질환 증가 등 현대 사회의 건강 문제에 대응하는 효과적인 방법으로 주목받고 있다. 앞으로 산림치유 프로그램의 다양화, 전문 인력 양성, 연구 기반 강화 등을 통해 더욱 발전할 것으로 기대한다. 위에서 살펴보았듯이 대부분의 연구가 소리경관이 신체와 심리에 미치는 영향에 관한 연구에 머무르고 있어 변화 과정에서 드러나는 심리 변화와 구조를 이해할 필요가 있다. 따라서 이 책에서 산림치유가 신체·심리에 미치는 영향과 그 과정에 대한 연구를 토대로 심리치유와 함께 심리적인 통합 모델을 실제 적용하였다.

2부

치유는 왜 일어나는가?

4장 | 정서 조절과 자연의 심리학

1. 감정 조절에 대한 프로이트 이론의 해석

1) 무의식(Unconscious)과 감정

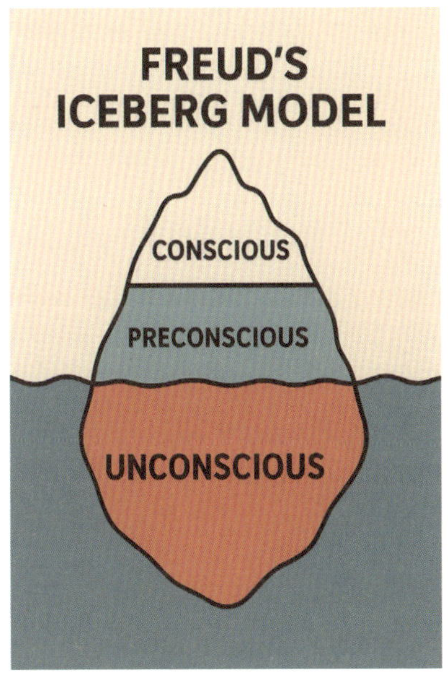

프로이트에 따르면 감정은 종종 무의식적 욕망(본능)에서 비롯되며, 이를 억제하거나 조절하려는 과정이 내적 갈등을 일으킨다. 감정은 의식적으로

통제되지 않으며, 억압될 경우 신경증(불안, 우울 등) 형태로 나타날 수 있다. 예를 들면, "화를 내면 안 돼."라는 사회적 규범에 의해 분노가 억압되면, 무의식에서 불안으로 전환되어 나타날 수 있다. 프로이트 이론에서의 감정 조절은 무의식적 본능에서 비롯된다. 조절은 자아의 역할이며, 방어기제를 통해 무의식적으로 이루어진다. 억압된 감정은 신체화, 꿈, 실수 행위 등으로 표출될 수 있다.

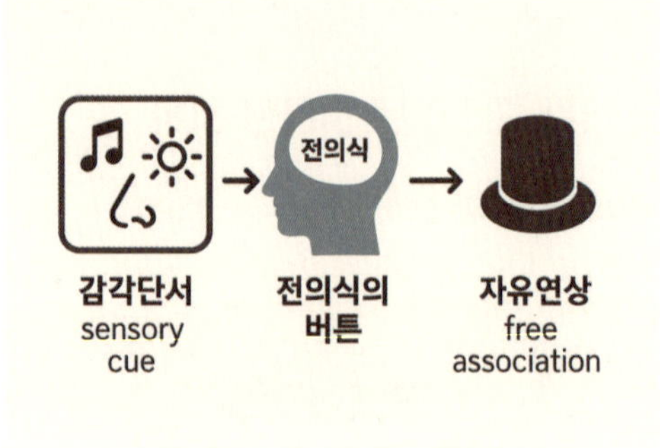

전의식의 버튼(Button of Preconscious)[15]은 우리의 억압된 무의식의 세계를 의식의 세계로 끌어 올리는 무의식과 의식을 연결하는 역할을 하게 된다. 숲에서 자연경관과 함께 들리는 새소리, 풀 소리, 물소리, 바람 소리, 자연 경관을 통해서 전의식의 버튼을 누르는 순간 우리는 심리 여행을 떠나게 되고 회상을 통해서 나를 만나는 시간을 갖게 된다. 억압된 감정들은 마들렌을 통해 어린 시절 속으로 순간 이동을 하듯 빠져들었던 푸르스트 효과처럼

<hr>

15 "숲의 소리경관은 감각단서로 작동하여 특정 기억을 자극하며, 이는 전의식의 '버튼'을 누르는 효과를 만들어 자유연상으로 이어진다. 즉, 소리라는 감각단서가 방아쇠가 되어 전의식의 저장소가 열리고, 거기서 다양한 연상(기억·감정·이미지)이 흘러나오는 곳이다(소리경관→감각단서→전의식버튼→자유연상)." Sigmund Freud, The Interpretation of Dreams.trans.James Strachey(London: Strachey(London:Hogarth Press, 1953), 112./ Endel Tulving and Donald M. Thomson, "Encoding Specificity and Retrieval Processes," Psychological Review 80, no.5(1973): 352.

전의식의 버튼 경험은 오래된 감정을 끌어 올리는 깊숙한 심리 여행을 하게 한다. 프로이트의 자유연상을 통한 치유 인자 중 소리경관이 전의식의 버튼 작업을 하게 된다. 전의식의 버튼(Button of Preconscious)을 눌러 잊고 있던 어린 시절의 기억을 떠올리게 했다. 치유적 대화는 종종 전의식의 버튼을 건드려 스스로도 몰랐던 내면을 마주하게 만든다. 그리고 지금 마주하는 소리경관은 나의 전의식의 버튼을 눌러, 오래된 감정을 끌어 올리게 된다.

2) 감정 조절

Freud는 감정을 조절하는 방식으로 방어기제(Defense mechanisms) 개념을 제시하였다. 방어기제는 자아(Ego)가 불안한 감정을 처리하기 위해 무의식적으로 사용하는 심리적 전략이다.

(1) 방어기제 예시

❶ 억압(Repression): 감정을 무의식에 밀어 넣어 의식하지 않게 된다. 예) 분노, 수치심을 의식에서 제거하게 된다.

❷ 부정(Denial): 감정 자체를 인정하지 않는다. 예) 상실에 대한 아픔을 외면하는 것이다.

❸ 승화(Sublimation): 사회적으로 용인되는 방식으로 감정을 전환한다. 예) 분노를 운동이나 예술로 표현한다.

❹ 투사(Projection): 자신의 감정을 타인에게 떠넘기게 된다. 예) 저 사람이 나를 싫어해.

❺ 반동 형성(Reaction Formation): 감정과 정반대의 행동이나 표현을 하게 된다. 예) 질투심을 숨기기 위해 과도한 친절을 한다.

❻ 치환(Substitution): 화가 나서 집에 갔는데 강아지한테 화풀이를 한다.

3) 감정과 자아의 역할

(1) **원초아**(Id): 본능적 욕망과 감정의 근원(쾌락원칙)

(2) **자아**(Ego): 현실 판단을 통해 감정을 통제하고 조정(현실원칙)

(3) **초자아**(Superego): 도덕적 기준, 감정에 죄책감을 부여

감정 조절은 결국 자아가 원초아와 초자아 사이의 갈등을 중재하며, 사회적으로 수용 가능한 방식으로 처리하려는 노력이라고 볼 수 있다.[16]

2. 스트레스 개념

스트레스는 원래 물리학에서 사용하는 용어로, 물체에 외부의 힘을 가했을 때 생기는 '뒤틀림', '일그러짐'을 의미한다. 예를 들어 고무공을 손가락으로 누르면 고무공이 안으로 움푹 들어간다. 이때 외부에서 가한 힘을 '스트레서(Stressor, 스트레스 요인)', 고무공이 파인 현상을 '스트레스 반응'이라고 하는데, 스트레서와 스트레스 반응 두 가지 모두를 합쳐서 스트레스라고 한다. 스트레스 상태가 되면 뇌 안의 노르아드레날린, 도파민, 세로토닌 같은 신경 전달 물질의 균형에 변화가 오고 그로 인해 분노, 슬픔, 불안 등 다양한 감정이 일어난다. 또 내분비계, 면역계, 자율신경계에도 변화가 생긴다. 스트레스 상태로 인해 긴장이 높아지면 뇌 안의 시상하부가 활성화되어 뇌하수체나 부신을 자극하는 호르몬이 만들어진다. 이들은 최종적으로 코르티솔, 아드레날린, 노르아드레날린 같은 물질이 된다. 아드레날린과 노르아드레날린은 흥분했을 때 다시 말해 교감신경이 활성화되었을 때 분비되는 물질로 혈압 상승, 심박수의 증가, 혈당의 증가, 위장 점막의 혈류 억제 등의 작용을 한다. 따라서 이 상태가 오래 지속되면 고혈압, 협심증, 당뇨병, 위궤양, 부정맥, 뇌졸중 등을 일으킬 위험성이 높아진다. 자율신경계는 교감신경계와 부교감신경계로 이루어져 있다. 교감신경계는 흥분했

을 때 활발해지고, 부교감신경계는 이완 상태에 관여한다. 스트레스 상태를 느껴 긴장이 높아지면 교감신경계가 우위에 서고 그 결과 아드레날린이나 노르아드레날린 같은 물질이 생산된다.[17]

셀리에는 스트레스 반응을 유발하는 자극과 관계없이 나타나는 공통된 생리적 과정으로 보았으며, 경고 단계(Alarm), 저항 단계(Resistnace), 탈진 단계(Exhaustion)의 3단계로 변화한다는 일반적응증후군(General Adaption Syndrome: GAS) 개념을 제시하였으며, 캐논은 위협 인식 시 교감신경계의 활성화로 신체가 투쟁·도피 반응(Fight-or-flight)의 개념을 제시하였으며, 생리적 스트레스 반응의 기본 구조를 설명하였다. 또한 라자러스는 스트레스를 '환경과 개인의 관계에서 요구가 개인의 자원을 초과한다고 지각될 때 발생하는 심리적 반응'으로 정의하여 이는 인지 평가 이론의 기조가 되었다.

3. 주의회복이론(Attention Restoration Theory)

현대인은 끊임없는 자극 속에서 살아간다. 일과 학업, 인간관계, 디지털 기기의 반복적인 사용은 우리의 뇌에 지속적인 긴장을 유발하며, 특히 '주의력'의 고갈로 이어진다. 미국의 환경심리학자 스티븐 카플란과 레이첼 카플란은 이러한 심리적 소진의 문제에 주목하며, 자연환경이 고갈된 주의력을 회복시키는 데 중요한 역할을 한다는 '주의회복이론(Attention Restoration Theory, 이하 ART)'을 제안하였다. ART는 주의력을 크게 두 가지로 구분하였다. 하나는 집중이 필요한 상황에서 의식적으로 작동하는 '지속적 주의(Directed Attention)'이며, 다른 하나는 자극에 자동으로 반응하는 '자연적 주의(Involutary Attention)'이다. 이는 시간이 지날수록 피로와 스트레스를 누적시킨다. 반면 자연환경은 우리가 별다른 노력을 들이지 않아도 저절로 주의를 끌게 하며, 그 과정에서 우리의 인지적 자원을 회복시키는 기능을 한다. 카플란은 자연이 회복적 환경이 되기 위해서는 네 가지 요소를 갖추어야 한다고 보았다.

첫째, 탈출감(Being Away)은 일상에서 벗어났다는 인식을 의미한다. 이는 도시를 떠나 숲이나 자연 공간에 들어섰을 때 가장 명확히 경험된다.

둘째, 매력(Fascination)은 자연이 제공하는 부드럽고 흥미로운 자극, 예컨대 나뭇잎 흔들림이나 새소리처럼 우리의 주의를 편안하게 사로잡는 특성을 말한다.

셋째, 일관성(Extent)은 환경이 충분히 크고 조직화되어 있어 몰입할 수 있는 느낌을 주는 것이다.

마지막으로, 적절성(Compatibility)은 개인의 내적 요구나 목표와 환경이 잘 맞을 때 경험된다. 산림치유 프로그램에서 참가자에게 선택권을 주거나 개별의 감정 상태에 맞춘 활동을 제공하는 이유도 여기에 있다. 주의회복이론은 단순히 숲이 '좋다'는 인상을 넘어서, 왜 숲이 심리적으로 회복을 촉진하는지를 설명해 주는 과학적 토대다.[18]

우리는 일상생활에서 어떤 목표를 추진하기 위하여 주위 환경이나 특정 정보에 대해 집중을 해야 하는데 외부적 환경인 소음, 대기오염, 네온사인, 미세먼지 등으로 인하여 내부적, 심리적으로 발생하는 안정감과 주의력은 떨어진다. 이러한 사회적 환경이 계속적으로 과도하게 되면 인간은 집중할 수 있는 한계에 처하여 스트레스와 피로가 쌓여 짜증, 흥분, 정서불안 등이 발생하여 일의 능률을 저하시킨다. 때문에 이를 회복하지 못하면 소진 상태에 이르게 되고 심리적 위축과 각종 질병으로 나아갈 수 있다. 우리는 이러한 환경 요인들을 극복하려는 노력의 정신적 스트레스를 회복 환경을 통하여 해소하려고 한다. 이때 숲과 같은 자연에 노출시킴으로써 정신적인 안정감 회복과 주의력을 기울이는 데 오는 피로감을 감소시킬 수 있는 것이다.[19]

1. 치유 인자

'산림치유 인자'는 산림 환경이 인체에 긍정적인 영향을 미치는 요소들을 말한다. 주로 다음과 같은 인자들이 포함된다.

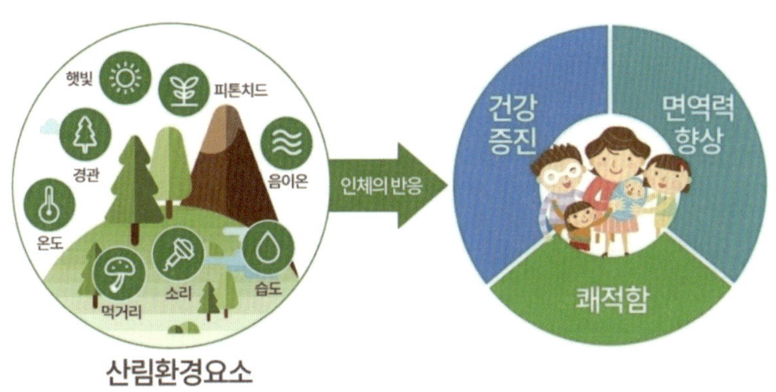

1) 산림 경관

경관은 영어로 Landscape라고 한다. 경관(景觀)은 일정 지역 고유의 외관을 말하며, 숲·가옥·농지·도로·하천·수로 등 개개의 요소별이 아니고 풍경과 비슷한 의미로 이것들이 결합되어 일체성이 있는 외관을 의미한다. 산림 경관은 산림과 인간의 상호 관계 속에서 생태적, 시각적, 문화적 가치가 복합적으로 어우러져 형성된 경치를 말하며, 산림, 수목, 계곡, 지형 등의 물리적 조건의 자연환경과 보건, 휴양 기능의 심리적 측면을 총칭한다고 정의하고 있다. 산림 경관은 식물 종류, 식물의 형상, 계절적인 변화, 수직적 구조, 임상, 식물의 기관 숲의 모양과 종류 등 수많은 경관이 다양하게 연출되고 있다. 경관은 인체 내부 기관에 기계적인 자극(Stimulus)을 주어 인지 도식 속에 들어 있는 전체 경험에 의해 경관을 구성하는 인자에 상응하는 감정을 일으킨다. 이러한 감정으로 경관에 대해서 분위기(Mood)를 얻게 되며, 감상하는 경관에 대해서 때로는 시원하다, 장엄하다, 위대하다, 아름답다, 슬프다, 우울하다 등의 느낌을 받게 된다. 일반적으로, 어떤 경관의 속성으로 돌리는 이와 같은 전체적인 감정적 과정을 경관의 효과라고 한다. 산림 경관은 도시 경관, 인공 경관에 비하여 스트레스 해소에 도움을 준다. 산림 경관을 바라다보면 불안정한 상태를 안정한 상태로 회복시키는 요소를 가지고 있다. 또한 자연경관을 바라보는 사람의 인지 능력이나 집중력은 그렇지 않은 환경에 처해 있는 사람보다 높은 것으로 나타났다. 즉, 숲의 아름다운 경관을 보는 것만으로도 마음의 안정 효과는 매우 큰 것으로 알려져 있다. 녹색의 비율이 높을수록 정서적 안정감을 주는 것으로 보고되고 있다. 시간에 따라 변화하는 산림의 계절감은 또 하나의 매력으로 인간의 주의력을 자연스럽게 집중시켜 주어 피로감을 풀어 주는 효과가 있다.

2) 피톤치드(Phytoncide)

나무나 식물이 해충이나 미생물로부터 자신을 보호하기 위해 내뿜는 항균성 휘발성 물질이다. 스트레스 감소, 면역력 증진, 항염 효과가 보고되고 있다. 피톤치드는 '식물'이라는 뜻을 가진 '피톤(Phyton)'과 '죽이다(Cide)'의 뜻을 가진 합성어로 러시아의 Boris P. Tokin 박사가 Fitoncid로 명명한 이후 Phyton-cide로 사용되고 있다. 즉, 타감 작용을 가지며 식물이 내뿜는 휘발성 향기 물질이라는 뜻이다. 식물이 만들어 내는 살균 작용을 가진 휘발성, 비휘발성 화합물의 총칭이며 산림 환경에는 주로 휘발성의 형태로 존재하여 호흡기나 피부를 통해 인체에 흡수된다. 피톤치드는 식물이 병원균, 해충, 곰팡이에 저항하려고 수목 스스로 만들어 발산하는 휘발성 물질로서 그 주성분은 테르펜(Terpene)이라고 하는 유기화합물로 알려져 있는데, 실제로 휘발성 테르펜류는 물론이고 알칼로이드, 배당체, 플라보노이드, 페놀성 물질 등 비휘발성 성분을 총망라하여 피톤치드로 정의할 수 있다. 피톤치드는 테르펜, 페놀 화합물, 알칼로이드 성분 등을 포함하고 있으며 페르펜 계열이 가장 많다. 주요 테르펜 종류로는 α-Pinene, β-Pinene, D-Limonene, Camphene 등이 있다. 피톤치드는 크게 항균, 항염, 살충 및 소취, 탈취 등의 효과가 있으며 그 향기를 맡음으로써 심신의 쾌적감을 주며 피톤치드의 일종인 알파피넨(α-Pinene)은 피로 회복을 촉진하는 것으로 알려져 있으며, 인체 건강 유지와 스트레스 조절, 면역력 향상에 도움을 주는 것으로 알려져 있다. 피톤치드 발산량은 계절에 따라 농도가 다르다. 특히 엽록소 양이 많아지는 여름철에 가장 높으며, 하루 중 피톤치드 농도는 광환경에 따라 변화하며 해가 뜨고 질 때 높게 나타난다. 수종에 따라서는 소나무, 편백나무 등의 침엽수림에서 높은 경향을 보인다. 피톤치드 특성은 잣나무의 경우 6월과 7월에 높았으며, 오전 9시부터 오후 6시까지 피톤치드 농도는 변화 없이 유사한 농도를 유지하였다. 한편 피톤치드 배출량을 조사하니 소나무, 잣나무, 낙엽송림도 피톤치드 배출량에 있어 편백나무와 큰 차이가 없는 것으로 나타났으며, 대기 중 피톤치드 평균 농도가 가장 높은 수종은 소나무(3.26±0.66ng/㎥)로 편백나무(0.78±0.22ng/㎥)보다 4배 높았다고 발표하였다.

3) 음이온(Negative Ions)

숲속에서 공기 중에 풍부하게 존재하는 음전하를 띤 이온으로, 신경 안정, 집중력 향상, 우울증 완화 등에 도움을 준다. 음이온(Negative Air Ion, NAI)은 부교감신경에 작용하여 신체를 이완시켜 뇌파의 알파파를 증가시키며 마음을 안정시켜 인간의 건강에 긍정적인 영향을 주는 것으로 알려져 있다. 고출력의 음이온 발생기를 이용한 계절성 우울증의 음이온 치료가 다른 생물학적 치료 방법인 광선 치료보다 더 효과가 좋고 편리하다고 보고

되었다. 공기 중의 음이온이 세로토닌을 증가시킴으로써 세로토닌 감소에 의한 우울증을 치료하는 데 효과적이며, 음이온은 운동 후 체온 조절에 도움이 되고 신체 및 정신 스트레스에 대한 자율신경 기능의 회복에 도움을 준다고 알려졌다. 일반적으로 산림에는 도시보다 많은 양의 음이온이 존재한다. 음이온은 산림의 호흡 작용, 산림 내 토양의 증산 작용, 옹달샘, 약수터, 폭포, 물웅덩이, 계류 주변에 풍부하므로, 숲 중에서도 수원(水源)이 있는 숲 환경이 치유 면에서 더 바람직하다.

4) 햇빛(일조량)

적절한 햇빛 노출은 비타민 D 합성과 생체리듬 조절에 도움을 주며, 계절성 우울증 완화에도 효과적이다. 지구에서는 햇빛이 대기를 통해 걸러져 태양이 수평에 있을 때 낮 동안 태양 복사가 행해진다. 인체는 햇빛으로부터 비타민 D를 생성하며 적절한 양의 영양분 섭취가 없는 상태에서 햇빛을 너무 받지 않으면 비타민 D의 결핍이 있을 수 있다. 햇빛의 부족은 계절성 정동장애(SAD)의 주원인 가운데 하나로 여겨지기도 한다. 구체적으로 적당한 양의 햇빛 노출은 비만과 당뇨병 위험을 줄일 수 있다는 연구 결과가 보고되기도 했다. 해가 뜨면 자연적으로 힘이 나서 호르몬 수치가 높아지면서 활동을 시작하지만 해가 지면 일조시간의 변화와 같은 광주기를 감지하여 수면을 취하게 된다. 도시 생활에서는 자연의 광주기성과 하루 리듬이 깨지기 쉽다. 야간에도 강한 조도의 빛에 오래 노출되는가 하면 낮에도 햇빛을 쐬지 못하며, 각종 소음에 노출되기 때문에 깊은 숙면과 휴식을 취하지 못하게 된다. 이런 상태가 지속되면 소위 탈진 증후군(Burn-out syndrome)이나 만성피로, 불면증에 시달리게 된다. 산림 환경에서는 자연의 리듬을 되찾고 심신의 전반적인 휴식과 활성화의 균형을 찾을 수 있다. 햇빛은 모든 생명체의 에너지원이다. 그러나 강한 햇빛은 유해한 자외선에 노출되게 하여 피부 질환의 원인이 되기도 한다. 산림에서는 나뭇잎이 자외선의 노출을 차단하여 한여름에는 적당한 일광욕을 가능하게 하며, 각종 피부 질환을 예방한다. 이러한 간접적인 햇빛은 비타민 D를 합성하는 데 기여하고 세로토닌을 잘 분비시켜 심신에 활력과 생기를 불어넣어 준다. 비타민 D는 골격 형성에 필요한 칼슘을 대장과 콩팥에 흡수시키는 데 기여하고 뼈를 튼튼하게 하는 역할을 한다. 또한 숲속에서 나뭇잎 사이로 비치는 햇빛은 너무 어둡지도 않고 너무 밝지도 않으므로 기분을 편안하게 만들어 준다.

5) 산소

일반적으로 도시의 공기 중에는 산소 농도가 약 20.9% 정도 되나, 산림에서는 이보다 약 1~2% 정도 더 많은 산소를 함유하고 있다. 숲의 공기는 이처럼 산소 농도도 높지만 질적인 측면에서도 도시보다 청정한 상태이다. 도시에서 오염, 먼지 등에 의해 질이 나쁘지만 숲속에서는 오염원으로부터 원거리에 떨어져 있고 그나마도 나뭇잎이 필터 역할을 함으로써 걸러 주기 때문에 깨끗한 공기, 산소를 마실 수 있다. 체내에 산소가 충분히 공급되면서 신진대사가 원활하게 되고 뇌의 활동도 활발하게 해 준다. 그러므로 맑고 깨끗하며 충분한 산소는 우리의 건강과도 직결되며, 우리 몸의 신진대사 및 뇌의 활성화에 도움을 준다.

6) 온·습도

숲은 온도와 습도를 안정적으로 유지해 쾌적한 환경을 제공하고, 이로 인해서 자율신경계 안정에 도움을 준다. 사람은 음식이나 산소를 섭취하여 얻은 열을 지속적으로 방열해 주기 때문에 체온이 일정하게 유지된다. 유효온도는 체감온도로 실제의 온도보다는 습도가 낮아지거나 바람이 불면 낮아진다. 바람이 불면 시원함을 느끼는 것도 이 때문이다. 일반적으로

우리는 기온이 20~25℃, 상대습도 60~70%의 범위에서 쾌적감을 느낀다
고 한다. 도로에 따른 산림의 온·습도 조절 능력은 도로경계에서 산림 내부
로 거리가 멀어질수록 크고 변동성이 적었으며 산림 내부 성상에서는 침엽
수에서 온·습도 조절 능력이 더 큼이 확인되었다. 산림 환경에서의 온·습도
조절 능력이 산림 외에서보다 뛰어나며, 산림 내에서 불어오는 바람은 온·
습도를 조절해 주어 심리적으로 안정감을 준다.

7) 소리

　바람 소리, 새소리, 물 흐르는 소리 등 자연의 소리는 청각적 안정과 심리
적 안정감을 제공한다. 우리 사회는 자동차 소리, 층간 소음, 건물 소리, 기
계 소리, 생활 소리 등 많은 시끄러운 소리가 우리 마음을 찌푸리게 한다.
그러나 새소리, 물소리, 낙엽 소리, 솔바람 소리, 음악 소리 등은 마음을 편
안하게 하고 즐겁게 한다. 이와 마찬가지로 산림 환경에는 다양한 새소리,
벌레 소리, 물소리, 낙엽 밟는 소리, 바람 소리 등 자연의 소리가 마음을
차분하게 가라앉혀 준다. 가만히 귀 기울이며 걷거나 명상을 하면 뇌파에
서 알파파가 빨리 유도되어 정신이 안정된다. 바람 소리는 일정 주파수대
의 소리가 주기적으로 들리기 때문에 청각이 자극되면서 뇌를 활성화해 집
중력을 향상시킨다고 한다. 수술이나 중재적 시술을 하는 동안 자연의 소
리 또는 자연의 소리와 음악을 함께 들려주면 통증이나 불안을 감소시키는
효과가 있다. 산림에서 발생하는 소리는 마음을 편안하게 하며, 집중력을
향상시키는 비교적 넓은 음폭의 스펙트럼이 전체적으로 일정한 백색소음
(White sound)의 특성을 가진다. 백색소음으로는 비 오는 소리, 폭포수 소리,
파도치는 소리, 시냇물 소리, 나뭇가지가 바람에 스치는 소리 등이 있으며,
숭실대 소리공학연구소의 실험에서는 한 의과대학의 도움을 받아 피실험
자에게 백색소음을 들려주고 뇌파를 측정했더니 베타파가 도움을 받아 피

실험자에게 뇌파를 측정했더니, 베타파가 줄어들면서 집중력의 정도를 나타내는 알파파가 크게 증가하여 뇌파의 활동성이 다소 감소되고 심리적인 안정도가 크게 증가했다는 보고가 있다. 산림 내의 소리는 계절마다 다른 특성을 가지며, 특히 봄의 바람 소리, 가을철의 낙엽 떨어지는 소리, 나뭇가지의 바람 소리는 사람의 마음을 사로잡아 안정을 가져다준다고 볼 수 있다. 그러므로 숲속 소리는 도심보다 주파수가 고르게 분포되어 편안함을 주는 뇌파의 세타(θ)파가 증가하여 생리적으로 신체에 편안함을 주는 소리로 나타난다.

8) 먹거리

숲속에서 깊은 산골짜기의 맑은 샘물, 각종 열매, 산채와 같은 임산물은 우리들의 먹거리이다. 이러한 먹거리가 우리에게 향수를 가져다주고 맛과 향기를 느끼는 것은 바로 즐거움과 미각적인 만족감을 느끼게 한다. 좋은 먹거리와 좋은 환경, 적당한 운동은 세포를 바꾸어 건강하게 변화시킨다. 몸에 이상이 생기면 입산하여 맑은 공기, 청정 환경에서 무공해 먹거리를 섭식하여 건강을 유지하는 사람들이 있다. 먹는 즐거움이 심리적으로 행복감을 만들어 준다. 산림 환경에서 다래, 밤, 보리수 등 자연의 열매를 맛보는 순간 심리적으로 매우 안정된 즐거움을 줄 것이다.

9) 물

산림에서 깨끗한 물을 보면 걸음을 걷다가 멈추는 순간 마시고 싶고 손을 담그기도 하는 등 저절로 감탄사를 연발하며 즐거움을 느낀다. 특히 계곡, 폭포에서 쏟아지는 물소리와 깨끗한 물은 청량함과 봄에는 흐르는 생동감, 여름에는 시원함, 가을에는 물속에 비친 단풍의 아름다움, 겨울에는 얼음 속으로 흐르는 미지의 음악 소리와 얼음 형상의 자태는 우리의 마음을 즐겁게 하여 안정을 가져다준다. 도시 환경, 산림 환경, 물과 산림 환경에 대한 선호도 조사에서 물이 있는 산림 환경이 가장 높은 선호도를 보인 것과 같이 인간의 물에 대한 선호도는 높다. 물이 치유의 효과를 주는 인자로 대표적인 것은 크나이프(S. Kneipp) 신부가 개발한 크나이프식 물 치료법이 심신의 건강을 유지하는 데 큰 효과가 있다고 한다. Sebastion Kneipp는 "삶은 자기 스스로 자기를 돌보는 것이다."라고 한 물 치료 도입자로 고등학교 때 소 키우는 작업 알바를 하던 중 다리가 아픈 '소'를 데리고 강물에 들어갔는데 '소' 다리가 치료됨을 깨닫고, 대학교 때 물리치료에 대한 서적을 구입하여 공부와 실험으로 다뉴브강에서 반신욕을 실시 후 물 치료 효과를 발견하였다. Kneipp 요법의 기본은 냉·온 요법과 압력을 달리하여 공급하는 물 치료 요법이 혈액순환을 원활하게 하는 효과를 준다는 것이다. 따뜻한 물-찬물-따뜻한 물-찬물로 4회 정도 교대로 실행한 후 마지막 물기는 그대로 마르게 하는 방법으로, Kneipp 요법은 물요법(냉·온수욕), 영양의 균형, 운동요법, 허브약초요법, 조화요법(심신과 신체의 조화)으로 이루어져 있다. 따뜻한 물은 혈관 이완, 순환 증진, 근육에 혈액 공급, 통증 완화, 독소 제거, 면역 기능 강화 작용이 있으며, 찬물은 염증 감소, 부종 감소, 근육 강화 등의 작용이 있다. 더운물 찬물 교대는 내분비 기능 강화, 염증 감소, 장 기능 강화 작용과 혈액순환을 돕는다.

10) 지형

숲길은 산림 내 걷기 운동으로 무리하지 않으면 육체적 심리적으로 안정화를 준다. 지형을 이용하여 조성된 산림 내 숲길은 길이, 경사도, 노선, 노면, 노폭 등 다양한 지형을 가지고 있다. 건강 증진에도 도움을 주고 있는 보고들에 의하면 산림욕은 혈압과 심박수를 안정시키고, 스트레스 완화와 심리 안정 등 효과가 있으며, 걷기 운동이 스트레스, 피로 지수를 감소시키는 것으로 나타났다. 또한 국립산림과학원은 숲길에서 경험하는 녹색, 빛, 소리, 공기 등 다양한 물리적 환경이 인간의 스트레스와 심리적 피로감을 감소시키는 데 긍정적인 역할을 하고, 감정과 정서 면에서도 긴장감, 우울감, 분노감, 적대감, 활력·활동성, 피로감, 혼란 등이 긍정적으로 변했다고 하였다.

11) 형상

산림치유 인자 중 '형상'은 산림의 형태나 구조적인 특성을 의미한다. 즉, 숲의 모양, 지형, 경관 구조 등이 여기에 속하며, 이는 산림 환경이 인간의 심리적, 생리적 반응에 어떤 영향을 주는지와 관련이 있다. 예를 들어, 곡선적인 지형이나 완만한 경사는 안정감과 편안함을 줄 수 있고, 깊은 계곡, 높은 나무들, 넓게 펼쳐진 숲길은 개방감이나 신비감, 몰입감을 제공하게 된다. 그리고 조망이 좋은 곳과 숲속 오솔길 같은 요소도 형상 인자로 분류된다. 이러한 형상은 시각적·공간적 자극을 통해 스트레스 감소, 심리적 안정, 집중력 향상 등에 기여할 수 있다.

현대인들은 고통과 스트레스, 정신적 불안에 시달리고 있어 고요한 휴식의 공간이 필요하다고 생각하여 정신적으로 휴식을 취할 수 있는 공간을 마련한다. 사람들은 자연이 필요하고 경치를 즐기고 명상할 수 있어 마음을 건강히게 유지할 수 있디. 지언적 형태의 고유한 힘은 내면의 감정으로 전달되며, 자연과 나, 우리가 서로 의사소통할 수 있다는 가능성을 제시한다. 또한, 자연적인 형태를 통한 정신적 경치는 사람들이 마음에서 행복을 찾고 삶의 에너지를 얻을 수 있는 공간으로 여겨진다. 그러므로 자연의 형상을 볼 때 상상과 내면의 감정을 소통함으로써 마음의 행복을 찾고 즐거움을 얻는다. 앞으로 치유의 숲 조성·관리 시 치유 인자에 대하여 계속적인 활용 연구를 실시하여 치유 인자를 보다 더 많이 활용한 치유의 숲 관리가

적극적으로 이루어져야 할 것이다.[20]

2. 산림치유 6대 요법

산림청이 설정한 산림치유 6대 요법은 식물, 정신, 운동, 기후, 물, 식이 요법으로 구성되어 있으며, 이는 이후 관련 연구와 프로그램 설계에 큰 영향을 미쳤다.

1) 산림치유 6대 요법

식물 요법은 식물을 이용한 건강 요법으로 주요 실천적 활동은 산림욕, 방향욕, 음이온 요법, 산림 기후 요법 등이다. 물 요법은 실내의 물과 숲속의 물을 이용하는 방법으로 냉수욕, 온수욕, 음이온 요법이다. 식이 요법은 숲속의 식용식물을 구분하는 방법이나 이용하여 조리하는 건강 상식 요법이다. 기후 요법은 산림 미기후적인 요소를 활용하는 방법으로 산림 기후 요법, 즉 숲 지대 산책, 산림욕 체조나 기관지 호흡, 일광욕 등을 포함한다. 운동 요법은 산림 경관과 지형을 활용하는 것으로 경사나 지형을 이용한 산림 운동이나 산림욕 체조가 해당된다. 정신 요법은 숲속에서 심신의 안정과 정신 건강을 증진하는 정신 균형 요법으로 명상, 사색, 등이 있다.[21]

요법	구체적 활동 예시	주요 심리 효과
식물 요법 (Phyto Therapy)	피톤치드 흡입 아로마 테라피 자연물 공예	불안 완화 정서적 안정 기분 개선
정신 요법 (Psycho Therapy)	숲속 명상, 호흡법 숲 치유 상담 마음 일기 쓰기	자기 성찰 스트레스 완화, 우울 감소 회복탄력성

운동 요법 (Exercise Therapy)	숲길 걷기 숲속 요가 치유 체조	기분 고양 활력 증가 우울, 무력감 감소
기후 요법 (Climate Therapy)	삼림욕, 음이온 흡입 아침 햇빛 쬐기 맨발 걷기	피로 회복 수면 질 향상 주의력 회복
물 요법 (Hydro Therapy)	숲속 족욕 계곡 물소리 테라피 폭포수 명상	긴장 완화 혈액순환 개선 심신 이완
식이 요법 (Diet Therapy)	치유식 체험(산채비빔밥, 도토리묵) 약초차 시음	만족감 증가 우울 완화 면역력 강화

(산림청, 2011)[22]

6대 요법은 심신·환경·생활 습관을 모두 통합하는 구조이다. 실제 숲 치유 프로그램은 보통 2~3개 요법을 융합하여 설계하여 실행하기도 한다.

❶ 정신 요법+운동 요법: 우울·불안 감소에 가장 효과적이다.

❷ 식물 요법+기후 요법: 스트레스 호르몬(코르티솔) 저하에 유효하다.

❸ 물 요법+식이 요법: 신체적 이완과 생활 습관 개선으로 연결한다.

3. 소리경관(Soundscape)

우리는 아름다운 경치를 접하게 되면 그 경관에 몰입하고 감탄하게 된다. 특히 시계가 넓은 공간에서 바라보는 조망은 가슴속을 시원하게 해 주는 느낌마저 갖게 한다. 그렇기 때문에 대부분의 등산로는 능선을 따라 개설되는 것이 일반적이다. 이처럼 산림 경관은 높은 녹시율과 함께 넓게 펼쳐지는 조망 공간이 있기 때문에 편안함을 느끼고 심신을 이완시키는 장소로 적합하다. 프랑스 생리학자들의 실험에 따르면 붉은색과 파란색은 혈액

순환을 촉진시키고 연파랑이나 연녹색은 마음을 안정시켜 건강 회복에 도움이 되었다고 하였다. 또한 미시간대학교 무어 교수는 2,648명의 수감자를 대상으로 한 연구에서 창을 통해 숲이 있는 운동장을 볼 수 있는 수감자들이 그렇지 못한 수감자들에 비해 의료진을 찾는 횟수가 약 24%나 낮았다고 하였다.

우리가 복잡한 일상생활 속에서 생활하거나 스트레스 상황에 있을 때 머리가 무겁다는 표현을 쓰기도 한다. 머릿속으로 복잡한 계산을 하거나 지속적으로 어떤 생각을 하는 상태, 즉 인지부하가 많은 상태에서는 전두엽의 활동 지표인 헤모글로빈 농도도 높아지게 된다. 도시 경관과 숲 경관을 감상하도록 한 후 전두엽의 활동 지표인 헤모글로빈 농도를 측정한 결과, 도시 경관을 감상한 사람들이 숲 경관을 감상한 사람들보다 높은 것으로 나타났다. 또한 생리적 측정 지표로 이용되는 HRV(Heart Rate Variability)는 자율신경계 기능 상태와 일치하는 심장 박동의 변화도를 측정할 수 있는 기기이다. HRV를 이용한 심박 변이도를 측정한 결과에서도 숲 경관을 15분 동안 감상한 사람들은 도시 경관을 15분 동안 감상한 사람들에 비하여 LF/HF값이 18.0% 정도 유의하게 낮은 것으로 나타났다. LF(low frequency)는 0.04~0.15Hz 대역의 저주파수를 의미하며, HF(High frequency)는 0.15~0.4Hz 대역의 고주파수를 나타내는 값으로 자율신경계의 안정도를 LF/HF값으로 나타낸다.

생리적인 지표로 코르티솔 검사를 통하여 스트레스 정도를 나타내기도 한다. 코르티솔 검사 방법으로는 혈액을 채취하여 분석할 수 있으나 혈액 채취는 고통이 따르기도 하기 때문에 비침습적 방법인 침(타액)을 채취하여 코르티솔 농도를 측정한 결과 숲 경관을 감상한 사람들이 도시 경관을 감상한 사람들에 비하여 코르티솔 농도가 13.4% 유의하게 낮게 나타났다는 결과도 있다. 숲 경관이나 도시 경관의 정도에도 많은 차이가 있을 수 있다. 그러나 여기에서의 숲 경관은 도심으로부터 멀리 떨어진 곳의 자연 경관을 의미한다. 숲은 시각적으로 녹시율이 높은 것은 물론이고 청각적, 후각적, 촉각적 자극이 공존하는 곳이다. 따라서 이와 같은 환경에 노출되면 자연스럽게 심신이 이완되고 편안함을 느끼게 됨에 따라 자율신경계가 안정되고 면역력이 향상된다고 할 수 있으며, 이것이 바로 산림치유의 원리이다.[23]

<table>
<tr><td>6장</td><td>

심리테라피(Psycho Therapy)

</td></tr>
</table>

1. 심리학과 인간의 만남

1) 프로이드의 인간에 대한 기본 관점

(1) 정신결정론

바람이 불면 나뭇잎이 흔들린다. 그리고 바람이 멈추면 나뭇잎의 흔들림 역시 멈춘다. 빛이 비치면 어둠이 사라지지만 빛이 사라지면 세상은 온통 칠흑 같은 어둠에 휩싸인다. 프로이트는 이 당연한 이치를 "원인이 멈추면 결과도 멈춘다."라는 명제로 발전시켰다. 이런 의미에서 볼 때, 인간의 겉으로 드러난 감정과 행동 그리고 생각들은 어떤 원인에 의해 미리 결정된 것이다. 프로이트에 따르면 아무런 원인도 가지지 않는, 즉 저절로 발생하는 현상이란 없다는 것이다. 그 어떤 힘, 곧 원인이 작용했기 때문에 사람들은 기쁘고 슬프며, 괴롭고 분노하게 되는 것이다. 다른 상담 이론(예: 행동치료이론)에서는 사람들의 희로애락(喜怒哀樂)을 결정하는 것은 사람 외부의 환경적 조건이라고 주장하게 된다. 하지만 프로이트는 이와 정반대의 입장을 유지하였다. 사람들의 행동을 결정하는 것은 외적인 환경적 조건이 아니라 내적인 그 무엇이라고 하였다. 즉, 사람들을 웃게도 하고, 울게도 만드는 것은 사람들 마음속에 존재하는 정신적 과정인 것이다. 이를 정신적결정론(Psychic Determimnism)이라 한다.[24]

(2) 무의식

사람들의 감정, 행동, 생각을 결정하는 정신적 원인의 실체는 무엇인가? 이를 제대로 이해하기 위해서는 우선 사람의 마음을 '아는 것'과 '모르는 것'으로 구분해 볼 필요가 있다. 이때 아는 것은 밖으로 드러난 것이고, 모르는 것은 속에 숨겨진 것이다. 우리는 "빙산의 일각(一角)에 불과하다."라는 말을 자주 쓴다. 바다에 떠 있는 빙산은 극히 일부분만 겉으로 드러나 있다. 밖에서 보기에 그것이 전부인 것 같지만, 실제로는 빙산의 거의 대부분은 수면 밑에 가라앉아 있다. 우리의 눈에는 밖으로 드러난 것만 보이고 속에 숨겨진 것은—마치 그것이 존재하지도 않는 것처럼—보지도, 알지도 못한다. 프로이트는 인간의 마음도 그러하다고 하였다. 마음에 담겨 있는 것들 중 사람들이 이미 알고 있는 것은 의식이라 하고, 존재하지만 자각하지 못하고 있는 것을 무의식이라 한다.[25]

프로이트에 의해서 창시된 정신분석은 인간 심리에 대한 결정론과 무의식이라는 두 가지 기본적인 개념에 기초를 두고 있다. 인간 행동은 비합리적인 힘, 무의식적 동기, 생물학적이고 본능적인 충동에 의해 영향을 받는다. 19세기에 다윈은 『종의 기원(On the Origin of Species)』을 통해 진화론을 주창하였는데, 프로이트의 정신분석은 인간을 생물학적 존재로 보는 당시의 시대정신을 반영하고 있다. 프로이트의 결정론적 관점에 아무런 원인도 가지지 않는, 즉 저절로 발생하는 현상이란 없다. 그 어떤 원인이 반드시 있었기 때문에 그 결과로 인간은 기쁘고 또 분노한다. 사람들의 희로애락을 결정하는 것은 외부의 환경적 조건이라는 견해를 가진 학자들도 있지만, 프로이트는 이와 정반대의 입장을 취했다. 즉, 인간 행동을 결정하는 것은 환경의 외적 조건보다는 오히려 개인의 심리 내적 조건이라는 것이다. 이러한 심리결정론(Psychic Determinsm)에서는 개인의 사고, 감정, 행동이 심리 내적 원인에 의해 결정된다고 본다. 개인이 겪는 갈등은 내부에 존재하는 어떤 정신적인 원인이 작용한 결과이므로 그 원인이 제거되지 않는 한 심리적 문제는 결코 해결되지 않는다. 따라서 개인의 사고, 감정, 행동을 결정하는 정신적 원인의 실체를 규명하는 것이 정신분석이 추구하는 궁극적 목표이다. 프로이트는 정신세계를 심층적으로 분석했다. 인간의 정신 영역을 의식, 전의식, 무의식의 세 가지[26] 수준으로 설명하였다. 또한 프로이트는 '자유연상'을 통해서 자신의 마음에 떠오르는 것들을 그것이 아무리 고통스럽고 사소하며 우스꽝스럽거나 비논리적이라고 하더라도 있는 그대로 이야기하도록 하였다. 내담자는 자신의 마음에 떠오르는 것에 대해 전혀 거르지 않고 상담자에게 이야기하고, 상담자는 그것을 통해 내담자 속에 억압된 자료를 수집하고 그것들을 해석하여 의미를 찾아 내담자의 통찰을 돕는다.[27] 산림치유에서 좀 더 치유적 접근을 위해서 Soundscape를 통해서 무의식의 통찰을 통해 의식을 일깨우는 치유적 통로가 될 수 있도록, 세심한 관찰과 깨달음의 과정을 잘 알아차릴 수 있도록 산림치유사의 역할이 중요하다고 할 수 있다.

2) 에릭슨의 인간에 대한 기본 관점

인간 발달에 관한 가장 최근의 연구물 중 많은 수가 태아의 감각적 반응

---

26 프로이트는 1900년에 발표한 『꿈의 해석』에서 인간의 정신세계를 의식, 전의식, 무의식으로 구분하는 지형학저 모델(Topographical Model)을 제시하면서, 이 모델에 따르면, 인간이 심리적 경험은 의식적 접근의 가능성을 기준으로 첫 번째는, 의식 수준(Conscious Level)으로서 항상 자각하고 있는 지각, 사고, 정서 경험을 포함한다. 이러한 의식적 경험은 인간의 정신세계에 있어서 극히 일부분에 해당된다. 정신세계라는 거대한 빙산에서 수면으로 떠오른 일부가 의식적 경험에 해당된다. 둘째는, 전의식 수준(Preconscious Level)으로서 평소에는 의식하지 못하지만 약간의 노력을 기울이면 쉽게 의식으로 떠올릴 수 있는 기억과 경험을 의미한다. 전의식은 무의식의 내용을 의식으로 연결하는 교량 역할을 한다. 세 번째, 무의식 수준(Unconscios Level)은 자각하려는 노력에도 불구하고 쉽게 의식되지 않는 다양한 심리적 경험을 포함한다. 이러한 무의식은 수용되기 어려운 성적 욕구, 폭력적 동기, 부도덕한 충동, 비합리적 소망, 수치스러운 경험과 같이 의식에 떠오르면 위협적인 것으로 느껴지기 때문에 억압된 욕구, 감정, 기억의 보관소라고 할 수 있다(권석만, 『현대심리치료와 상담이론-마음의 상처와 성장으로 가는 길』, 서울: 학지사, 2021, 56-58).

에 주목하고 있다.

 발달론적으로 보면 태아의 파악 반사(무엇이든 손바닥에 놓아 주면 꽉 쥐고 놓지 않는 반사)는 보통의 어린아이가 의지를 가지고 쥐는 동작과 동일한 순서로 전개된다. 코와 입 언저리에서 첫 번째 반사 운동이 일어나는데 이것이 일차 감응이다. 여기서 신생아로서 하게 될 구강 활동의 토대가 만들어진다. 태아는 양수를 마시고 자신의 엄지를 빤다. 태아의 모든 행동은 태어난 후 관절과 근육을 움직이는 데 도움이 되며 이와 직결되어 있기 때문에 엄마의 뱃속에서 이런 행동들을 연습할 필요가 있다. 이 모든 유도 반응은 발생 초기 단계에서 태아가 발휘할 수 있는 능력이 어떤 것인지 그 본보기를 보여 준다. 감각 기관은 자궁 속에서 정해진 순서에 따라 발생한다. 아이는 고유한 감각 기관을 부여받은 채로 세상에 나오게 되는데, 이것들은 유전학적으로 다른 아이들의 것과 다르다. 사람마다 감각 기관의 발달 정도가 다 다르다. 미각, 후각, 촉각 기관의 성능은 제각각 다르며, 시각이나 청각에 장애가 있는 경우도 있다. 내가 항상 하는 말이지만 재능 있는 아이들이란 감각이 특별히 예리한 아이들을 가리킨다. 그리고 감각이 덜 예리한 아이라 하더라도 적절한 자극과 훈련받은 전문가의 보살핌을 받는다면 타고난 감각 기관들의 능력을 높일 수 있다. 만일 어떤 한 감각 기관이 제대로 기능하지 못한다면 훈련과 집중을 통해 나머지 감각 기관을 고도의 수준으로까지 향상시킬 수 있다. 우리의 감각은 몸 외부로부터 오는 움직임에 반응한다. 귀는 음파에 반응하고 눈은 빛의 분자 운동에, 미각은 어떤 물질이 입안에 들어오면서 야기하는 화학적 변화에, 후각은 콧구멍으로 들어오는 공기의 움직임에 반응한다. 접촉은 외부 환경이나 다른 사람에 의해 만들어져서 들어오는 움직임이다. 자연스럽게 다른 모든 감각을 끌어들이는 몸동작은 통합하고자 하는 운동 감각적 반응에서 나오는 것이다. 외부에서 들어오는 자극, 예를 들어 위로를 하거나 해치고자 하는 손길이 느껴질 경우에 운동 감각 기관은 긴장을 풀거나 가까이 다가가거나 재빨리 피하는 등의 적절한 근육 반사를 일으켜서 이에 대응한다. 몸의 내부에서 일어나는 감각 작용도 이와 동일하게 나타난다. 이를테면 배고픔이나 목마름, 혹은 포만감 등의 반응은 대개는 반사적, 비자발적으로 일어난다. '감각한다'라는 말은 정보를 향해 모든 감각기관이 열린 그 결과 우리가 '지각(Perception)'이라고 부르는 상태에 이르는 것을 말한다. 우리는 모든 지식의 시발점이 감각적 경험에 있음을 알 필요가 있는데, 이때 감각이 승인한 정보의 정확성과 품질만큼 무디어지거나 예리해진다. 내가 말하는 감수성이 뛰어난 사람이란 감각 기관이 발달한 사람, 예리하고 활동적인 감각 기관을 통해 정확한 정보를 입수할 수 있는 사람을 말한다.

(1) 페스탈로치식 감각 훈련

우리의 지각 능력을 아인슈타인 같은 천재의 그것과 비교하려 한다면 매우 주제넘은 일이 될 것이다. 그렇지만 그의 능력이 학교에서 어떻게 길러졌는지 알아볼 수는 있다. 잘 알려진 대로 아인슈타인은 학창 시절 별 볼 일 없고 반항적인 학생이었다. 그는 취리히에 있는 폴리테크닉 인스터튜트에 지원했지만 입학을 거절당했다. 아마도 필기시험에서 떨어졌거나 이전 학교의 학점이 형편없었을 것이다. 그래서 그는 주립 스위스 페스탈로치 인스터튜트에서 1년을 보내기로 결심한다. 1770년에 페스탈로치가 도입한 교육 원치이 그때까지도 그 학교에서 시행되고 있었는데, 과연 그것은 무엇이었을까? 페스탈로치는 모든 교육 과정에 '감각'을 등재해야 한다고 적극적으로 주장한 사람이다. 페스탈로치가 중시한 첫 번째 원칙은 아이들이 반드시 '관찰하기'를 배워야 한다는 것이었다. 관찰자는 사물 하나하나를 다양한 각도에서 만지고, 냄새 맡고, 맛보고, 듣고, 보아야 하는 것이다. 생애 주기에 대한 사회심리학적 이론은 1950년에 워싱턴 D.C.에서 열렸던 '유아기와 아동기에 관한 백악관 회의'에서 나와 남편인 에릭 에릭슨이 함께 소개한 것이다. 이 이론은 인간이 살아가는 동안 여덟 개의 기본적인 강점이 발달한다는 것을 전제로 한다. 각각의 강점은 인생의 발달 단계에 따라 순서대로 나타난다. 그래서 그것은 후성적(Epigenetic) 이론이라 할 수 있다. 이 이론은 심리적, 사회적, 생물학적 강제와 환경, 한 개체가 그 위에서 성장하는 전체적인 기반 등을 모두 고려하고 있다. 후성론(Epigenesis)은 정해진 순서대로 이루어지는 생물학적인 시간 패턴을 따라 배아의 발달을 추적하는 이론이다. 인간은 사회적 환경의 영향을 많이 받으며 순차적으로 성장한다는 주장이 근래 들어 설득력을 얻고 있다. 이 순서 진행 이론은 생애 주기 이론을 설명하는 데도 유효하다. 생애 주기 이론에 따르면, 아이는 다른 어떠한 환경보다도 사회적 환경의 영향을 받으며 발달한다.[28]

(2) 인간 발달 8단계

에릭 에릭슨(Erick Erikson)은 인간의 발달을 8단계의 심리사회적 발달 이론으로 설명했다. 각 단계는 특정한 심리적 갈등을 중심으로 하며, 이 갈등을 잘 해결하면 건강한 성격 발달이 이루어진다고 본다.

1단계, 신뢰 vs. 불신(0~1세): 양육자에게서 일관된 보호와 사랑을 경험하면서 세상에 대한 기본적인 신뢰를 형성한다. 그러나 실패 시 세상과 사람에 대한 불신을 형성하게 된다.

2단계, 자율성 vs. 수치심/의심(1~3세): 스스로 선택하고 행동하는 경험을 통해 자율성을 키우게 된다. 그러나 실패 시 수치심이나 자기 의심에 빠지게 된다.

3단계, 주도성 vs. 죄책감(3~6세): 놀이를 통해 계획을 세우고 실행하면서 주도성이 발달한다. 그러나 실패 시 과도한 제재나 비난으로 죄책감을 느끼게 된다.

4단계, 근면성 vs. 열등감(6~12세): 학교생활과 사회적 활동을 통해 근면함과 성취감을 경험하게 된다, 그러나 실패 시 자신의 능력에 대한 열등감을 형성하게 된다.

5단계, 정체성 vs. 역할 혼란(12~18세): 자아를 탐색하고 자아정체성(자신이 누구인지)을 형성하게 된다. 그러나 실패 시 정체성 혼란, 혼란스러운 자아감을 갖게 된다.

6단계, 친밀감 vs. 고립감(20대~30대): 다른 사람과의 깊은 관계(우정, 사랑)를 형성하게 된다. 그러나 실패 시 고립감, 외로움을 형성하게 된다.

7단계, 생산성 vs. 침체(중년기, 40~60세): 직업, 자녀 양육 등을 통해 사회에 기여하는 생산성을 느끼게 된다. 그러나 실패 시 자기중심적, 침체 상태를 경험하게 된다.

8단계, 자아 통합 vs. 절망(노년기, 60세 이후): 자신의 삶을 돌아보고 의미와 수용을 느끼며 자아를 통합하게 된다. 그러나 실패 시 후회와 절망감을 갖게 된다.

3) 펄스의 인간에 대한 기본 관점

(1) 기본 개념: 게슈탈트(Gestalt)란?

게슈탈트는 독일어로 '형태', '전체'를 의미하며, 단순히 요소들의 합이 아닌 전체로서의 의미 있는 경험 단위를 말한다. 인간의 심리적 건강은 이 게슈탈트 형성-완성-해소의 자연스러운 흐름이 가능할 때 이루어진다.

전체	설명
전체성 (Wholeness)	인간은 마음-신체-환경이 통합된 하나의 전체 유기체이다.
지금-여기 (Here and Now)	현재 경험이 가장 중요하며, 과거나 미래로 도피하지 않는다.
알아차림 (Awareness)	지금-여기에서 감각, 감정, 욕구 등을 의식하는 것이 변화의 열쇠이다.

| 접촉
(Contact) | 환경과의 건강한 상호작용은 자아 경계를 확장하고 자기실현을 가능하게 한다. |
| 자기 책임
(Responsibility) | 자신의 감정, 선택, 행동에 대해 타인이 아닌 자신이 책임을 진다. |

(2) 게슈탈트 형성 주기(Gestalt Cycle)

게슈탈트 이론은 인간의 욕구 충족과 자기 조절 과정을 다음과 같은 순환 모델로 설명한다.

1 감각(Sensation)-욕구나 긴장의 자극이 발생

2 알아차림(Awareness)-욕구나 감정을 의식함

3 에너지 동원(Energizing)-충족을 향해 에너지가 집중됨

4 행동(Action)-욕구 충족을 위한 구체적 해동

5 접촉(Contact)-환경과 직접 상호작용

6 해소(Closure)-욕구 충족, 긴장 해소

7 휴식(Withdrawal)-통합과 재생의 시간

(3) 게슈탈트 방어기제(접촉 경계의 방해)

기재	설명
내사 (Introjection)	타인의 가치·규범을 무비판적으로 수용하며 자기 것으로 착각함
투사 (Projection)	자신의 감정이나 욕구를 타인에게 전가함
반전 (Retrojection)	자신에게 향해야 할 감정을 자신에게 되풀이, 되돌림(ex: 분노를 자기 비난으로 전환)

융합 (Confluence)	자아와 타인의 경계를 상실함(자신의 욕구와 타인의 욕구를 구별 하지 못함)
자극 회피 (Deflection)	주의를 초과 경험과 접촉을 회피함(농담, 주제 회피, 피상적 대화 등)

(4) 치료 기법(게슈탈트 치료의 실제)

- **빈의자 기법**: 갈등 대상(타인 혹은 자기의 부분)을 빈 의자에 앉힌 뒤 대화를 시도한다.
- **과장하기**: 특정 감정이나 행동을 강조하여 감정 인식을 촉진한다.
- **몸 알아차림**: 신체 감각 자세·호흡 등을 관찰하여 억압된 감정에 접근한다.
- **지금-여기 실험**: 상상, 역할극, 언어 수정 등을 통해 현재의 체험을 강화한다.

(5) 게슈탈트 이론의 인간관

게슈탈트 이론의 인간관은 인간은 본래적으로 자기 조절 능력이 있으며, 자신에 대한 '진정한 알아차림'을 통해 변화와 성장을 추구할 수 있는 존재이다. 치료자의 해석이 아닌, 내면의 경험에 대한 직접적 접촉을 통해 치유가 일어난다.

4) 아들러의 인간에 대한 기본 관점

학창 시절 아들러는 매우 평범한 학생이었고, 수학을 낙제하여 재수강을 하기도 했으며, 선생님으로부터 상급 학교 진학을 포기하고 구두 제화공 기술을 배울 것을 권유받기도 했는데, 그때 선생님과 상담을 했던 아들러의 아버지는 학업을 계속할 수 있도록 아들러를 격려하였고, 아들러는 분발하여 최우수 학생으로 고등학교를 졸업하였고, 이후 명문 빈대학교에 입학하여 의학을 공부하였다. 아들러는 인간의 발전은 사람들이 무의식중에 자신의 열등감을 극복하고 열심히 노력하는 가운데 이루어진다는 진리를 발견했다. '개인심리학회(Sdciety for Individual Psychology)'를 탄생시켰으며, 개

인심리학의 영향은 자녀 양육, 결혼과 가족 치료, 학교 상담, 인간관계 개
선, 부모 교육 및 부모 상담 등 수많은 분야에서 찾아볼 수 있다. 오늘날 개
인심리학은 많은 심리치료 접근의 선구자로 인식되고 있다.[29]

(1) 인간론

아들러의 심리치료는 인간에 대한 네 가지 가정을 가진다.

첫째, 인간은 '열등감'을 극복하고자 하는 존재이다. 열등감이란 자신이
뭔가 부족한 점이 있는 존재라는 것에 대해 아는 것이다. 열등감은 괴로움
을 수반하기도 하지만 반대로 자신이 지금보다는 더 나은 존재로 나아가고
자 하는 마음을 가지고 있다는 것을 의미하기도 한다. 따라서 인간은 자신
의 열등감을 극복하기 위해 노력을 기울이며, 그런 노력들은 개인이 현실
에 안주하지 않고 창조성과 생산성을 가지도록 이끌어 낸다. 신체적인 특
성상 인간은 스스로를 지키기에는 다른 동물들에 비해 상당히 약하다. 그
렇지만 수많은 시행착오를 거치며 창조적인 방법으로 자신을 지킬 수 있는
도구를 만들었고, 이를 통해서 다른 동물의 위협이나 자연재해로부터 안전
한 환경을 조성하며 종의 보존과 번식을 도모하였다. 즉, 인간은 열등감을
통해서 이러한 보존과 극복을 추구하며, 현대 사회에서 더 높은 수준의 발
전을 이루고자 하는 것도 인간이 열등감을 극복하고자 하는 노력이라 볼
수 있다.

둘째, 인간은 '목적론적 존재'이다. 아들러는 인간이 주어진 조건이나 세
계에 수동적으로 반응하고 이미 결정된 것들에 의해 끌려가는 존재라기보
다, 개인이 추구하는 목표, 방향성을 가지고 지속적으로 그것을 추구해 가
는 존재로 여겼다. 성적 충동이 인간 행동의 주된 동기라 여긴 프로이트와
는 달리, 사회적 관계 안에서 개인이 가진 목적에 의해 동기화되는 것이 보
다 중요하다고 보았다. 아들러에 따르면, 개인은 수많은 의미의 영역에서
살아간다. 다시 말하면, 개인이 살아가는 세계는 누구에게나 똑같이 주어

진 '사실적 세계'라기보다는 개인이 그 세계를 어떻게 받아들이고 해석하는지에 따라 변화하는 '현상적 세계/주관적 세계'이다. 이러한 현상적 세계/주관적 세계에서 개인은 자신에게 의미 있는 것들을 선택할 수 있는데, 개인이 어떠한 의미를 선택했느냐에 따라서 개인의 행동이 영향을 받게 된다.

셋째, 인간은 '사회적 존재'이다. 인간은 타인에 대해 관심을 가지며 우리가 속한 사회와 공동체에 기여하고자 하는 의도를 보이기도 한다. 아들러는 이러한 것을 '사회적 관심(Social interest)'이라고 하였다. 개인은 인류에게 의미 있는 것들을 추구하고, 서로 도움을 기꺼이 주고받으며 이로써 인간 공동체의 안녕을 추구한다. 공감, 유대감 등이 이와 관련 있다. 사회적 관심은 아동기 때부터 형성되기에 선천적인 부분도 있지만, 교육이나 사회적 훈련 등을 통해 개발될 수도 있다. 아들러는 인간이 사회적 관심을 가지는 것은 인간이 관계 안에 존재하기 때문이라고 하였다. 즉, 개인은 자신이 속한 인류 공동체를 떠나 홀로 생존할 수 있는 존재가 아니기 때문에 '공동체 안에서' 자신의 쓸모를 찾는 것을 중시하게 된다.

넷째, 인간은 총체적 존재이다. 아들러는 인간을 여러 부분이 모여서 구성된 단순한 합으로 보기보단 하나의 통합된 존재로 보아야 한다고 하였다. 아들러에 따르면 개인(Individual)은 나눌 수 있는 최소한의 단위이며 그 이상으로 쪼개어 분석할 수 없다. 개인의 심리와 신체, 이성과 정서, 과거와 미래는 한 개인 내에서 통합적인 관점으로 이해되어야 한다는 것이다. 개인은 각자의 목표를 이루기 위해 자신의 신체, 인지, 정서, 의지 등을 활용하며 이러한 요소들이 서로 영향을 주고받으면서 행동을 형성해 나간다. 때로는 마음이 신체에 영향을 주기도 하지만, 반대로 신체가 마음에 영향을 미치기도 한다. 아들러는 이러한 신체와 마음의 상호적 관계가 생후 6세쯤 되었을 때 한 개인 안에서 인생의 의미, 추구하는 목표, 문제 대처, 정서적인 특징 등으로 정립된다고 보았다.

(2) 생활 양식과 인생 과업

생활 양식(Life style)은 개인이 인생을 살아가는 데에 있어 가지게 되는 신념과 행동 체계를 뜻한다. 개인을 더 이상 나눌 수 없는 전체로 보았던 아들러는, 인간을 움직이는 여러 원동력이 서로 연계되어 하나의 삶의 태도를 이루고 있으며, 이를 전체론적인 시각으로 바라봐야 한다고 주장하였다. 생활 양식은 개인이 삶을 살아가면서 자신이 이루고자 하는 목적을 이루기 위한 일련의 인지, 정서, 행동적 체계이자 전략이라고 볼 수 있다. 아들러는 이를 '개인이 심리 내적 통일성을 이룸과 동시에 몸과 마음의 관계를 정립하는 것'이라 하였다. 아들러는 심리치료를 통해 개인이 가지고 있는 생활 양식을 탐색하고, 해당 생활 양식이 개인의 목표를 이루어 가는 데 방해가 되는 신념이 있는지를 검토한 후, 수정하기 위한 의식적 노력을 기울인다면 충분히 바꿀 수 있다고 보았다.

(3) 초기 기억

초기 기억은 개인이 기억하고 있는 본인과 관련된 가장 처음의 기억이다. 아들러는 초기 기억의 중요성을 강조하였는데, 초기 기억이 생활 양식의 가장 핵심적이면서도 근원적인 부분이라 여겼기 때문이다. 그 기억이 실제로 있었는지 아닌지는 중요하지 않다. 그 기억을 통해서 개인이 가지고 있는 자신에 대한, 혹은 주 양육자에 대한, 환경에 대한 기본적인 해석을 확인할 수 있다는 점이 중요하다. 개인사에 있어서 가장 오래된 기억은 개인의 주된 관심사 혹은 관점과 잇닿아 있다. 이런 관심사와 관점은 성장 과정에서 큰 영향을 주었을 것이며 이는 생활 양식이나 인생의 목표에 역시 영향을 주었을 것이다. 다시 말하면, 개인이 가지고 있는 초기 기억의 확인은 개인의 성장과 발달에 있어서 무엇을 시작점으로 삼고 있는지를 확인할 수 있게 해 준다. 때론 내담자가 초기 기억에 대해 기억이 나지 않거나 기억이 나더라도 대답을 회피하는 것 역시 의미하는 바가 있다.[30]

(4) 출생 순서와 가족 구조

아들러는 어린 시절의 가족 경험과 출생 순서가 개인의 성격 형성에 미치는 중대한 영향에 주목하고 있다. 가족은 개인이 태어나서 처음 속하게 되는 사회집단으로서 그의 생활 양식과 성격 형성에 중요한 영향을 미친다. 아이들은 가족 속에서 자신이 누구인지, 다른 사람들은 어떤 존재인지, 세상은 어떤 곳인지에 관한 다양한 신념을 형성한다. 가족 내에서 아이의 서열적 위치는 자신과 세상에 대한 관점과 생활 양식을 발달시키는 데 중요한 역할을 하게 된다. 가족 환경에 대한 지각은 아이마다 다르며 시기에 따라 변화한다. 한 아이가 출생함에 따라 가족 구조는 변화하며 나이 차이나 아들의 성도 가족 내 아이들의 위치에 영향을 미친다. 가족 환경에 영향을 미치는 요소로는 재정 상태, 이사, 가족 구성원의 변동, 죽음이나 부모의 이혼 등이 있다. 아들러는 출생 순서가 개인의 행동 양식에 미치는 영향력을 강조했으나 그것이 결정적인 것은 아니다. 다만 가족 내의 형제 서열에 따라 아이가 겪을 수 있는 특별한 경험의 가능성을 제시하고 있는 것이다. 아들러는 개인의 발달에 중요한 영향을 미치는 사회적 맥락으로서 부모, 형제자매, 중요한 타인들을 포함하고 있다. 출생 서열에 따라다니는 전형적인 특징들이 존재하지만, 이러한 특성들은 고정된 불변적인 것이 아니라는 점을 유의해야 한다.

첫째 아이는 부모로부터 많은 관심을 받으며 응석받이로 자랄 수 있다. 그러나 동생이 태어나면 자신이 왕좌에서 물러나는 듯한 박탈감을 느낀다. 이러한 박탈감은 자신이 사랑받지 못하고 무시당하는 것으로 여겨질 수 있는데, 첫째 아이는 착한 행동을 함으로써 우월한 지위를 되찾으려고 노력한다. 첫째 아이는 책임감이 강하며 성장하여 가정을 돌보는 일에 몰두하여 친구 관계나 사회생활을 경시할 수 있다.

둘째 아이는 태어날 때부터 이미 첫째 아이가 존재하기 때문에 부모의 사랑을 나누어 가져야 한다. 더구나 항상 자신보다 앞서가는 첫째 아이가 있기 때문에 압박감을 느끼는 동시에 경쟁적인 성향을 보일 수 있다. 둘째 아이는 첫째 아이와 다른 영역의 능력을 개발시켜 인정받으려 하는 경향이 있으며 특히 첫째 아이가 실패한 것을 성취함으로써 부모의 애정을 받기 위해 노력한다. 이러한 과정 속에서 둘째 아이는 첫째 아이와 반대되는 성격을 발달시키게 된다.

중간 아이는 위와 아래로 형제나 자매를 두고 있기 때문에 압박감을 느낀다. 이들은 따라잡히지 않도록 애쓰는 한편, 앞서가기 위해 노력해야 한다. 중간 아이는 자신의 능력에 대한 확신을 갖지 못한 채 무력감을 느끼며 다른 형제와 자매들에게 의존적인 태도를 나타낼 수 있다. 그 대신, 친구를 사귀거나 사회적 관계를 맺는 일에서 강점을 보일 수 있으며 갈등이 많은 가족에서는 갈등 조정자나 평화 유지군의 역할을 할 수 있다.

막내 아이는 가장 어린 아이로서 가족의 관심을 듬뿍 받을 수 있는 위치에서 성장한다. 부모와 형제자매로부터 과잉보호를 받을 수 있으며, 의존적이고 자기중심적이며 무책임한 아이로 성장할 수 있다. 때로는 가장 낮은 위치에 있기 때문에 가족 구성원들로부터 제대로 대우를 받지 못하여 열등감과 무력감을 느낄 수 있다. 그러나 막내 아이는 자유로움 속에서 자신의 길을 추구하며 매우 독특한 영역에서 탁월한 성취를 나타낼 수 있다.

외동아이는 어른들로만 둘러싸인 환경에서 성장한다. 경쟁할 다른 아이들이 존재하지 않기 때문에 그들은 어른 수준의 성취를 이루기 위해 노력하며 높은 성취동기를 지닐 수 있다. 부모가 너무 유능할 경우, 아이는 부모와 경쟁하는 것이 불가능하다고 여겨서 낙담하거나 그들이 유능함을 발휘할 수 있는 다른 영역을 찾을 수 있다. 외동아이는 다른 형제자매들과 협동하거나 분배하는 것을 배우지 못해 자기중심적인 행동을 나타낼 수 있다.[31]

5) 빅터 프랭클의 인간에 대한 기본 관점

빅터 프랭클은 '자유'와 '책임'을 중요하게 여겼고 그에 따라서 내담자가 의미를 추구하는 과정에서 내담자의 선택과 책임을 중시하는 로고테라피를 개발하였다. 로고테라피는 '의미를 통한 치료'라는 뜻을 가지고 있으며 내담자가 삶의 의미를 찾도록 돕는 것을 목표로 한다. 정신분석, 종교성, 막스 셸러(Max Scheler)의 현상학적 이론에 영향을 받아서 만들어진 로고테라피는 실존 철학 사상에서 발전한 다른 실존치료와는 맥락을 달리한다. 정신분석에서 영향을 받은 프랭클은 기존에 정신역동에서 내세웠던 쾌락 욕구, 권력 욕구와는 방향을 달리하여 "인간이 타고난 기본적 추동(Drive)의 의미 추구이다."라는 가설을 세웠다. 프랭클은 나치 수용소에서의 경험을 자신의 심리치료에 접목하였는데 상황적 고통의 유무와는 별개로 스스로 부여한 삶의 의미가 있는지가 건강한 삶의 핵심 요소라는 것을 강조하였다. 프랭클은 로고테라피를 일반 대중들 속에 존재하는 요소라는 것을 강조하였다. 프랭클은 인간을 의미를 향해 이끌리는 존재로 보았고, 인간이 방향성, 목표, 목적 등의 삶의 의미를 찾고 있는 존재라고 주장했다. 방향성이 없는 사람은 인생의 어느 순간에 반드시 실존적 공허함을 마주하게 되고, 실존적 공허를 채우기 위해 결과적으로 자기 파괴적 행동을 하게 될 수 있다. 치료자는 내담자가 이러한 자기 파괴적 행동을 극복하고 삶의 의미를 발견할 수 있도록 돕는다. 프랭클은 중요한 삶의 과제에서 실패하거나, 가족의 죽음을 맞이하거나 억울한 상황에 처해진 상황에서도 태도를 바꾸는 의미 찾기의 과정을 통해 의미를 실현할 수 있다고 보았다. 태도의 변화뿐 아니라 창조적 가치, 경험적 가치를 통해서도 의미를 실현할 수 있다. 창조적 가치란 자신이 직면한 상황 속에서 잠재되어 있는 창조성이 발현되는 것으로, 일이나 예술 작품 등을 통해 실현된다. 예를 들어, 대기업에 취업하려는 시도에서 실패하게 될 경우, 자신의 재능을 살려 스타트업을 만드는 창조적 가치를 발휘할 수 있다. 경험적 가치는 자신의 세상을 더욱 깊이 있게 받아들이는 과정을 통해 나타나게 되며, 사랑을 통해 더 증대될 수 있다.[32]

<table><tr><td>7장</td><td><h2>뇌 과학과의 만남</h2></td></tr></table>

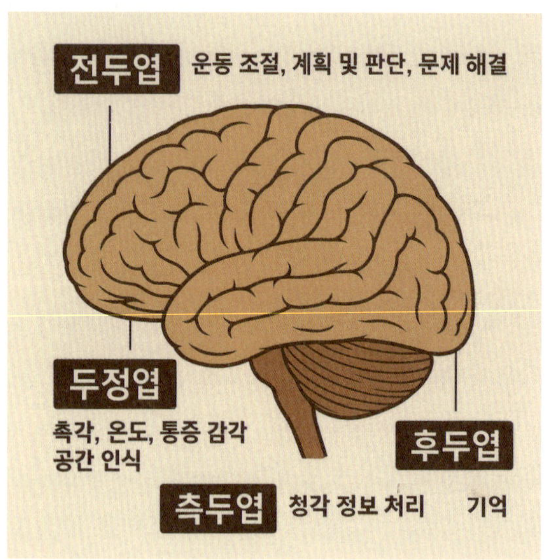

뇌 구조는 크게 대뇌, 소뇌, 뇌간으로 나눌 수 있으며, 각각의 부위는 다시 여러 세부 구조와 기능으로 구분된다.

1. 대뇌(Cerebrum)

1) 구성: 좌반구와 우반구로 나뉘며, 표면은 대뇌피질로 덮여있다.

2) 주요 기능: 사고, 기억, 언어, 감각 처리, 운동 조절 기능이 있다.

3) 주요 영역:

❶ 전두엽(Frontal lobe): 지적 기능, 계획, 의사 결정, 감정 조절, 운동 명령을 담당한다.

❷ 두정엽(Parietal lobe): 감각 기능, 운동 기능, 감각 정보 통합, 공간 인식을 담당한다.

❸ 측두엽(Temporal lobe): 청각 기능, 청각 처리, 언어 이해, 기억 저장(해마 포함)을 담당한다.

❹ 후두엽(Occipital lobe): 시각 정보를 받아들이고 해석하는 역할, 과거의 경험을 이용해서 시각적 정보를 통합하는 능력이 있다.

2. 소뇌(Cerebellum)

1) 위치: 대뇌 뒤쪽, 뇌간 위에 위치한다.

2) 기능: 운동 조정, 균형, 유지, 미세한 움직임 조절, 운동 학습을 한다.

3. 뇌간(Brainstem)

1) 구성: 중뇌, 뇌교(Pons), 연수(Medulla)로 구성된다.

❶ 중뇌(Midbrain): 시각·청각 반사, 운동 조절 기능이 있다.

❷ 뇌교(Pons): 운동 정보 전달, 수면·각성 조절 기능이 있다.

❸ 연수(Medulla): 호흡, 심박, 소화, 반사 운동(기침·재채기)이 있다.

2) 기능: 호흡, 심박, 혈압, 각성 상태 유지 등 생명 유지에 필수적인 기능 조절을 한다.

4. 변연계(Limbic system)

1) 구성: 해마(Hippocampus), 편도체(Amygdala), 시상하부(Hypothalamus) 등

2) 기능: 주요 기능은 감정, 동기, 기억 형성 및 회상 기능이 있다.

5. 시상·시상하부(Thalamus·Hypothalamus)

1) 시상: 감각 정보를 대뇌로 전달하는 중계소 역할을 한다.

2) 시상하부: 호르몬 분비 조절, 체온, 식욕, 수면, 생체리듬 관리를 한다.

6. 해마의 기능과 산림치유 테라피

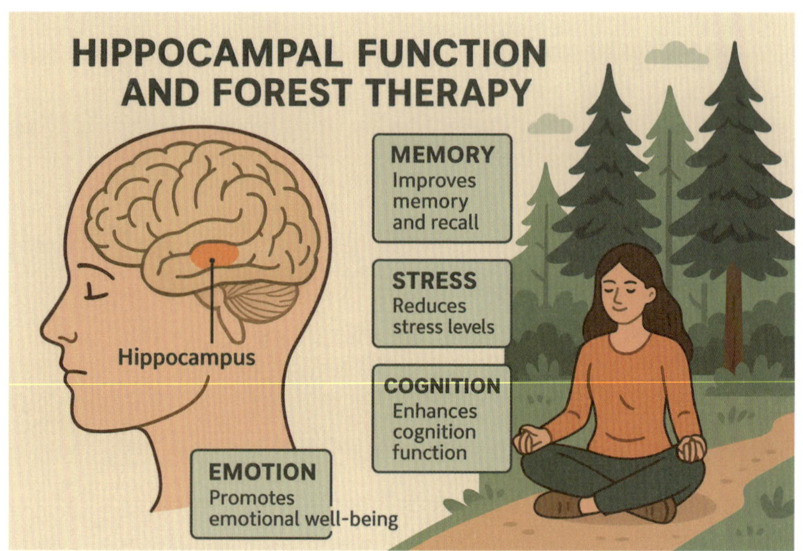

1) 해마의 핵심 기능

해마의 역할은 단기 기억을 장기 기억으로 전환하고, 맥락(시간·장소) 기반의 기억을 저장·회상하게 된다. 숲속에서의 긍정적 경험을 장기 기억에 각인시켜 스트레스 완화와 회복 경험을 지속적으로 떠올릴 수 있게 한다. 또한 장소세포(Place cell)와 격자세포(Grid cell)를 통해 공간 내 위치 인식 및 인지 지도(Cognitive map)를 형성하게 된다. 숲길 탐방, 자연물 관찰 등을 통해 공간 인식력과 주의 회복 능력을 강화하는 데 산림치유·심리테라피를 적용할 수 있다.

2) 해마와 심리치유 효과의 연결 고리

❶ 스트레스 감소와 해마 보호: 만성 스트레스는 코르티솔 과다로 해마 위축을

유발하지만, 숲 환경은 자율신경계 안정, 코르티솔 감소, 심박 변이도(HRV) 회복을 통해 해마 손상을 예방·완화할 수 있다.

❷ 주의회복이론(Attention Restoration Theory, ART)과 해마 활성화: 자연환경의 '부드러운 매혹(Soft Fascination)'이 전전두엽 부담을 줄이고, 해마 기반의 공간 기억회로를 활성화한다.

❸ 정서적 각인과 회상치료: 숲에서의 체험은 감정과 강하게 연결되어 기억되며, 이후 일상에서 그 경험을 회상하는 것만으로도 정서적 안정과 우울·불안 완화에 도움을 준다.

❹ 인지·정서 재구조화: 해마가 맥락 기반 기억을 재조합하는 과정에서, 숲에서의 긍정적 경험이 과거 부정적 기억을 재해석과 재구성을 촉진한다. 따라서 산림치유·심리테라피에서 해마 자극형 프로그램을 개발하는 것도 필요하다. 공간 탐색 활동으로 나무 종류 찾기, 숲길 지도 그리기 등을 함으로써 해마의 공간 기억 회로를 강화할 수 있다. 또한 숲속 명상, 감사 일기 작성 등으로 긍정적 감정을 각인시키게 된다.[33]

3부

산림치유의 평가와 전문성

8장   HRV(Heart Rate Variability)

심장 박동은 규칙적으로 뛴다고 흔히들 생각하지만 실제로는 1박마다 간격에 있어 변동성이 있다. 심전도의 R파의 정점을 검출한 뒤, 다음 정점 사이의 시간 간격을 산출한 수치를 R-R 간격이라고 한다. R-R 간격의 변동에는 서로 다른 주파수를 지닌 복수의 성분이 포함돼 있기 때문에 고속 푸리에 변환(FFT, feat Fourier transform-함수의 근삿값을 계산하는 알고리즘) 등을 이용한 주파수 해석이 유용하다. 심박 변동의 주파수 스펙트럼에서는 저주파역과 고주파역에 각각 정점이 발현된다. HF 성분의 파워스펙트럼(Power Wpectrum-자기상관함수의 푸리에 변환을 파워스펙트럼이라고 하며, 파워스펙트럼은 각 주파수 성분이 가지는 파워를 나타낸다) 면적을 부교감신경 활동의 지표로 삼고, LF 성분과 HF 성분의 파워스펙트럼 면적에서 LF/HF 혹은 LF/(LF+HF)값을 구해서 교감신경 활동의 지표로 삼는 방식이 일반적이다. 즉, 1박마다 심박 변동을 계측해 이완했을 때 높아지는 부교감신경 활동(HF 성분)과 스트레스 상황에서 높아지는 교감신경 활동[LF/HF 혹은 LF/(LF+HF)]으로 나눠서 자율신경 활동을 정량적으로 계측할 수 있다.[34]

혈관 건강도 측정 결과　　uBioMacpa

결과요약　　　　　　　　　　　　　　　　　　　신호감도 :　7%

구 분	안 전	경 계	위 험	비 고
혈관 건강 지수	●			-30 ~ +5 : 안전함 (건강한 생활습관) +6 ~ +20 : 경계 (생활습관에 주의를 요함) +20 이상 : 위험 (전문가의 진단을 요함)
혈관 건강도 타입	●			A ~ B type : 안전함 C ~ D type : 경계 E ~ G type : 위험

측정 상세결과

항 목	측정치	측정결과
혈관 건강 지수	+4	연령평균지수 ── 60 · 80 · 100 측정평균지수 ── 0 · 80 · 100 ※ 생활습관에 의한 혈액순환과 관련이 되어 있으며, 평균지수보다 값이 커질 수록 나쁨
혈관 건강도 타입	B	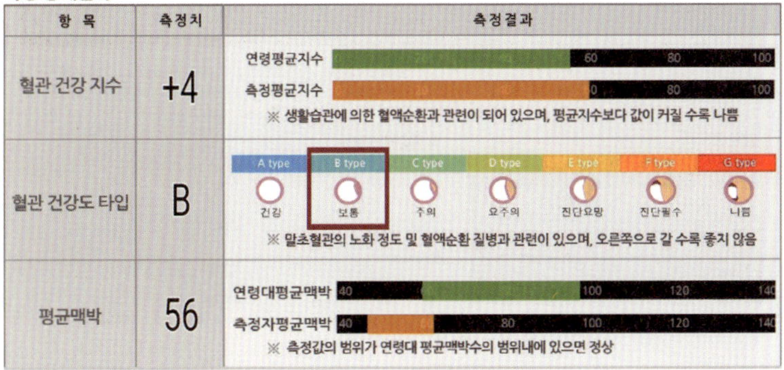
평균맥박	56	연령대평균맥박 40 · 100 · 120 · 140 측정자평균맥박 40 · 80 · 100 · 120 · 140 ※ 측정값의 범위가 연령대 평균맥박수의 범위내에 있으면 정상

지 난 측 정 결 과 보 기 (최종 5 회)　　　　평균지수 :　+11

번호	일 시	혈관 건강도 타입	혈관 건강 지수
1	2025/06/07 23:12:06	C	+26
2	2025/06/07 23:16:42	B	+6
3	2025/06/07 23:17:56	B	+8
4	2025/06/08 07:16:08	R	+10
5	2025/06/08 07:17:46	B	+4

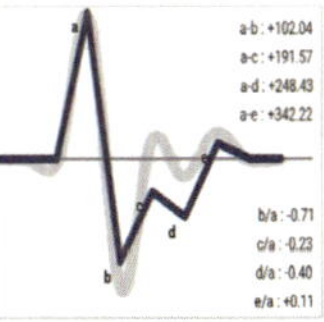

혈관건강을 위한 생활 습관		
물마시기 :	하루에 8잔이상 수분을 꼭 섭취한다.
식 사 :	아침, 점심, 저녁을 꼭 챙겨먹으며 될수 있는 한 제시간에 맞춰서 한다.
생선먹기 :	일주일에 등푸른 생선을 꼭 3회이상 먹는다.
과일먹기 :	계절별 제철 과일을 섭취하며 식사 후 과일을 먹는다.
운동하기 :	내몸에 맞게 유산소 운동 및 근력운동, 지구력 운동 등 하루 30분이상 매일 운동한다.
휴 식 :	과도한 신체활동은 오히려 독이 될 수 있으므로 활동후 충분한 휴식을 취하도록 한다.
금주/금연 :	술과 담배는 건강의 최대의 적이므로 담배는 꼭 끊도록 하며 술은 적당히 먹도록 한다.

송준용 / 남자 / 54 세 2025/06/06 09:12:42

스트레스 지수 측정 결과

uBioMacpa

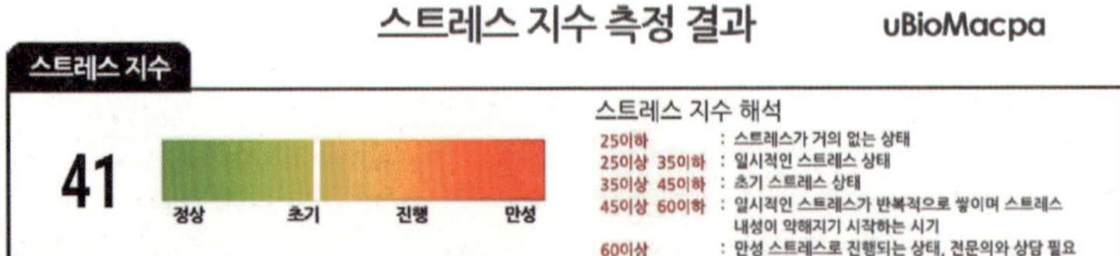

스트레스 지수

41

정상
초기
진행
만성

스트레스 지수 해석

25이하 : 스트레스가 거의 없는 상태
25이상 35이하 : 일시적인 스트레스 상태
35이상 45이하 : 초기 스트레스 상태
45이상 60이하 : 일시적인 스트레스가 반복적으로 쌓이며 스트레스 내성이 약해지기 시작하는 시기
60이상 : 만성 스트레스로 진행되는 상태, 전문의와 상담 필요

분석자료

맥박 변화도 (맥박 다양성= 68) 성인평균 30~40정도, 20이하이면 만성스트레스

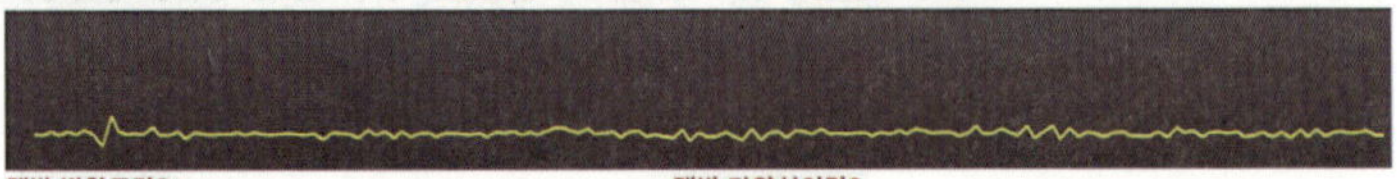

맥박 변화도란?
심장박동의 변화를 기록한 그래프로서 변화가 다양할 수록 건강합니다.

맥박 다양성이란?
그래프의 복잡한 정도를 나타내는 수치로서 심장박동 형태의 다양성을 나타내며 스트레스와 같은 외부 환경변화에 대한 저항성을 반영합니다.

심박 분포도

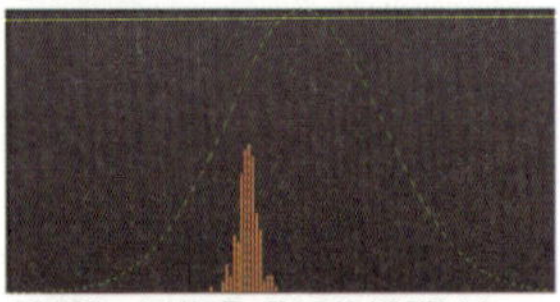

심박변이(HRV)의 분포를 그림으로 나타낸 것입니다.
홀쭉한 삼각형으로 분포가 되면 과다 스트레스 상태입니다.
둥그란 삼각형 영역 안쪽을 막대로 충분히 채울 수록 건강합니다.

자율신경균형도

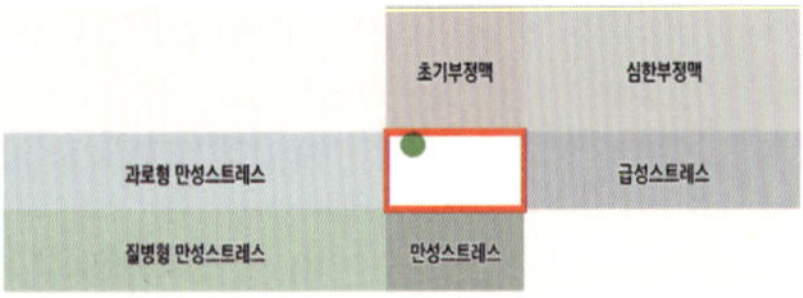

초기부정맥
심한부정맥
과로형 만성스트레스
급성스트레스
질병형 만성스트레스
만성스트레스

스트레스의 유형을 나타냅니다. 결과 값이 붉은 박스의 가운데 위치할 수록 건강합니다.

상세분석

교감활성 (연령평균)
- 긴장, 흥분상태에서 높게 표시 (초록색 표준 범위에서 낮게 표시될 수록 좋음)

LF

0
2
4
5.8
7.83
10
6.2

부교감활성 (연령평균)
- 분노, 근심, 공포상태에서 낮게 표시 (초록색 표준 범위에서 높게 표시될 수록 좋음)

HF

0
2
3.5
6.7
8
10
6.4

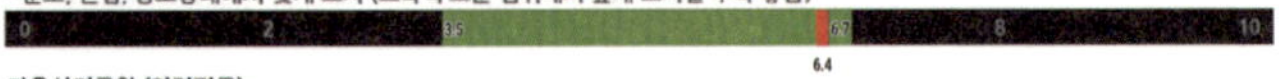

자율신경균형 (연령평균)
- 자율신경의 균형정도 (초록색 표준 범위 내에 있으면 정상)

LF/HF

0
0.8
2.6
3
4
5
1.0

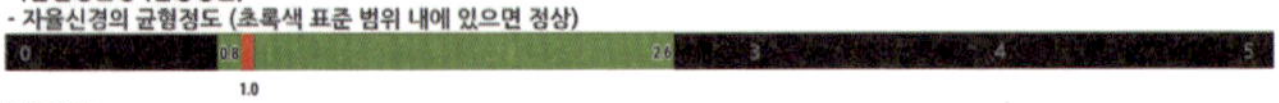

평균맥박
- 1분당 평균 심박수 (초록색 표준 범위 내에 있으면 정상)

Mean BPM

40
58.1
94.0
100
120
140
64.5

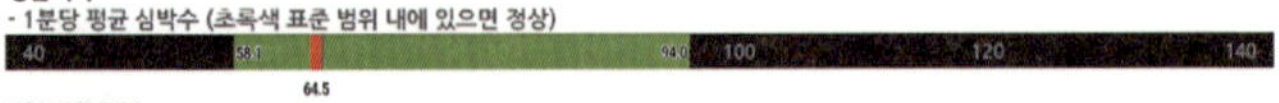

맥박표준 편차
- 외부 환경에 대한 적응력 (초록색 표준 범위에서 높을 수록 좋음)

SDNN

0
19.9
89.7
120
150
42.3

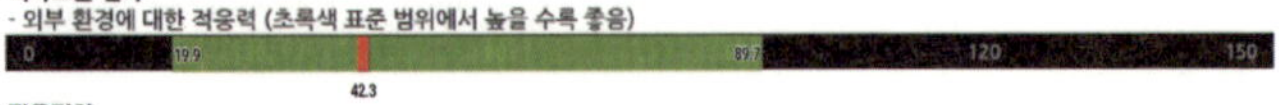

평균편차
- 분노, 근심, 공포 상태에서 낮게 표시됨 (초록색 표준 범위에서 높을 수록 좋음)

RMSSD

0
13.0
57.0
60
90
120
150
64.9

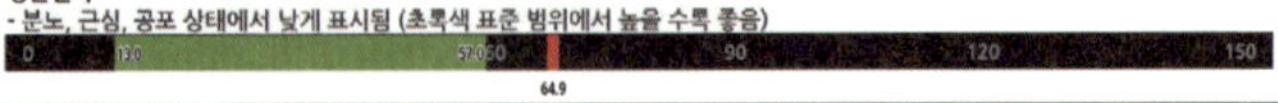

1. 척도 구성(일반적으로 30문항 내외, 5점 리커트 척도 사용)

POMS-B는 Profile of Mood States-Brief Form의 약자로, 기분 상태를 측정하는 심리검사이다. 원래 POMS는 65문항으로 구성되어 있었지만, POMS-B는 이를 간소화한 30문항 또는 그 이하의 단축형 버전으로, 보다 빠르고 간편하게 기분 상태를 측정할 수 있도록 개발되었다. POMS-B의 주요 특징은 피험자의 일시적인 정서 상태(기분)를 측정하게 된다.

척도	의미	예시 문항
긴장 (Tension-Anxiety)	불안, 긴장된 상태	'초조하다', '긴장된다'
우울 (Depression-Dejection)	우울하고 무기력한 상태	'슬프다', '희망이 없다'
분노 (Anger-Hostility)	화가 나 있고 적대적인 상태	'짜증이 난다', '화를 참기 어렵다'
활기 (Vigor-Activity)	에너지와 활력	'활기가 넘친다', '힘이 넘친다'
피로 (Fatigue-Inertia)	피로감, 에너지 저하	'지친다', '무기력하다'
혼란 (Confusion-Bewilderment)	집중력 저하, 혼란스러운 상태	'혼란스럽다', '집중이 안 된다'

2. 총기분교란지수(Total Mood Disturbance, TMD) 계산법

- TMD 점수가 높을수록 부정적 기분 상태가 강함을 의미한다.
- 낮은 TMD는 정서적 안정 상태를 의미할 수 있다.

각 문항은 보통 0-4점(또는 1-5점) 척도로 평가되며, 각 하위 척도 점수를 합산한다.

- 높은 점수: 해당 정서가 강하게 나타남을 의미한다.
- 낮은 점수: 그 정서가 약하거나 거의 없다.

Vigor(활력)는 긍정적인 기분을 나타내는 반면, 나머지 5개는 부정적인 기분 상태를 반영한다.

점수 범위	해석
높은 TMD	스트레스, 피로, 정서적 어려움이 큼, 개입이 필요할 수 있음.
낮은 TMD	정서적으로 안정된 상태, 활력이 높고 부정 정서가 적음.
개별 척도 해석	특정 감정(예: 분노, 우울)이 높게 나올 경우 해당 영역에 주의 필요.

TMD 점수 해석 가이드(예시 기준: 0~100점 스케일)

TMD 점수 범위	정서 상태	해석
0~10점	매우 긍정적	에너지 넘치고 정서적으로 매우 안정됨. 활력이 높고 부정 정서 거의 없음.
11~30점	긍정적	전반적으로 긍정적인 정서 상태, 일상생활에서 적응 잘하며 스트레스 낮음.
31~50점	보통	일반적인 정서 상태, 가벼운 피로감이나 일시적 스트레스는 있을 수 있음.
51~70점	주의 필요	부정 정서가 비교적 높음, 우울감, 분노, 피로가 쌓인 상태일 가능성, 회복 및 휴식 권장.
71~90점	위험 수준	정서적 불균형이 큼. 우울·혼란·긴장 등의 증상이 뚜렷할 수 있음. 전문적 상담 필요.
91점 이상	매우 위험	심각한 정서적 어려움, 심리적 개입이 시급할 수 있음. 임상적 평가 권장.

척도	의미	해당 문항
1. 긴장-불안(Tension-Anxiety)	초조, 긴장, 불안감	1, 7, 13, 19, 25
2. 우울-의기소침(Depression-Dejection)	절망, 무기력 슬픔	2, 8, 14, 20, 26
3. 분노-적개심(Anger-Hostility)	짜증, 분노, 공격성	3, 9, 15, 21, 27
4. 활력(Vigor-Activity)	활기, 에너지, 생기	4, 10, 16, 22, 28
5. 피로(Fatigue-Inertia)	피곤, 탈진, 무력	5, 11, 17, 23, 29
6. 혼란(Confusion-Bewilderment)	집중력 저하, 혼란	6, 12, 18, 24, 30

치유의 숲 사운드스케이프에 대한 심리적 회복감을 알아보기 위해 기분상태척도(Profile of Mood States-Brief: POMS-B)를 사용하였다. 기분상태척도는 일시적이고 변화가 가능한 기분 또는 정서를 간단하게 측정하기 위하여 McNair et al.(1971)이 개발한 지표이다. 일시적이고 변하기 쉬운 정동 상태를 빠르고 간편하게 규명하거나 현재의 기분 상태와 기분 변화를 측정하도록 고안되어 간단한 치료적 개입 후에 기분에 미치는 영향을 쉽게 파악할 수 있다는 장점이 있다. 산림치유 분야에서는 숲에서의 산림치유 프로그램이나 다양한 활동을 하고 난 전·후의 기분 상태 비교를 통하여 심리적 회복감에 미치는 영향을 파악하는 용도로 자주 사용되는 도구이기도 하다. 개발 당시 질문 항목이 60문항이었으며 이후 Yeun&Shin-Pa가(2006) 30문항으로 단축하여 한글화한 K-POMS-B가 개발되어 연구에 주로 사용되고 있다.

각 문항은 5점 척도로 구성되어 있으며 응답의 범주는 '전혀 아니다-(0점)'부터 '매우 그렇다(4점)'까지 1점 단위로 구성되어 있다. 30문항에 대한 응답을 종합하여 하위 영역의 6가지로 세분화할 수 있으며 각각 6개의 서로 다른 기분 상태를 나타내게 된다. 각 하위 영역은 5개 문항으로 구성되었다. 응답자의 기분 상태에 대하여 긴장-불안(T-A: Tension and Anxiety-긴장하다, 불안정하다, 신경과민이다, 불안하다), **우울**(D: Depression-슬프다, 하찮다, 낙담하다, 외롭다, 침울하다), **분노**(A-H: Anger and Hostility-화가 나다, 시무룩하다, 성가시다, 분노하다, 기분이 언짢다), **혼란**(C: Confusion-혼란스럽다, 머리가 멍하다, 당혹스럽다, 능률적이다. 쉽게 깜빡 잊는다), **피로**(F: Fatigue-기진맥진하다, 피로하다, 탈진하다, 나태하다, 고달프다), **활력**(V: Vigor-생기 있다, 의욕적이다, 생동감 있다, 원기 왕성하다, 힘이 솟는다)로 **구분된다.** 이를 바탕으로 종합감정장애점수(TMDS: Total Mood Disturbance Score)를 계산할 수 있으며 긴장-불안, 우울, 분노, 피로, 혼란 등 6개의 하위 영역의 점수를 더한 값에서 역채점 영역인 활기 영역의 점수를 뺀 것이 TMDS에 해당한다. 각 하위 요인의 신뢰도 값은 긴장-불안 chrobach α=.890, 우울 chrobach α=.913, 분노 chrobach α=.891, 혼란 chrobach α=.742, 활기 chrobach α=.894로 나타났다.[35]

Sub-factor and question composion(POMS)

Sub-factor	Number of question	Chrobach α
T-A: tension and anxiety	5	890
D: depression	5	913
A-H: anger and hostility	5	891
C: confusion	5	742
F: fatigue	5	915
V: vigor	5	894

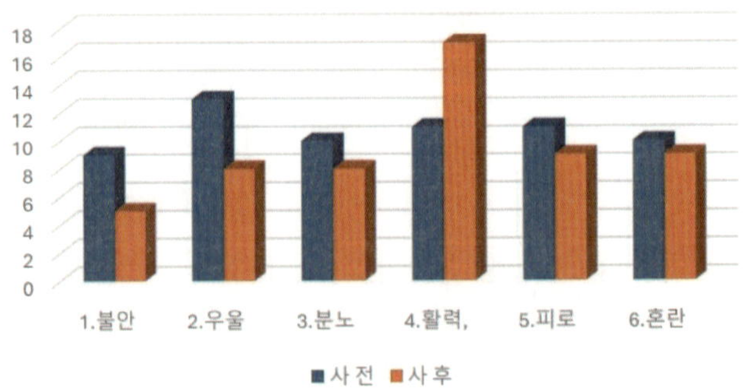

1. HTP 검사

HTP(House-Tree-Person) 그림 검사는 John N. Buck이 1948년에 개발한 투사적 심리검사로, 피검자의 성격, 정서 상태, 대인 관계 등을 비언어적으로 집, 나무, 사람을 각각 그리게 하여 그 그림을 통해 내면의 심리 상태를 분석한다. HTP 검사는 프로이트의 정신분석 이론과 프로젝티브 기법에 기반하여, 피검자의 무의식적 욕구와 갈등을 그림을 통해 외현화한다고 본다. 집은 가족 관계와 가정환경에 대한 정서적 인식을, 나무는 자아의 강도와 능력에 대한 자기인식을, 사람은 자기와 타인에 대한 인식과 대인 관계를 상징한다.[36]

Buck이 집, 나무, 사람의 세 가지 과제를 사용한 것은 첫째, 집, 나무, 사람은 누구에게나 친밀감을 주는 소재며, 둘째, 모든 연령의 피험자가 그림 대상으로 기꺼이 받아들이며, 셋째, 다른 과제보다는 솔직하고 자유스러운 언어 표현을 할 수 있는 자극으로 이용될 수 있기 때문이며, 넷째, 무의식의 활동과 연상 작용을 활성화하는 상징성이 풍부한 소재라는 점에서 채택하였다.

1) 실시 방법

(1) 준비물

백지(A4 용지), 연필(HB, 4B), 지우개 등이 필요하다.

(2) 방법

한 장의 종이에 하나씩 모두 3장의 그림을 그리게 된다. ① 검사지 한 장을 가로로 제시하면서 "집을 그리세요."라고 한다. ② 집을 다 그리고 나면 다시 새로운 검사지 한 장을 이번엔 세로로 제시하면서 "나무를 그리세요."라고 한다. ③ 다 그리고 나면 새 검사지 한 장을 세로로 제시하고 "사람을 그리세요, 단, 사람을 그릴 때 막대 인물상이나 만화처럼 그리지 말고 사람 전체를 그리세요."라고 한다. ④ 다 그리고 나면 각각의 그림에 대해 질문을 한다. 단, 산림이라는 환경을 감안하여 사람 그림에서 다른 성의 그림 없이 한 장으로 실행하였다.

2) 그림 그린 후의 질문 사항

HTP 검사에서 그림을 그린 후의 질문은 피험자가 표현한 것의 의미와 문제를 파악하는 데 중요한 역할을 한다. 질문은 일정한 형식이 없으며, 검사자의 필요에 따라서 행하는 것이 좋다. 질문에 대한 대답에 대해서는 그 이유를 묻는 것이 바람직하다.

(1) 집 그림

집 그림에 대한 일반적인 질문은 다음과 같다.

1 이 집은 어디에 있습니까(시가지에 있습니까? 교외에 있습니까?)?

2 이 집 가까이에 다른 집이 있습니까?

3 이 그림에서 날씨는 어떠합니까?

4 이 집은 당신에게서 멀리 있는 집입니까? 가까이 있는 집입니까?

5 이 집에 살고 있는 가족은 몇 사람이며 어떤 사람들입니까?

6 이 가정의 분위기는 어떠합니까?

7 이 집을 보면 무엇이 생각납니까?

8 이 집을 보면 누가 생각납니까?

9 당신은 어떤 집에 살고 싶습니까?

10 당신은 이 집의 어느 방에 살고 싶습니까?

11 당신은 누구와 이 집에 살고 싶습니까?

12 당신의 집은 이 집보다 큽니까? 작습니까?

13 이 집을 그릴 때 누구의 집을 생각하고 그렸습니까?

14 (특수한 집인 경우) 왜 이 집을 그렸습니까?

15 (그림에서 이해하기 곤란한 부분에 대하여) 이것은 무엇입니까? 왜 그렸습니까?

16 이 그림에 첨가해서 더 그리고 싶은 것이 있습니까?

17 당신이 그리려고 했던 대로 잘 그려졌습니까?
    어떤 부분이 그리기 어려웠고 마음에 들지 않습니까?

(2) 나무 그림

나무 그림에 대한 일반적인 질문은 다음과 같다.

1 이 나무는 어떤 나무입니까(불확실한 경우 상록수 혹은 낙엽수인지 질문)?

2 한 그루만 있습니까? 숲속에 있나요?

3 이 그림의 날씨는 어떠합니까?

4 바람이 불고 있습니까? 그렇다면 어떤 바람이 어느 방향으로 불고 있습니까?

5 이 나무는 몇 년쯤 된 나무입니까?

6 이 나무는 살아 있나요? 말라 죽었다면 언제쯤 어떻게 말라 죽었습니까?

7 이 나무는 강한 나무입니까? 약한 나무입니까?

8 해가 떠 있습니까? 떠 있다면 어느 쪽에 떠 있습니까?

9 이 나무는 당신에게 누구를 생각나게 합니까?

10 이 나무는 당신에게서 멀리 있는 나무입니까? 가까이 있는 나무입니까?

11 이 나무는 당신보다 큽니까? 작습니까?

12 (상흔이 있으면) 이것은 무엇입니까? 어떻게 해서 생겼습니까?

13	(특수한 나무인 경우) 왜 이런 나무를 그렸습니까?
14	이 그림에 더 첨가해서 그리고 싶은 것이 있습니까?
15	그림에서 그리고자 한 만큼 잘 그려졌습니까? 어떤 부분이 그리기 어려웠고, 마음에 들지 않습니까?

(3) 사람 그림

사람 그림에 대한 일반적인 질문은 다음과 같다.

1	이 사람의 나이는 어떠합니까?
2	이 사람의 직업은 무엇입니까?
3	결혼은 했습니까? 가족은 몇 명이며 어떤 사람들입니까?
4	이 사람은 지금 무엇을 하고 있습니까?
5	지금 이 사람은 무슨 생각을 하며 어떻게 느끼고 있습니까?
6	이 사람의 건강 상태는 어떠합니까?
7	이 사람의 친구 관계는 어떻습니까?
8	이 사람의 성격은 어떠합니까? 장단점은 무엇입니까?
9	이 사람은 행복합니까? 불행합니까?
10	이 사람에게 무엇이 필요합니까?
11	당신은 이 사람을 어떻게 생각합니까? 좋습니까? 싫습니까?
12	당신은 이 사람처럼 되고 싶습니까?
13	당신은 이 사람과 함께 생활하고 친구가 되고 싶습니까?
14	이 사람을 그릴 때 누구를 생각하고 있었습니까?
15	이 사람은 당신을 닮았습니까?
16	(특수한 인물인 경우) 왜 이 사람을 그렸습니까?
17	(그림에서 이해하기 곤란한 부분의 경우) 이것은 무엇입니까? 왜 그렸습니까?

18 이 그림에 더 첨가해서 그리고 싶은 것이 있습니까?

19 당신이 그리고자 한 만큼 그려졌습니까?
어떤 부분이 그리기 어려웠고 마음에 들지 않습니까?

3) 그림 해석

(1) 전체적 평가

전체적인 인상, 조화, 구조, 이상한 곳은 없는가에 주목하여 어떤 모양의 사람을 그렸는가를 생각해 나가는 것이다. 전체적 평가에서 밝혀야 하는 것은 피험자의 적응 수준, 성숙도, 신체상의 혼란 정도, 자기와 외계에 대한 인지 방법 등이다.

(2) 내용 분석

무엇을 그렸는지를 분석하는 것이다. 내용 분석에 있어서는 명백하고 큰 특징을 먼저 다루는데, 그림 그린 후의 질문을 실시하여 피험자가 질문에 따라 연상하는 것을 묻는 것이 해석에 효과가 있다.

(3) 형식적 분석

어떻게 그렸는가를 분석하는 것이다. 그림을 그리는 순서, 위치, 크기, 필압, 선의 농담, 그림의 대칭성, 운동성, 원근법, 음영, 생략, 강화, 지우기 등을 다루며, 이것으로 성격의 단면을 이해해 나가는 방법이다.

❶ 검사 태도 및 소요 시간

- 소요 시간이 2분 이하로 짧거나, 30분 이상 걸릴 때 이는 관심 부분을 기피하거나 고착된 것임을 나타낸다.
- 오랜 시간이 소요되는 것은 일반적으로 완벽성, 강박 경향을 나타낸다.

❷ **순서**

- 그림의 순서는 집 그림은 지붕, 벽, 문, 창문의 순서로, 인물화는 얼굴, 눈, 코, 입, 목, 팔다리라는 일반적인 순서로 그리는 경향이 있다. 그러나 인물화에서 얼굴 내부를 먼저 그리고 얼굴 윤곽선을 나중에 그리거나, 얼굴을 맨 마지막에 그리는 사람은 대인 관계에 어려움을 느끼는 것으로 본다.

❸ **크기** (2/3 정도)

- 지나치게 작은 그림: 내적 열등감, 위축감, 부적절한 감정, 자기 억제적, 소심함, 우울증적 경향을 나타내며

- 지나치게 큰 그림: 환경에 대한 적의와 공격성, 자기 확장, 과잉 행동적, 정서적 조증의 상태, 과장된 경향을 나타낸다.

❹ **위치**

- 상: 의식, 상상, 정신세계, 불안정 상태

- 하: 무의식, 물질세계, 안정, 우울 성향

- 좌: 내향적, 과거지향적, 소극적, 수동적 성향

- 우: 외향적, 미래지향적, 활동적, 능동적 성향

❺ **필압**

- 매우 진한 선: 심한 긴장, 공격성, 자기주장적 성향

- 매우 옅은 선: 우유부단함, 소심함, 에너지 수준 낮음, 부정적 자긍심, 우울적 성향

❻ **스트로크**

- 긴 스트로크: 자신 통제적 성향

- 짧은 스트로크: 충동적, 불안 성향

- 망설이지 않고 한 줄인 선: 안정되고 자신 있음

- 흔들리고 덧칠한 선: 자신감 없고 불안정 성향

❼ **지우기**

- 불안감, 우유부단함, 불확실성, 강박적 성향

❽ 음영

• 불안, 갈등, 자의식, 타인 의식, 우울, 위축 상태

HTP 그림 검사를 통해서 인간의 무의식은 그림을 통해 외현화될 수 있으며, 특히 집, 나무, 사람은 자아, 대인 관계, 가족 구조 등을 상징적으로 표현하고 있다. 미술치료의 핵심은 내담자의 표현 작품이 무엇을 의미하는가를 알아내는 것뿐만이 아니라 미술 작업에 있어 과정과 결과 양자의 복잡성을 이해하는 데 있다.[37] 임상 및 교육 현장에서 심리적 적응 상태를 파악하는 데 유용한 측정 도구이다. 그러나 한 장의 그림으로 특징적 항목을 기준으로 하여 생략된 부분이나 지나치게 상세히 표현된 부분을 해석하고 진단하는 것은 조심스럽게 언급해야 한다.

4부

산림치유 심리 여행 통합 모델
Forest-Psyche Integrated Model

11장 | 산림치유·심리 테라피(Therapy) 프로그램

1. 이야기치료(Storytelling)

인간의 경험 가운데 가장 독특한 것은 아마 인간의 자기 경험일 것이다. "나는 누구인가?"라는 질문은 고대 희랍의 델피 신전의 물음에서부터 동양의 선문답에 이르기까지 인간의 삶을 근본에서부터 묻고 있는 존재론적 질문일 것이다. 이야기의 속성 가운데 가장 핵심은 '인간 삶의 정체성'을 설명하고 있다는 사실일 것이다. 이야기 심리학에서 말하고자 하는 이야기 안에 담긴 인간의 자아정체성은 구체적으로 무엇을 말하는가에 대해서 알아보고자 한다. 노스웨스턴대학의 이야기심리학자인 맥아담스(Dan McAdams)는 인간 이해에 접근하는 서로 다른 심리학의 방법론을 4가지 시각에서 정리하고 있다.

첫째는, 인간을 '심리 내부의 신비한 역동에 의해 행동하는 존재(Intrasychic Mysteries)'로 보는 시각과 방법론이다. 이 신비한 우리 내면 속의 비밀은 때론 통제할 수 없는 힘으로 혹은 고뇌와 갈등, 예측하지 못한 육체적 증상의 표현으로 우리에게 나타나는데, 이 신비스러운 내면의 역동성을 파악하고 그 알 수 없는 힘에 '이름을 붙여 줄 때(무의식의 의식화 작업)' 비로소 우리는 그 인간을 알았다고 조금이나마 말할 수 있을 것이라고 말한다.

둘째의 시각은, 인간을 '상호 교류하는 행동의 존재(Interaction Episodes)'로 보는 관점이다. 인간은 예측 못 할 불가측성의 신비스러운 존재라기보다는 개인과 환경 사이에서 끊임없이 상호 교류하며 행동하는 예측 가능한 '행동하는 동물'인 것이다. 셋째의 시각은, 인간을 '해석하는 존재(Interpretive Structures)'로 보는 발달심리학의 시각이다. 즉, 인간이란 우리의 두뇌와 인지의 능력 속에 각각의 발달 단계에 따라 환경이나 사건들에 적절히 대응하며 살아가는 해석의 구조(Interpretive Structure), 틀(Framework), 양태(Patterns) 등을 지니고 살아가는 존재라는 것이다. 이 방법론에 의하면 인간을 올바로 이해하기 위해서는 먼저 인간의 발달 단계와 그에 맞는 사고하는 능력, 인지의 폭, 자아 개념 등이 기본 자료들로서 먼저 강조되어야 한다는 것이다. 마지막으로, 인간을 이해하는 네 번째 시각, '인간은 이야기하는 존재(Interpersonal Stories)'로 보는 방법론이 있다. 이 방법론에 의하면 인간은 이야기하는 존재이다. 따라서 이야기의 구조를 이해하는 것이 이야기하는 존재인 인간을 이해하는 첩경이 되는 것이다. 인간은 처음 시작부터 자신이 속한 문화와 사회 속에서 어떠한 형태로든 영향을 받으며 자신에 대한 이해를 구축해 가는 존재라는 것이 이야기심리학 접근의 기본 전제이다. 인간의 삶은 누구나 어느 정도는 자기중심적일 수밖에 없지만, 그럼에도 불구하고 삶의 이야기기가 자신만을 위한 이야기로 짜인 자기중심적이고 자기숭배적인 이야기라면 그런 이야기를 건강한 이야기라고 하지는 않는다.[38]

　산림치유 프로그램에 있어서 이야기치료는 맥아담스의 이야기심리학에 근거하여 서술하고자 한다.

1) 맥아담스의 이야기심리학

　이야기심리학의 핵심 개념은 삶의 이야기(Life Story)이다. 맥아담스는 인간이 자신의 삶을 이야기 형태로 구성하고 해석하며, 이를 통해 정체성

(Identity)을 형성한다고 보았다. 이러한 삶의 이야기를 자기 서사(Self Narrative)라고 하며, 이는 단순한 경험의 나열이 아닌, 주체적으로 의미를 부여하고 방향성을 갖는 구조이다.

2) 정체성과 삶의 이야기

삶의 이야기는 자아정체성을 구성하는 핵심이며, 개인은 자신이 누구인지, 어떤 방향으로 살아가고 싶은지를 이야기 구조로 해석한다. 맥아담스는 성격을 3단계 구조로 설명하고 있다.

- 수준 1: 성격 특성-성격 5요인처럼 일반적 성향
- 수준 2: 특수한 개인의 목표, 동기-삶의 목표와 계획
- 수준 3: 삶의 이야기(Life Story)-자기 서사를 통해 개인은 삶을 통합된 정체성으로 구성

3) 자기 서사와 심리적 유연성

- 경직된 이야기: "나는 실패자야." "나는 항상 피해자였어."- 심리적 고통 유지
- 유연한 이야기: "힘든 일이 없었지만, 그것이 나를 성장시켰어."- 회복력 증가

즉, 심리적 유연성은 자기 서사의 재구성 능력과 밀접하게 연결된다. 이는 ACT의 가치 명료화와 전념 행동으로 이어질 수 있다. [39]

4) 산림치유와 이야기심리학의 연계 가능성

자연환경은 개인이 자신의 삶을 객관화하고 되돌아볼 수 있는 내면 성찰의 공간을 제공한다. 맥아담스의 관점에서 산림치유는 다음과 같은 기능을 할 수 있다. [40]

이야기심리학의 요소	산림치유 적용 예
삶의 전환점 성찰	숲속 글쓰기: 과거 중요한 사건을 이야기로 정리
정체성 회복	'내가 누구인지', '어떻게 살아가고 싶은지'를 자연과 함께 탐색
내러티브 재구성	부정적인 자기 서사를 자연 기반 활동을 통해 긍정적으로 재구성

스트롱은 내담자가 상담자를 높은 수준의 전문성(Expertness: H), 사람을 끄는 친근감(Attractiveness: A), 믿음을 주는 신뢰감(Trustworthiness: T), 즉 EAT를 가지고 있는 존재로 볼 때 결과가 가장 좋을 것이라고 가정했다.[41] 이 세 가지가 높을수록 내담자는 상담자에게 더 개방적이고 솔직하게 접근할 수 있게 되어, 상담의 효과가 높아질 것이다.

2. 스토리텔링 기반 산림·심리테라피의 특징

1) 개인 서사 중심의 치유

참여자의 삶의 이야기나 감정을 중심으로 프로그램이 구성되어, 자연과의 교감을 통해 내면의 상처를 치유한다.

2) 오감 자극과 감정 표현

숲의 소리, 향기, 풍경 등을 활용하여 감각을 자극하고, 이를 통해 감정을 표현하고 해소하는 활동이 포함된다.

3) 자연과의 상호 작용

나무와의 대화, 자연을 만들기 등 자연과 직접 상호 작용하는 활동을 통해 심리적 안정과 자아 성찰을 유도한다.

3. 여행과 함께하는 산림·심리치유 프로그램(단기, 장기)

1) 여행의 의미

현대 사회에서 여행은 여가 활동을 넘어 자아 성장, 스트레스 해소, 심리적 회복의 기능을 수행하는 주요한 삶의 경험으로 주목받고 있다. 특히 심리학의 관점에서 여행은 개인의 정서 조절, 자아 탐색, 회복탄력성 향상 등과 밀접한 연관성을 가지며, 치료적 개입의 한 형태로도 논의된다. 여행이 인간의 심리적 구조에 미치는 영향에 대해서 기술하면 다음과 같다.

(1) 스트레스 해소와 긍정 정서의 증진

여행은 일상에서의 스트레스 자극으로부터 벗어나 새로운 환경에 노출되며, 이를 통해서 심리적 긴장이 완화되고 긍정적인 감정 상태가 촉진된다. Nawjin(2011)의 연구에 따르면, 여행 중 개인은 일상적 의무에서 해방되어 더 높은 수준의 행복감과 만족감을 경험하게 된다. 이는 '감정 전이(Affective Shift)'의 관점에서 여행이 부정 정서에 긍정 정서로의 이동을 유도한다는 점에서 의의가 있다.[42]

(2) 자기 탐색과 자아 성장

여행은 익숙한 환경에서 벗어나 새로운 맥락 속에서 자신을 인식하게 함으로써, 자아 탐색의 기회를 제공한다. 이는 Carl Rogers의 인간 중심 이론에서 말하는 '실현경향성(Actualizing Tendency)'과 연결되며, 여행은 내적 자원을 재발견하고 삶의 방향을 성찰하는 계기로 작용할 수 있다. 특히 혼자 하는 여행은 자기 자신과의 대화를 촉진하며 자율성과 자기효능감(Self-Efficacy)을 강화하는 데 기여한다.

(3) 회복탄력성과 적응력 향상

여행은 예상치 못한 상황과 환경에 적응하며 문제 해결 능력을 요구한다. 이러한 경험은 회복탄력성(Resilience)을 강화하며, 불확실성과 변화에 유연하게 대응하는 능력을 높여 준다.

(4) 삶의 의미 재구성과 정체성 확장

여행은 일상적 자아의 경계를 넘어 새로운 사회적 맥락 속에서 자신을 재정의하는 기회를 제공한다. 이는 McAdams의 서사적 자아(Narrative Identity) 개념과 연결되며, 여행을 통해 구성된 경험은 Rodlos의 삶의 이야기 속에서 의미 있는 전환점으로 작용할 수 있다. 여행 후 개인은 자신에 대한 이해와 세계관을 확장하며, 더 풍부하고 통합된 자아 개념을 형성하게 된다.[43)]

여행은 심리학적으로 자아 회복과 성장의 기제로 기능한다. 스트레스 완화, 긍정 정서 촉진, 자기 탐색, 회복탄력성 향상, 삶의 의미 재구성 등 다층적인 심리적 효과는 여행을 단순한 레저를 넘어 '심리적 전환의 장'으로 이해하게 만든다. 향후 심리치료 및 정신 건강 증진 프로그램에서도 여행의 심리적 요소를 보다 적극적으로 활용할 필요가 있다.

2) 1박 2일 프로그램

<table>
<thead>
<tr><th colspan="2">시간</th><th>첫째 날</th><th>둘째 날</th><th>비고</th></tr>
</thead>
<tbody>
<tr><td rowspan="5">오
전</td><td>07:00-08:00</td><td></td><td>기상/산책</td><td></td></tr>
<tr><td>08:00-09:00</td><td>OT/사전 검사</td><td>아침 식사</td><td></td></tr>
<tr><td>09:00-10:00</td><td rowspan="3">Tour
(Shortform
Soundscape #1)</td><td>Group 모임2</td><td></td></tr>
<tr><td>10:00-11:00</td><td>(마무리/나눔 시간)</td><td></td></tr>
<tr><td>11:00-12:00</td><td>사후 검사</td><td></td></tr>
</tbody>
</table>

	12:00-13:00	점심 식사		
오 후	13:00-14:00	Tour (Shortform Soundscape #2)		
	14:00-15:00			
	15:00-16:00			
	16:00-17:00			
	17:00-18:00	저녁 식사		
저 녁	18:00-19:00	Tour (Shortform Soundscape #3)		
	19:00-20:00			
	20:00-21:00	자유 시간		
	21:00-22:00	Group 모임 1 (나눔 시간)		
	22:00-23:00			
	23:00-24:00	취침		

3) 2박 3일 프로그램 or 3박 4일 프로그램

	시 간	첫째 날	둘(셋)째 날	셋(넷)째 날	비고
오 전	07:00-08:00		기상/산책	기상/산책	
	08:00-09:00	OT/사전 검사	아침 식사	아침 식사	
	09:00-10:00	Tour	Tour	Group 모임 3 (마무리/나눔 시간) 사후 검사	
	10:00-11:00				
	11:00-12:00				
	12:00-13:00	점심 식사		점심 식사	

오 후	13:00~14:00	Tour (Shortform #1)	Tour (Shortform #2)	집으로 GO!	
	14:00~15:00				
	15:00~16:00				
	16:00~17:00				
	17:00~18:00				
	18:00~19:00	저녁 식사			
저 녁	19:00~20:00	자유 시간	자유 시간		
	20:00~21:00	Group 모임 1 (나눔 시간)	Group 모임 2		
	21:00~22:00				
	22:00~23:00	자유 시간	자유 시간		
	23:00~24:00	취침			

4. 산림치유·심리테라피 힐링 프로그램 4단계

Sound of Inner

산림치유·심리테라피 힐링프로그램(4단계)

■HRV(Heart Rate Variability)심박변이도검사
POMS(Profile of Mood States)검사
1. 심정대화(Hear & Now)
2.Soundscpe Shortform
3.Naming
4.Aha

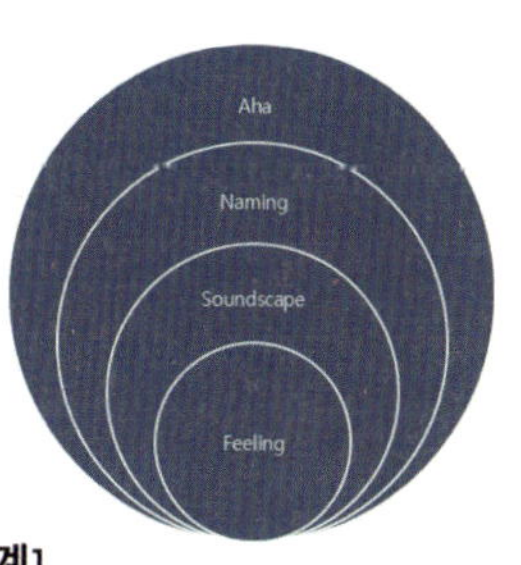

[연구과정 4단계]

집단 모임이 끝나고 차를 마시며 마음을 나누는 시간을 가졌다.

<table>
<tr><td>12장</td><td>여행과 함께하는 산림치유에서의 Shortform을 활용한 Soundscape 산림치유 사례
(Forest-Psyche Journey Integrated Model: FPJI)</td></tr>
</table>

PROGRAM Ⅰ. 제주도 설경과 함께 진행한 산림치유 심리 여행

여행을 통해서 심리와 만나는 산림치유

1기 Sound of Inner

일시: 2025년 2월 9일(일)–2월 12일(수) 3박 4일

장소: 제주도 켄싱턴리조트

1) Soundscape와 Storytelling

Forest–Psyche Journey Integrated Model: FPJI

– **닉네임**: 햇살

– **Shortform 주제**: 내려놓음

– **느낌**: 위로가 되는, 편안함

– **Storytelling**:

암 진단 후 나는 초긴장의 상태로 살고 있었다. 항호르몬제의 영향인지 다양한 부작용을 겪으면서 하루하루 투병(치료)을 하고 있었다.

불면 증세로 잠을 자지 못해도 피곤함도 모른 채… 그래서 쉬고 싶었다. 심리·정서 문제도 있었다. 조용한 내면에서 갑자기 화가 올라오고 관계에서도 과격해지는

언행들 때문에 혼란스러운 시간을 보내기도 했다. 암 진단 후 2년 동안 뒤로 물러나 나의 모습들을 객관적으로 보기 시작했다. 암 환자의 심리·정서를 이해하기도 했다. 시간의 흐름 속에서 점점 더 나를 알아 가고 싶었고 직면하고 싶었다. 그래서 진정한 성숙의 길로 가고 싶었다.

Sound of Inner 프로그램을 통해 새로운 경험을 하게 되었다. 엉켜 있던 내면의 소리를 듣게 되고 새로운 알아차림의 순간들도 있었다. 나를 둘러싼 그 모든 것의 소리에 집중하는 시간을 가졌다. 파도 소리, 바람 소리, 새소리, 사람들 소리, 물방울 소리, 갈대 소리, 발소리, 눈 위에서 걷는 소리, 기계 소리….

그 소리들을 들으면서 '나'를 만났다. 듣고 싶은 소리만 들었던 나, 나 중심적인 관계를 맺고 있었던 나, 듣고 싶지 않아 지나치거나 무의식적으로 회피하거나 덮어 버렸던 시간들이 많았다. 어쩜 그것은 두려움이었는지 모르겠다.

또한 이기심이었는지도….

이제부터는 나에게 다가오는 이들의 작은 몸짓과 말에 위축되지 말고 받아 주기로 다짐했다. 묵묵히 그 시간을 견디며, 바람이 멈추고 평화로운 날들이 몸을 기억하고 있다. 특별히 어제 에코랜드 눈길을 걸으며 찍은 동영상은 내게 특별한 깨달음을 주었다.

아무도 가지 않은 길을 출발하면서 두려움의 마음이 있었다.

눈길을 걷는 발소리를 들으면서 하나님 군대의 행진이 연상되었다. 나 혼자 걷는다고 생각하며 두려움 속에 있는 나에게 "너는 혼자가 아니다, 내가 너와 함께 걷고 있다."라고 말씀하시는 주님을 뵈었다.

앞으로 수많은 길 위에서 어느 길을 가야 할지 선택의 기로 앞에 서기도 하고 그 길을 선택하며 나아갈 때 하나님께서 도우시기에 담대히 걸어갈 수 있는 용기를 갖게 되었다. 하나님을 신뢰함으로써 묵묵히 주어진 길을 가야 함을 일깨워 주셨다.

과정 속에서 변화를 위해 내가 노력한 부분, 알아차림의 부분은 내가 집중하고 있는 그 무엇들을 내려놓아야 한다. 그리고 내게 주어진 남은 날 동안 해야 할 일에 집중하고 도전해야 한다. 또 다른 자기 대상으로…. 그것은 내가 가장 좋아하고 행복해하는 일, 곧 상담과 관련한 일들임을 깨닫는다.

- **Aha**(깨달음): 무심코 지나친 삶들을 소중한 삶으로 깨닫게 되었다.

- **POMS-B 사전·사후 검사 및 해석**

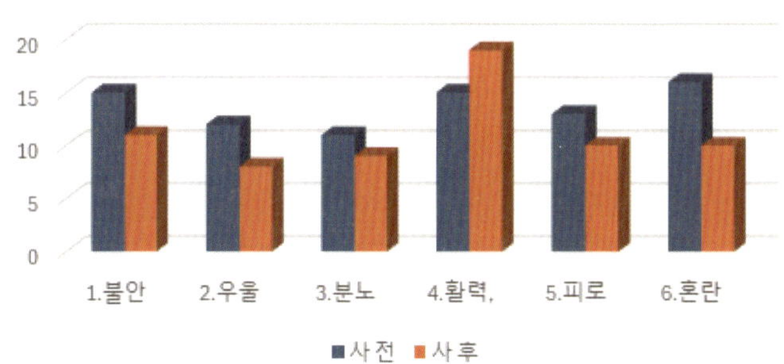

(14+11+10+12+15)−14
=48

→

(10+7+8+9+9)−18
=25

Forest-Psyche Journey Integrated Model: FPJI

- **닉네임**: 날개

- **Shortform 주제**: 소리

- **느낌**: 즐거운, 상쾌한

– **Storytelling**:

참여하기 전은 어떤 분들이 오실까 하는 기대감과 호기심이 있었다.

어떤 분들과 또 하나의 인연이 될까?

숙소에 도착해서는 오시기로 한 분들이 몇 분 안 된다는 교수님 말씀에 두려움이 생기기도….

잠시 후 깜짝쇼라도 하듯 선생님들이 합류하면서 넘넘 반가웠고 인상들도 좋으시고 좋은 분들이 많이 오시고 웃음소리가 여기저기서 들리면서 순식간에 친근함으로 다가왔다.

소리, 소리가 잘 들리고 느끼지만 감사함이 없었던 일상을 발견하고, 일단 들을 수 있음에 감사하는 시간이 되었다.

소리를 들으며 새로운 것은 새소리, 바람 소리, 파도 소리, 나뭇잎 부딪히는 소리는 너무 좋았지만, 삐걱거리는 소리는 마음에 거슬렸다.

좋은 소리만 들으려고 했던 나 자신을 발견, 내면의 깊은 곳에서 나오는 소리를 느껴 볼 수 있었던 또 하나의 인생의 새로운 경이로움을 느낄 수 있었던 시간이었다.

내 안의 무의식 소리의 걸림돌은 무엇이었나 하고 생각해 보니 불평의 소리, 징징대는 소리, 화내는 소리 등 그들의 마음을 헤아려 주지 못했던 나를 발견하고 이제는 잘 듣고 듣는 연습도 더 많이 해야겠다고 생각을 하게 되었다. 붕 떠 있는 듯 안정되지 못한 내면을 잔잔한 호수가 되어 보아야겠다고 생각한다.

운전에 장시간 에스코트하느라 애써 주신 교수님과 함께하신 분들 감사합니다.

새로운 세상을 생각할 수 있는 마음의 여유를 가질 수 있는 성품이 되어야겠다고 생각을 하게 된다.

– **Aha**(깨달음): 좋은 소리만 들으려고 했던 나 자신을 발견하게 되면서 나를 먼저 인정하고 지지하는 마음으로 나 자신이 장점과 단점을 인정하고 수용해 주는 넉넉함을 집단 상담을 통해 깨닫게 되었다.

POMS-B (기분상태검사)
(날개)

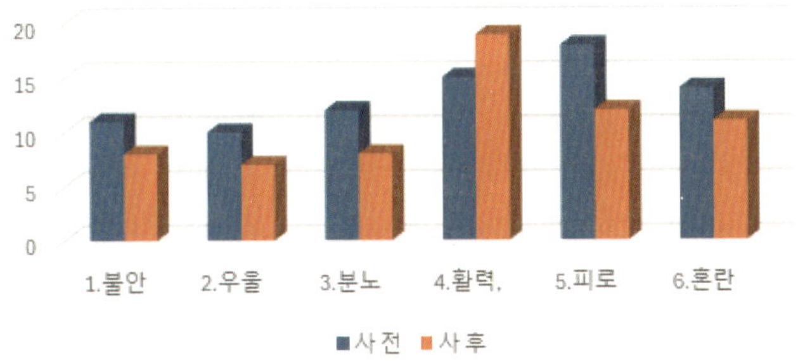

(9+8+11+13+11)–14 =38	→	(7+6+7+11+10)–18 =23

(Forest–Psyche Journey Integrated Model: FPJI)

- **닉네임**: 향기
- **Shortform 주제**: 카이로스의 시간
- **느낌**: 상쾌함, 기쁨, 안정감

‒ **Storytelling**:

우리는 크로노스의 물리적 시간을 살아가지만 동시에 카이로스의 시간을 살아간다. 노을 장면을 보기 위해 기다림의 카이로스의 시간을 보내면서 이 시간이 긴장되고 설레기도 한다. 그리고 또 다른 카이로스의 시간을 보내며 그리움이 밀려오기도 한다.

나의 마음과 시간을 붙잡고 멈춤의 순간은 의미가 있다. 오랜 시간 준비해도 여건과 조건이 맞지 않으면 할 수 없는 시간이 되기 때문이다.

크로노스의 물리적 시간은 여전히 흘러간다. 그러나 나는 카이로스의 시간을 붙잡으며 한 발 한 발 앞장서 나가게 된다.

노을은 상징적이다. 하루 일과를 마치고 모두가 집이라는 쉼의 공간으로 모이게 되는 시간의 시그널이기도 하다. 어릴 적 동네 한 바퀴를 돌며 노을을 보고 조금 어둑해진 골목길을 돌아 집으로 가면, 외로이 자식들을 위해 일하시고 저녁을 맛있게 준비해 주신 엄마가 반갑게 맞아 주셨던 기억이 난다.

노을을 보고 난 후 기분은 남다르다. 지금도 역시 마찬가지다.

노을을 보며 하루를 마무리하면서 하루를 되돌아보게 된다. 노을은 언제나 기다림과 설렘 그리고 뭔가 몸과 마음이 정리되는 매개체였다. 그런데 오늘 오랜 시간이 지나 문득 어린아이가 저녁 시간만 되면 밖으로 나가게 된 것을 알게 되었다.

저녁, 언제나 엄마가 기다리고, 맛있는 저녁 시간이 기다려지는 시간을 알리는 시그널이었다는 것을 오늘 새삼 깨닫게 되었다.

오늘에야 그것을 깨닫게 되면서 멈춰진 카이로스의 시간을 붙잡으며, 크로노스의 기다림의 시간을 보내는 버팀의 시간을 긴장과 초조함 그리고 버텨야 한다는 양가감정이 교차되는 시간이었다.

파도 소리가 펼쳐지는 가운데 저 멀리 노을은 이곳에서 여행을 즐기며 나에게 보상을 해 주는 상징적 의미이자, 에너지를 얻게 해 준다.

‒ Aha(깨달음): 기다림과 버팀의 간극을 메우고 노을이라는 교착점이 인생을 지탱시키는 힘이 되었다는 사실을 알아차리게 되었다.

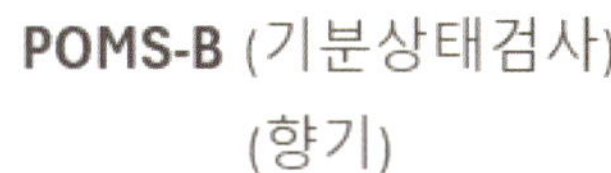

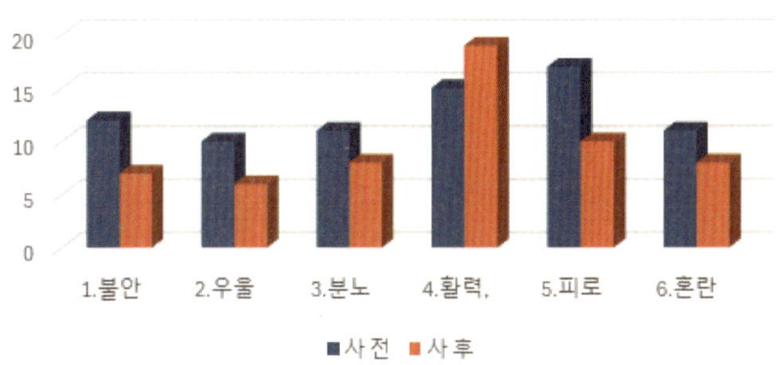

(12+10+11+17+11)-15 =46	→	(7+6+8+10+8)-19 =20

• **산과 계곡이 있는 치유 숲**(강촌/구곡폭포)

	시간	첫째 날	둘째 날	셋째 날	비고
오전	07:00–08:00		기상/산책	기상/산책	
	08:00–09:00	OT/사전 검사	아침 식사	아침 식사	
	09:00–10:00			Group 모임 3 (마무리/나눔 시간) 사후 검사	
	10:00–11:00	Tour	Tour	
	11:00–12:00			
	12:00–13:00	점심 식사		점심 식사	

오후	13:00–14:00	Tour (Shortform #1)	Tour (Shortform #2)	집으로 GO!	
	14:00–15:00				
	15:00–16:00				
	16:00–17:00				
	17:00–18:00				
	18:00–19:00	저녁 식사			
저녁	19:00–20:00	자유 시간	자유 시간		
	20:00–21:00	Group 모임 1 (나눔 시간)	Group 모임 2 (나눔 시간)		
	21:00–22:00				
	22:00–23:00	자유 시간	자유 시간		
	23:00–24:00	취침			

PROGRAM II. 강원도 숲과 함께하는 산림치유 심리 여행

Forest-Psyche Journey Integrated Model: FPJI

2기| Sound of Inner
일시: 2025년 5월 1일(목)-5월 3일(토) 2박 3일
장소: 강촌 엘리시안리조트

첫째 날: 2025년 5월 1일

08:00-09:00, OT 및 사전 검사

- **HRV**(Heart Rate Variability)
- **POMS-B**(Profiles Of Mood States: 기분상태 검사)
- **HTP**(House, Tree, Person 그림 검사)

8시에 집결하여 전체 일정에 대한 오리엔테이션을 갖고, 모두가 즐겁고 유익한 여행이 될 것을 다짐하는 시간을 갖게 되었다. HRV 검사와 기분상태 검사(POMS-B) 그리고 HTP 그림 검사를 실시하였다. 고속도로에서 빠져나와 국도를 달리며 시원한 강바람과 초록이 물든 도로를 달리며 가슴이 뻥 뚫려야 하는데 아쉽게도 구름이 짙게 드리워지더니 빗줄기가 한두 방울 떨어지더니 비가 쏟아지기 시작했다. 다소 불안과 걱정이 엄습하면서 레일바이크를 탈 때는 비가 그치기를 맘속으로 기도해 보았다.

10:00-13:00, 강촌 Railbike Tour

경춘선 복선 전철 개통으로 쓸모를 다한 옛 경춘선 철로에 이제는 기차 대신 레일바이크가 달린다. 강촌 레일바이크, 김유정 레일바이크는 경춘선 전철 김유정역 바로 옆에서 출발한다. 김유정역 탑승장을 출발해 옛 강촌역까지 전체 8.5km 코스로, 처음 6km 구간은 레일바이크로, 나머지 2.5km 구간은 주로 내리막 낭만열차를 타고 이동한다.

레일바이크 구간은 주로 내리막길로 이루어져 힘들지 않고 산과 들, 강

이 어우러지는 목가적인 풍경과 갖가지 테마로 꾸민 터널이 이어진다. 목적지에 도착한 후에는 셔틀버스를 타고 탑승장으로 되돌아온다.[44]

오후 1시 일정을 오전 12시로 한 시간 앞당겨서 김유정역 레일바이크에 탑승을 하는 순간, 비는 더 내리더니 우비 사이로 바지가 다 젖고 신발에 물이 고일 정도였다. 애써 괜찮다고 마음속으로 외쳐 보지만 다른 일행의 눈치를 보기 시작했다. 이런 날씨에는 레일바이크를 타지 말고 다른 일정을 잡았어야 했나 하는 생각이 레일바이크가 종착역에 정차하는 순간까지 양가감정이 교차되면서 마음은 옷에 젖은 만큼 무거워지기 시작했다. 날씨는 변수가 있지만 항상 민감하게 반응할 수밖에 없는 것 같다. 날씨가 흐리고 비가 오락가락하는 가운데 레일바이크 타기에는 좋지 않은 상황이 연출되었다. 일행은 두 대로 나눠 타고 앞에 4인용 3명, 바로 뒤에 2인용 2명이 탑승하고 비가 오는 가운데 소리도 질러 보고 경춘선 강변과 산에서 내려오는 안개가 절묘한 풍경을 연출하며 기분은 상쾌했다. 여행지에서의 날씨는 매우 중요하게 작용하는데 비가 많이 오는 관계로 일행 중 일부는 불쾌한 감정을 드러내기도 했다. 우비를 입었음에도 옷도 많이 젖고, 불평을 토로하는 사람도 있었고, 말은 안 해도 불만이 많은 분위기여서 기획하고 준비한 입장에서 미안함과 날씨를 체크하지 못한 부분에 대해서 미안하다고 전했다.

강촌역에서 하차하여 다시 김유정역으로 셔틀버스를 이용하여 이동한 후 다시 25분 걸려 강촌역으로 향했다. 강촌역에서 맛집으로 유명한 강촌 막국수 집에서 점심 식사를 한 후, 두 번째 여행지인 구곡폭포로 향했다. 다행히 점심 식사 후 비가 그치고 햇볕이 조금 들어오다 말다 하는 그래도 조금은 시원한 날씨여서 초록을 머금은 구곡폭포 산행이 시작되었다.

14:30-17:00, 강촌 구곡폭포, Shortform #1

구곡폭포는 강원특별자치도 춘천시 남산면 강촌리에 위치한 자연 폭포로, 강촌 유원지 인근의 구곡계곡 상류에 자리 잡고 있다. 이 폭포는 약 50m 높이에서 떨어지는 물줄기가 장관을 이루며, 사계절 내내 다양한 매력을 선사하는 명소로 알려져 있다. 강촌역에서 도보로 약 20분 거리에 위치해 있어 대중교통을 이용한 접근이 용이하다. 자연경관과 계절별 특징을 살펴보면, 봄/여름에는 푸른 숲과 시원한 폭포수가 어우러져 산책이나 등산객들에게 인기가 높다. 가을에는 단풍과 함께 절경을 이루며, 겨울에는 폭포수가 얼어붙은 빙폭이 장관을 이루며 사진 촬영지로도 유명하다. 구곡폭포로 가는 구곡계곡 산책로는 잘 정비되어 있어 남녀노소 모두 접근이 쉽다. 구곡(九曲)은 아홉 굽이를 의미하는데, 이는 구불구불한 계곡 길을 따라 올라가야 만날 수 있다는 의미에서 유래되었다고 한다. 구곡폭포까지 가는 길에 '구곡혼'을 보게 된다. 첫 번째는 꿈, 희망을 찾아서, 두 번째는 끼, 재능의 발견, 세 번째는 꾀, 일을 잘 해결하는 지혜, 네 번째는 깡, 마음에서 솟구치는 용기, 다섯 번째는 꾼, 한 분야의 최고봉, 여섯 번째는 끈, 삶 속에서 맺어지는 관계, 일곱 번째는 꼴, 누군가에게 보이는 모습, 여덟 번째는 깔, 빛깔이나 맵시가 곱고 산뜻함, 아홉 번째는 끝, 여정의 끝은 새로운 시작, 이런 글자를 보다 보면 구곡폭포에 도달하게 된다.[45]

　비 온 뒤에 시원한 숲길을 걷는 것 자체가 힐링이며, 꽃들과 계곡 물소리 그리고 새소리 등이 노래하는 듯 귀에 감기며, 계곡 줄기마다 소원을 빌며 돌 하나하나 정성껏 올려놓은 돌탑들이 인상 깊다. 20여 분 남짓 걷다 보면 어느덧 폭포수가 시원하게 떨어지는 절벽 아래에 다다르게 된다. 사진 몇 컷, 동영상을 담으며 잠시 머물다 내려오는 길에 Soundscape를 Shortform에 담아 보며 스토리텔링을 해 보는 시간을 갖게 되었다. 각자 주제를 정하고 왜 주제를 정하게 되었는지, 그리고 스토리텔링을 통해서 자기 자신에 대한 발견은 무엇인지를 잠시 생각해 보는 시간을 갖게 되었다. 올라갈 때는 경치를 충분히 감상하고 느끼면서 올라가지만, 내려올 때는 개인 시간을 통해서 자연과 동화되어 자율성을 갖게 되어 자기 발견을 위한 혼자만의 시간을 마주하게 된다. 그리고 과연 어떤 영상을 담으며 무슨 생각을 했을까 하는 궁금함을 안고 산을 내려왔다. 저녁에 닭갈비를 먹기로 결정하고, 강촌역 부근에서 저녁을 맛있게 먹으면서 하루의 피곤도 말끔히 날리게 되었다. 강촌 엘리시안리조트로 향했다.

　강촌 엘리시안리조트 체크인을 마치고 숙소에서 한 시간가량 쉼을 갖는 시간을 통해서 씻고, 집단 모임을 위한 정리하는 시간을 통해서 구곡폭포에서의 마음들을 정리하는 시간을 갖게 되었다. 집단 모임은 전혀 어색하지 않게 익숙하게 자기 발견과 느낌들을 잘 정리해서 이야기하게 되어서 숲에서의 힐링 이상으로 힐링이 되는 시간을 갖게 되었다. 아마도 임상 실습지를 사전에 적으면서 정리할 수 있는 시간이 중요하게 작용했던 것 같다. Shortform에 담긴 Soundscape를 보고 들으며 자유연상을 통해 무의식을 탐색하는 시간이 되면서 나를 보게 되는 시간은 의미 있는 시간이 되었다. 여행을 통해서 산림치유와 심리가 만날 때 나를 조금씩 알아 가는 시간으로 가져가는 새로운 패러다임의 치유 작업이라 할 수 있다. 지난겨울 제주도 힐링 캠프 때도 자기 발견을 통한 깨달음이 작은 변화로 이어져 감동이라고 했던 기억이 떠오르면서 억압된 세계를 프로이트의 자유연상 기법으로 초대하고 마주하는 시간이 되었다. 조금 피곤했지만 피곤함도 잊은 채 8시 30분부터 10시까지 시간이 흘러가는 것도 모르고 나눔을 하게 되었으며, 서로를 지지하고 위로하는 시간으로 의미 있는 시간이 되어 감사한 마음과 고마운 마음을 갖게 되었다고 마음을 전하는 시간이 되었다.

2) Soundscape와 Storytelling

Forest-Psyche Journey Integrated Model: FPJI

- **닉네임**: 향기
- **Shortform 주제**: 욕망과 끈
- **느낌**: 덤덤함

- Storytelling:

끈은 일반적인 관계를 나타내기도 하고 때론 학연과 지연을 인위적으로 맺어진 구성원 간의 관계를 맺는 것으로 우리 사회의 성공하는 데 있어서 중요한 단어가 되기도 한다. 우리 사회가 개인의 노력보다도 끈으로 출세하던 성공하는 시대가 있었다. 우리의 여러 가지 열망을 돌탑을 쌓으며 간절함으로 소원을 빌었을 소망 하나하나를 보는 것 같다. 끈으로 맺어진 관계들이 좀 더 좋은 영향력을 주고받는 관계가 되도록 노력해야겠다는 생각을 해보았다. 지금 가고 있는 삶을 되돌아보며, '욕망의 덫'이 아니길 바라면서 지난 시간 살아온 뒤안길을 되돌아보게 된다. 자연은 끊임없이 온갖 시련과 고난에도 순리를 거스르지 않는다. 온전히 순리대로 살아가는 법을 배운다. 비가 내린 뒤의 숲속의 향기와 음이온 그리고 새소리와 계곡 물소리가 온전히 공존하며 하모니를 이루는 한가운데를 사랑하는 동료들과 함께 걷는 이 순간이 행복이다. 진심과 성공 사이에서 관계하는 가운데 상처를 주기도 하고, 배신감을 느끼게 되는 경우도 많이 경험하게 되면서 그럼에도 나는 진심으로 다가가려고 하고, 관계를 아름답게 갖고자 노력하려고 한다.

- **Aha**(깨달음): 진실되고 정직하게 살아가자. 더디 가도 순리대로 살아가자. 지금까지 살아온 것들에 응원과 지지를 보낸다.

Forest-Psyche Journey Integrated: FPJI

- **닉네임**: 새물내
- **Shortform 주제**: 한 걸음 한 걸음 나아가는 거야, 나의 꽃을 피우자!!
- **감정**: 짠함, 겸손함

- **Storytelling**:

하얀 꽃이 만발한 커다란 노거수를 보았다. 몸통에 비해 키가 유난히 컸다. 거칠어진 수피, 깊게 뚫린 구멍….

그동안 수많은 세월의 상처가 이 나무를 스쳐 지나갔을 것이다. 그 모습을 마주하자, 나도 모르게 지난 시절이 주마등처럼 스쳐 갔다.

외딴 과수원집에서의 외로움, 부모님의 사랑을 갈망하며 착하게 살아야 했던 청소년기, 첫사랑의 아픔, 첫 아이를 떠나보낸 슬픔, 남편과의 벽, 생활의 무게, 그리고 병마와의 싸움까지….

지금 나는, 그 모든 시간을 지나 이 노거수 앞에 서 있다. 삶이 고단했을 텐데도, 이 나무는 마치 아무 일 없었다는 듯 팝콘같이 하얗고 경쾌한 꽃을 마구 터뜨리고 있다.

당차고 멋지다.

나도 이 나무를 닮고 싶다. 내 안의 아픔과 고요한 외로움까지 나의 일부로 끌어 안고, 지금 이 자리에서 내 에너지를, 나의 꽃을, 망설이지 않고 피워 내고 싶다.

한 걸음, 한 걸음, 이제는 나만의 꽃을 위해 걷겠다.

- Aha(깨달음): 과거가 지금의 나를 도왔고, 지금의 내가 미래의 나를 만들 것이다. 당당하게 즐겁게 지금 이 순간을 누리자!!

- 느낌: 담담하다, 벅차다, 기대된다.

Forest-Psyche Journey Integrated Model: FPJI

- 닉네임: 구름
- Shortform 주제: 가 보지 않은 길
- 느낌: 굽어져 앞이 잘 보이지 않는 길 저 너머에 대한 두려움과 작은 호기심

- Storytelling:

아름드리나무들 사이로 잘 정돈된 예쁜 길이 보인다. 한쪽 옆으로 시원한 계곡물이 흐르고 비 맞은 나무들은 생기를 뽐내며 푸르르다.

저 멀찌감치 앞에 한 사람이 길을 걷고 있다. 하지만 선뜻 첫발을 떼기가 두렵다.

처음 걷는 길이기에 걱정이 앞선다. 돌이켜 생각해 보면 어린 시절부터 얼마 전까지 내 인생의 갈림길에서 어느 길로 가야 할지 결정을 해야 할 때 가장 큰 역할을 한 것은 나의 사랑하는 가족들이었던 것 같다.

그들의 조언은 나를 위한 것임을 알기에 귀담아들었고, 때로는 가족들이 원하는 것이 나의 결정에 있어 제1순위가 되기도 했다. 과정이 힘들거나 실망스러울 때도 있었지만 그때는 탓을 하지도 않았다. 시간이 흘러 갱년기가 되어서 나를 되돌아보는 시간이 생겼을 때 그 결정들이 정말 나를 위한 나의 결정이었는지 의문을 갖게 되었다.

그리고 내가 불행했던 시기에 그런 선택으로 이끈 주변 탓을 하게 되었다.

즐겁고 행복했던 시간들은 떠올리지 못하고 오직 타인의 탓만 하며 불행의 원인을 찾으려 했던 것 같다.

길옆의 나무를 보니 빛을 따라 잘 자라기 위해 어느 가지는 뱀처럼 휘어져 있기도 하고, 어느 나무는 모진 풍파에 가지가 꺾였는지 부러진 모습이다.

그렇지만 그런 시련의 시간을 극복하고 지금의 멋지고 든든한 나무가 되었을 거란 생각이 든다. 조금 더 길을 따라가 보니 계곡물 흐르는 옆 평탄한 지점에 아늑한 쉼터가 보인다.

내 지나온 삶에도 그런 쉼터가 있었음이 떠오른다.

아이들 낳고 키울 때였다. 몸은 피곤하고 지쳤지만 하루하루가 새롭고 신비해서 충만했던 시간이었다.

남의 탓만 할 때는 왜 그런 충만했던 시간을 떠올리지 않았을까. Soundscape를 통해 모든 선택은 언제나 나였음을 깨닫는다. 항상 정해 주는 삶이 쉽고 안전하다고 생각했기에 그 길을 선택했고 그래서 나온 과정과 결과도 항상 좋을 것이라 기대했지만 있는 그대로 받아들이지 못했던 것 같다.

두려움 때문에 안전한 길을 선택했기에 가지 않은 길은 항상 미련과 두려움의 대상일 뿐이었다.

끝이 보이지 않는 이 길 중간에 무엇이 나올지 알지 못한다. 무섭고 험한 동물이 나올지도, 귀여운 다람쥐가 먹이를 먹는 모습을 보여 줄지도 예쁜 꽃들이 반겨 줄지도….

그러나 이제는 설레는 마음으로 기대해 본다.

– Aha(깨달음): Soundscape를 통해 모든 선택은 언제나 나였음을 깨닫는다.

- **닉네임**: 바람
- **Shortform 주제**: 나의 발자취
- **느낌**: 나의 선택, 고집, 시행착오

- Storytelling:

비 오는 날의 폭포수에서 쏟아져 나오는 물소리에 내 마음이 뻥 하고 순간 뚫리는 기분이 느껴졌다. 내려오는 길의 풀 냄새가 느껴졌고 냇가에 수많은 돌탑이 군집을 이루고 있다.

순간! 많은 사람의 모습처럼 느껴지며 각자 분주히 움직이는 가운데 엄마의 뒷모습을 보았다. 어릴 때 아버지랑 다투고 주섬주섬 옷가지를 챙기며 어딘가를 가는 엄마를 뒤따라갔다. 한참을 따라가니 어느 순간 엄마가 뒤돌아보며 나를 발견하며 놀라셨다.

우리는 다시 손을 잡고 집으로 돌아갔던 오래전 기억이 떠올랐다.

그리고 또 다른 나의 모습을 돌탑에서 보았다. 많은 돌탑이 내가 살면서 겪었던 일들이 하나하나 쌓여 있는 것 같았다.

결혼, 두 아이의 엄마, 아내, 며느리, 직장인의 모습으로 살면서 나는 수많은 선택과 시행착오를 겪었다.

수많은 일을 겪으며 경험했던 선택을 할 때마다 정당성을 가지며 내 방식대로 살았지만 지금 이 순간 드는 생각은 나의 욕심, 고집, 시행착오로 이어진 것 같다.

- **Aha**(깨달음): 나를 돌이켜 보면 나의 틀(방식)이 강하고 고집스러운 사람인 것 같다.
- **느낌**: 내가 느낀 모습을 인정하고 싶지 않지만 가족들의 평상시 나에게 표현하고 나를 이해하는 말들이 맞는 것 같고 지금 현재 나의 마음은 공허하고 두려움이 가득 차 있다.

Forest-Psyche Journey Integrated Model: FPJI

- **닉네임**: 산금
- **Shortform 주제**: 이름처럼 살자
- **느낌**: 쾌활, 명랑

- **Storytelling**:

비가 내린 후 늘어난 계곡물이 폭포가 되어 시원하게 떨어지고 힘 있게 큰 소리를 내며 흐르는 모습을 보니 마음이 시원하고 즐거웠다. 엄마가 지어 주신 이름 明叔에 들어 있는 맑을 숙과 밝은 명의 뜻처럼, 밝고 맑게 살자고 생각했었는데 멈추지 않고 힘차게 맑은 물을 흘려보내는 계곡을 보니 살아 내느라 바빠서 잊고 있던 이름의 의미를 떠올리게 되었다.

눈은 그 사람의 생각을 보여 주는 거울이니 늘 맑고 선한 생각을 가지고 살기를, 그렇게 될 수 있도록 노력하자.

오전에 레일바이크를 탈 때 만났던 비는 우리의 즐거워야 할 시간을 엉망으로 만들어 원망스러웠으나 오후에 구곡폭포에서 만난 계곡물을 그 미웠던 빗물들이 모여서 만들어 냈으니….

누구를 위하여 종은 울리나!

이곳에 있는 모든 풍경과 소리는 나를 위해 존재하고 있다. 그 속에 있어서 행복하다.

- **Aha**(깨달음): 계곡을 보니 살아 내느라 바빠서 잊고 있던 이름의 의미를 떠올리게 되었다. 선한 생각을 가지고 살기를…. 그렇게 될 수 있도록 노력하자.

둘째 날: 2025년 5월 2일

07:00-08:00, 기상 및 산책

전날 비가 와서인지 리조트 골프장 쪽 산자락에 걸려 있는 아침 안개가 멋스럽게 느껴졌다. 피곤했을 법도 한데 7시쯤 기상하여 산책을 하게 되었다. 한 시간여 산책을 하면서 들풀, 크고 작은 초록 빛깔 나무들, 그리고 새 소리들이 어우러진 아침 산책은 시원하다 못해 산뜻함과 싱그러움으로 맛있는 싱싱한 과일을 한 입 먹고 난 후의 입안의 아삭함과 코끝에서 느껴지는 과일 향기처럼 느껴졌다. 오전은 특별히 아침밥을 먹지 않고 씻고 난 후 과일이 곁들여진 샐러드와 따뜻한 차 한 잔으로 대신하게 되었다.

10:00-16:00, 남이섬 Tour, Shortform #2

둘째 날 일정은 남이섬과 삼악산 케이블카로 정했다. 전날과는 달리 날씨가 무척 좋았다. 날씨가 좋아서일까. 평일인데도 관광객이 굉장히 많았다. 금요일 단체 관광버스가 벌써 주차장을 다 메우고 있어서 승용차 주차는 아침인데도 벌써 만차가 되어 주차가 쉽지 않았다. 주차를 한 후 배에 승선을 하고 10분 정도 배가 힘차게 달려 남이섬에 선착을 하게 되었다.

남이섬은 원래 육지였으나, 1944년 청평댐 건설로 인해 북한강 수위가 높아지면서 섬이 되었다. 이 섬의 이름은 조선 시대 명장 남이장군의 묘소가 있다는 전설에서 유래되었다. 그러나 남이 장군의 묘소가 섬 어디에 있는지는 정확히 알려지지 않고 있다. 남이섬은 1960년대 중반부터 관광지로 개발되었다. 섬에는 각종 놀이 시설·숙박 시설·동물원·식물원·유람선 등이 있어 종합 휴양 시설로 손색이 없으며, 사계절의 아름다움과 운치를 간직한 곳으로 널리 알려져 있다. 특히 2002년 방영된 TV 드라마 「겨울연가」의 촬영지로 유명해 내국인뿐만 아니라 일본을 비롯한 아시아 각국에서 많은 관광객이 찾는 명소가 되었다. 2006년 3월 1일 남이섬은 이제까지 진행해 오던 각종 환경친화적 사업과 문화예술 지원 사업을 강화하고자 국가 개념의 테마파크인 나미나라공화국으로 독립을 선언하였다. 나미나라공화국은 한국의 관광업계에 신선한 충격을 주고, 이를 선도해 나가는 새로운 사업 방식으로 주목받고 있다. 주요 명소와 즐길 거리는 메타세쿼이아길, 집라인 체험, 유니세프 나눔 열차, 정관루호텔 등이 있어 남이섬은 자연과 문화가 어우러진 아름다운 섬으로, 연인, 가족, 친구들과 함께 방문하여 다양한 즐길 거리를 경험할 수 있는 최적의 여행지이다.[46]

유람선 맨 앞 뱃머리에 올라 사진도 찍고 상쾌한 마음으로 남이섬에 도착했다. 우선 아침을 간단하게 먹어서인지 점심 식사를 먼저 한 후 구경을 하자는 의견을 따라 식당에서 조금의 Waiting을 한 후 점심을 맛있게 먹고 구석구석을 누비며 나무도 보고 새소리도 듣고 많은 사람 소리도 섞여서 도시공원 같은 느낌을 느끼며 구경을 하기 시작했다. 너른 잔디 광장이 나오자 준비해 간 돗자리를 펴고 눕기도 하고 앉아서 쉼의 시간을 누리며 하늘을 이불 삼아 구름을 보며 잠시 휴식을 취했다. 오후 3시가 되어 각자 원하는 위치에서 Shortform을 통해서 Soundscape를 통한 내면을 볼 수 있는 시간을 갖기로 하고 흩어졌다. 백색소음 속에서 느끼게 되는 자연의 소리와 경관을 통해서 나를 발견하는 시간은 나름대로 의미가 있었다. 비교적 짧은 시간이었지만 마음으로 정리를 하고 난 후 사람이 몰리는 시간을 피해 서둘러 빠져나가기로 하고. 선착장에 있는 배에 몸을 싣고 남이섬을 뒤로하고 빠져나왔다. 점심을 늦게 배부르게 먹은 터라 삼악산 케이블카를 타고 난 후 저녁 식사를 하기로 하였다. 남이섬에서 35분가량 달려 춘천 삼악산 케이블카에 도착하였다.

17:00-18:30, 춘천 삼악산 케이블카, Shortform #3

춘천 삼악산 케이블카는 활과 부메랑을 형상화해서 의암호를 지나 삼악산을 연결하는 3.61km의 케이블카이다. 오스트리아 도펠마이어사의 최신형 내부를 도입한 크리스털 내부는 바닥이 통유리로 되어 있어 아름다운 의암호의 모습을 여과 없이 볼 수 있다. 크리스털 내부와 산책로를 제외한 곳은 반려견 동반도 가능하다. 의암호를 가로질러 도착하게 되는 전망대에는 통유리로 된 카페가 있어 아름다운 춘천 시내의 모습을 한눈에 조망하며 편안한 휴식과 추억을 만들 수 있다. 전망대에서 연결된 산책로를 따라 10분 정도 걷다 보면 만나게 되는 스카이워크 전망대도 빼놓을 수 없는 볼거리이다.[47]

우리 일행은 캐빈에 몸을 싣고 의암호를 가로지르는 자연과 도시의 풍경을 감상하며 의암호와 삼악산의 풍경을 더욱 생생하게 즐길 수 있었다. 상부 정차장에서 연결된 산책로를 따라 10분 정도 걸어서 통유리로 된 스기이워그 전망대에 도달할 수 있었으며, 춘천 시내의 전경을 한눈에 조망할 수 있었다. 매번 올 때마다 계절에 따라 시간에 따라 달리 보이는 풍경은 오묘하게 느껴졌다. 잠시 우리 일행은 흩어져서 Shortform을 활용해서 Soundscape 감상을 하기로 했다. 이곳에서 노을 풍경을 꼭 보고 싶어서 시간이 많이 남았는데도 시간을 보내려고 카페에 들르기로 하고 커피와 차를 마시며 잠시 시간을 보내게 되었다. 잠시 멈추고 쉼의 시간을 가지면서 오랜만에 느끼는 편안함으로 몸과 마음을 릴렉스하게 하게 되었다. 날씨가 조금 흐린 탓에 저녁노을은 볼 수 없을 것 같아 다시 캐빈에 몸을 싣고 내려왔다. 저녁 식사를 위해 춘천 지인으로부터 소개를 받은 식당으로 가서 저녁으로 춘천 닭갈비를 맛있게 먹은 후 숙소로 향했다. 숙소에 도착해서 씻고 난 후 산책을 하러 나가자고 해서 시원한 밤공기와 풀벌레 소리를 들으며 숙소를 한 바퀴 돌았다. 야경을 머금은 숙소를 돌면서 조금 차분해지고 분주했던 하루를, 차분하게 마음을 추스르는 시간이 된 것 같다.

21:00-22:00, Group Counselling 2

차 전문가의 따뜻한 차를 마시면서 Shortform을 활용한 Soundscape Storytelling을 작성하는 시간을 갖고 Group Counselling 두 번째 시간을 가졌다. 삼악산 케이블카 세 번째 세션은 짧은 시간에 프로그램을 진행하면서 미흡한 부분이 있어서 남이섬에서 진행한 부분만 나눔을 진행하기로 결정하고 돌아가면서 순차적으로 나눔을 진행하였다. 개인마다 무의식의 억압된 부분을 Shortform(자유연상)을 통해서 수면 위로 올라온 자신을 보면서 수용하는 마음으로 받아들이고 깨닫게 되는 시간을 갖게 되어 의미 있는 시간이 되었다고 한다.

셋째 날: 2025년 5월 3일

07:00-08:00, 기상 및 산책

아침에 눈을 뜨자 누구라고 할 것 없이 산책을 나가자는 무언의 동의로 자연스럽게 밖으로 나가게 되었다. 싱그러운 아침을 머금은 주변 나무들과 새소리들이 조화를 이루어 자연이 베푸는 은혜로 살아 있음을 감사하게 되는 시간을 보내게 되었다. 자칫 우리 일행의 웃고 떠드는 소리가 풀벌레를 놀라게 하지는 않을까 염려하며 한 바퀴 돌고 나니 비몽사몽이던 뇌를 완전히 깨우고 상쾌한 마음으로 숙소에 도착했다.

세면을 한 후 어젯밤에 사다 놓은 과일과 따뜻한 차 한 잔으로 아침을 대신했다. 체크아웃을 한 후 점심을 맛있게 먹고 가자는 의견을 수용하기로 만장일치로 결의하고 마무리 모임을 갖기로 하였다.

09:30-11:30, Group 모임 3

2박 3일이 너무도 빨리 지나간 것 같아서 다소 아쉬움은 남지만, 그래도 유익한 시간이 되어서 의미 있게 마무리할 수 있어서 일행의 의견을 듣고 싶었다. 2박 3일이 짧고 아쉽다는 의견이 지배적이었고, 자신의 변화가 궁금하다는 의견이 지배적이었다. 둘러앉아 마무리 Group 모임을 하면서 두 번째 시도이기는 하나, 집단원이 새롭다 보니 긴장도 되고 괜찮았을까 하는 생각으로 눈치 아닌 눈치를 잠깐 보게 되었다. 다행히 자기 성찰과 긍정적 의미를 부여하고자 하는 의지가 엿보여 다행이라는 생각이 들었다.

11:30-12:00, 사후 검사

- **HRV**(Heart Rate Variability)
- **POMS-B**(Profiles Of Mood States: 기분상태 검사)
- **HTP**(House, Tree, Person 그림 검사)

3) Soundscape와 Storytelling

Forest-Psyche Journey Integrated Model: FPJI

- **닉네임**: 향기
- **Shortform 주제**: 자유함
- **느낌**: 안정감, 편안함

– Storytelling:

  지나치게 통제하고 틀에 갇힌 삶을 살면서 이제는 자유롭게 살아 보겠다고 생각하며 그렇게 살았다고 생각했다. 그런데 그렇게 살아간다고 생각으로만 머물렀다고 문득 깨달으면서, 남이섬 잔디밭 위의 웃음소리, 평온하게 이야기 나누는 소리, 나무들과 어우러진 새소리, 바람 소리가 나와는 대조적이라는 생각을 하는 순간, '진정한 자유로움'이 눈앞에 펼쳐지는 걸 깨닫게 되었다.

  자유롭게 살고 싶은 바람이 있지만 아직도 여전히 정해 놓은 틀대로 살아가는 자신을 보며 위로해 줄 수 있으나, 삶에서 변화하고 싶은 마음이 들었다. 굳이 자유로움을 선택하는 이유는 뭘까? 삶의 유연함이 필요한 것은 아닐까? 이것은 회복탄력성과도 연결 고리로서, 유연함이 반드시 필요하기 때문이다. 꽃들과 어우러진 연둣빛 잎사귀들이 계절을 알리며 자연은 그 자체로 순리대로 살아가고 있다. 그렇지만 자기 역할을 감당하기 위하여 굳건하게 버티는 힘이 있다. 심리학자 엘리스는 합리적 정서행동치료에서 바로 유연성을 강조하고 있다. 유연성은 약함이 아니라 약함을 스스로 인정하며 버텨 내는 힘이 필요할 것 같다. 자연과 벗 삼아 잔디 위에 돗자리 하나 깔고 누워 하늘을 바라보며 이 세상을 살아가는 참자유인, 참행복자라는 생각을 하게 된다.

– Aha(깨달음): 진정한 자유는 나를 옭아매지 않고 놓아줌이라는 사실을 다시 한번 깨달으며 잔디 위에 놓인 돗자리 위에 벌러덩 누워 하늘을 보며 보낼 수 있는 '용기'이다.

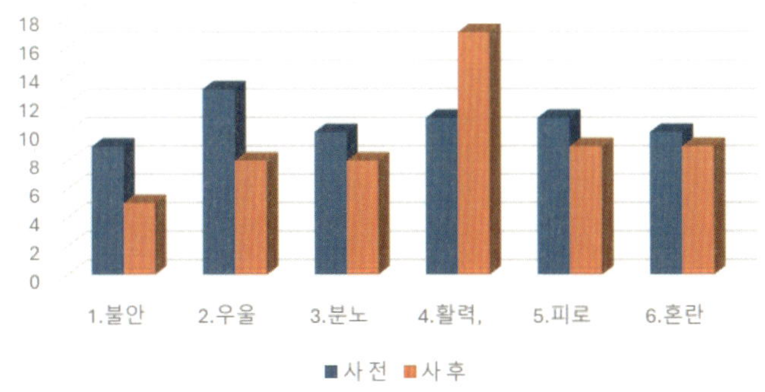

<table>
<tr><td>(8+12+9+10+9)−16
=32</td><td>→</td><td>(4+7+7+8+8)−16
=18</td></tr>
</table>

- H.T.P 사전·사후 검사 및 해석

	사전	사후
HOUSE		

[사전] 집의 형태, 창문의 모습이 허술하여 불안정하게 보임.

[사후] 집의 모양이나 창문의 형태가 좀 더 안정되게 표현되었으며 집의 크기도 크게 나타난 것으로 보아 좀 더 안정되어 보임.

T R E E	**[사전]** 나무의 굵기가 굵어 자아 강도가 높으며 열매는 성취에 대한 높은 욕구로 보임. **[사후]** 성취에 대한 욕구가 좀 더 구체적으로 보이며 전체적으로 안정되게 표현됨.
P E R S O N	**[사전]** 팔다리가 자유롭게 표현되어 활동성 있는 상태로 보임. **[사후]** 사람의 크기가 좀 더 커졌으며 보다 선명한 선은 자기 인식에 대한 구체성이 높아지고 안정된 것으로 보임.

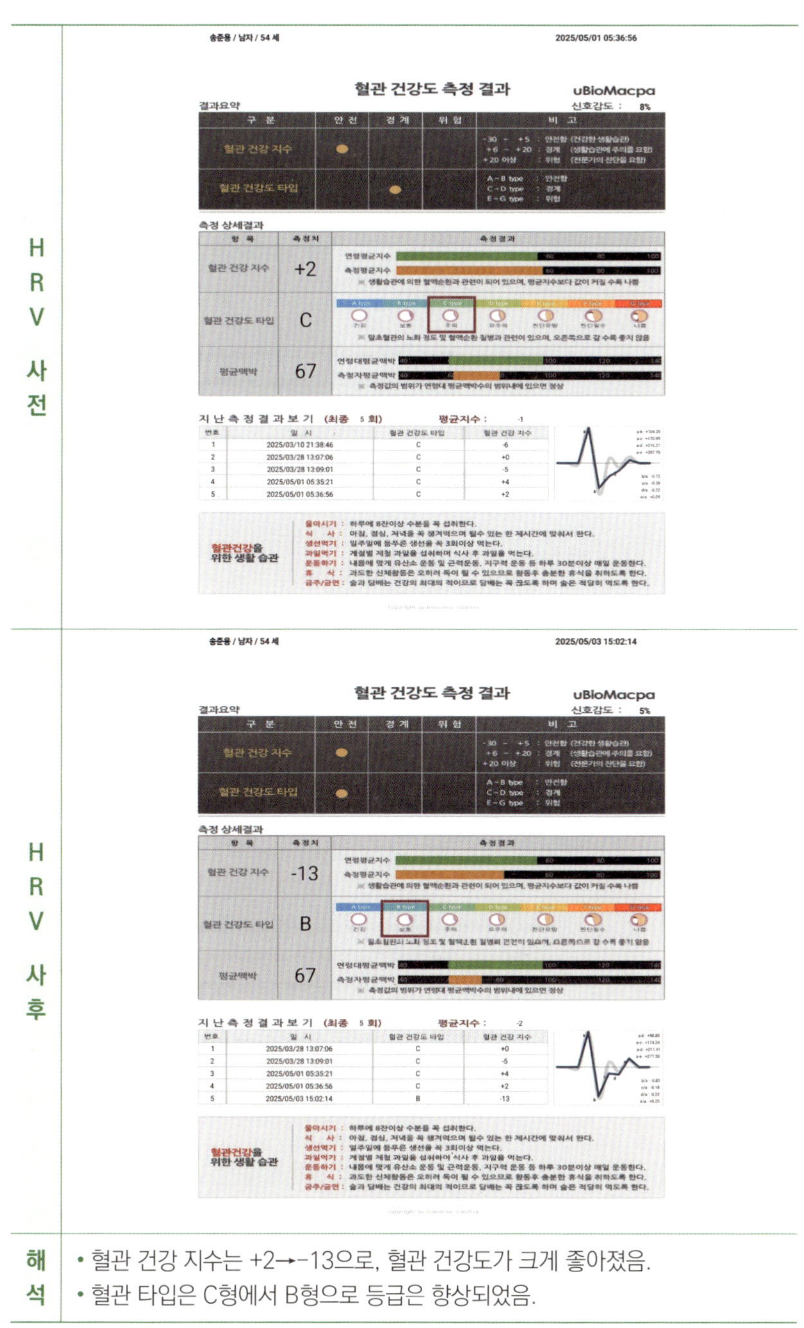

H R V 사 전	
H R V 사 후	

해석
- 혈관 건강 지수는 +2→−13으로, 혈관 건강도가 크게 좋아졌음.
- 혈관 타입은 C형에서 B형으로 등급은 향상되었음.

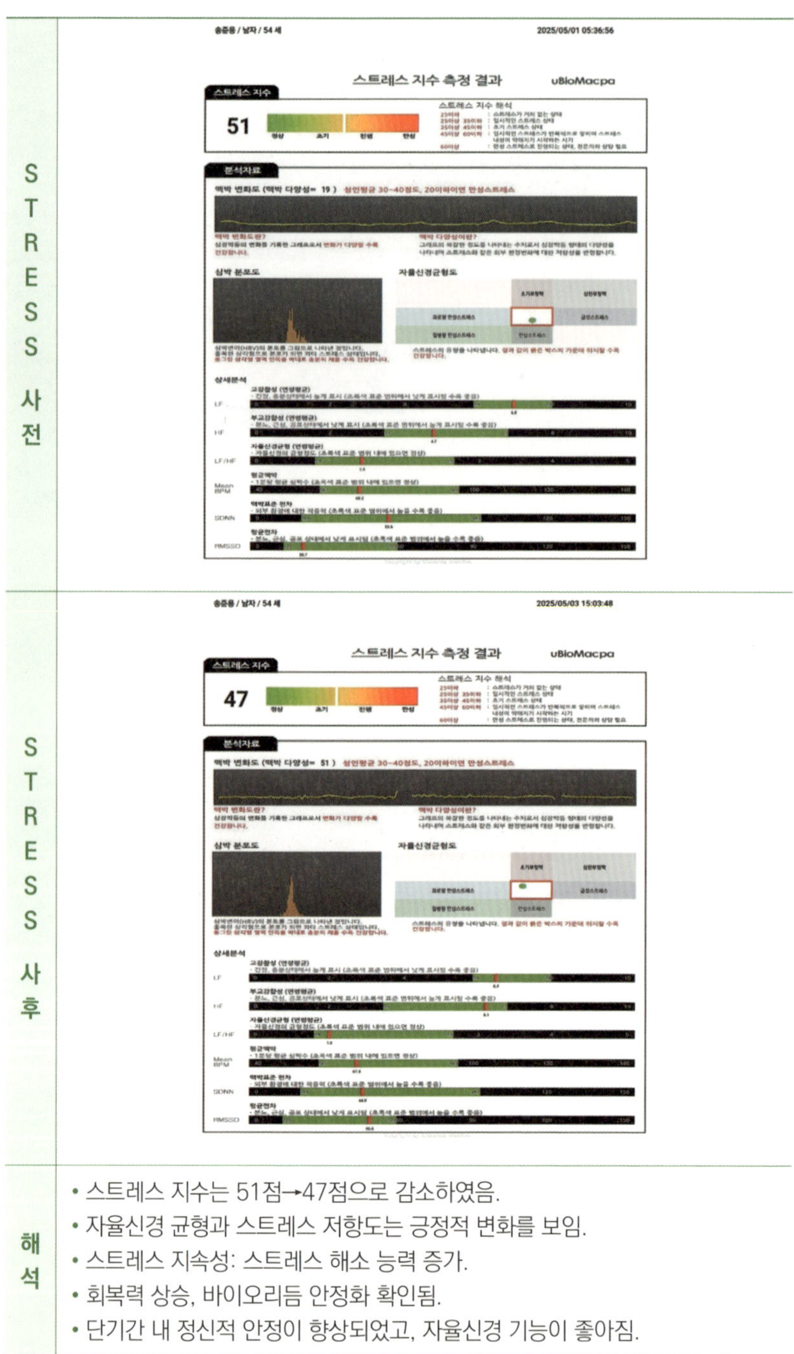

<table>
<tr><td>해
석</td><td>

• 스트레스 지수는 51점→47점으로 감소하였음.

• 자율신경 균형과 스트레스 저항도는 긍정적 변화를 보임.

• 스트레스 지속성: 스트레스 해소 능력 증가.

• 회복력 상승, 바이오리듬 안정화 확인됨.

• 단기간 내 정신적 안정이 향상되었고, 자율신경 기능이 좋아짐.

</td></tr>
</table>

- **닉네임**: 새물내
- **Shortform 주제**: 자연처럼, 나답게
- **감정**: 자유로움, 가벼움, 흥겨움

- Storytelling:

넓은 잔디밭 둘레로 커다란 올벚나무들이 무성하다. 바람이 불자, 연초록 나뭇잎들이 '스사스사~' 소리를 내며 춤을 춘다.

처진 가지들은 하늘하늘, 마치 군무를 추듯 바람의 리듬을 따라 유려하게 움직인다.

'스사삭 스사삭', '휘리릭 휘리릭'

그 소리에 마음이 맑아지고, 내 몸까지 가벼워지는 듯하다. 온몸으로 바람을 맞는다.

그 흐름에 몸을 맡겨 본다. 바람이 가는 대로, 이끄는 대로, 내 몸도 함께 움직여 본다.

춤추는 나무 아래에서, 나무와 하나가 되어 흘러간다. 스치고 지나가는 바람결 속에서, 나는 더욱 자유로운 내 몸과 마음을 느낀다.

그리고, 행복하다. 이런 삶을 살고 싶다. 유연하고, 자유롭고, 자연스러운 삶을.

문득 다른 사람의 시선이 떠오르고 인정받고 싶어 욕심에 머뭇거리는 내 모습이 떠오른다.

잘하고 싶어 조심스레 주저하는 나. 가끔은 못마땅하다. '착한 딸, 아내, 엄마, 친구'가 아닌, 그냥 내 마음에 진심인 '나'이고 싶다.

애쓰지 않고, 눈치 보지 않고, 바람에 흔들리는 나뭇가지처럼 그렇게 자연스럽게 살아가고 싶다.

개울가에 흐르는 물이 돌에 막히지 않고 부드럽게 흘러가듯, 나도 나의 삶을 그렇게 유연하게, 자연스럽게 흘러내리고 싶다.

– **Aha**(깨달음): 상황을 그대로 바라보고 받아들이자. 애쓰지 않아도 난 충분히 잘하고 있다.

– **느낌**: 당당, 기대, 흐뭇, 뿌듯

– **POMS-B 사전·사후 검사 및 해석**

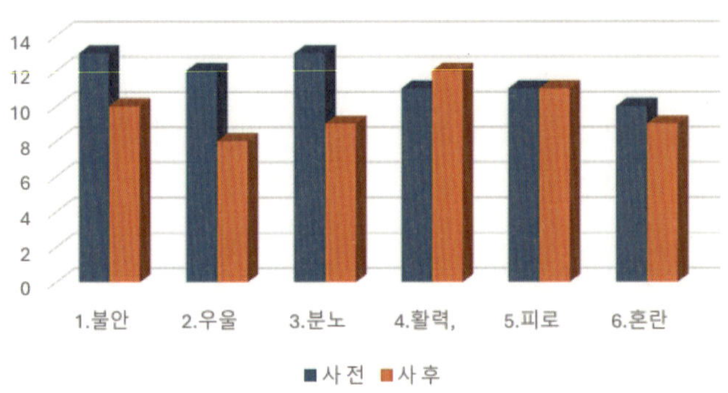

– H.T.P 사전·사후 검사 및 해석

	사전	사후
H O U S E		

[사전] 정교한 집과 디딤돌의 표현이 자기만의 방식을 고집, 자기신념이 강함을 나타냄. 글씨로 자신에 대해 설명하려는 경향성이 있음.
[사후] 필압이 강해졌으며 좀 더 구체적이고 안정된 분위기가 됨.

[사전] 삶의 굴곡이 있어 보이며 둥지로 볼 때 자기만의 안식처를 필요로 함.
[사후] 수관이 풍성해졌으며 새가 많은 것은 자기 인식이나 타인에 대한 돌봄의 인식이 많아짐.

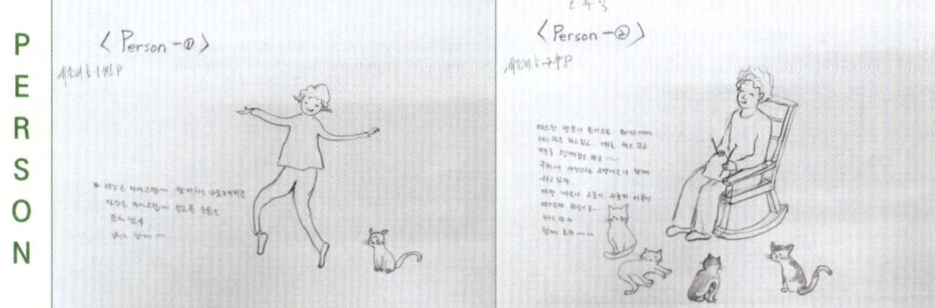

[사전] 힘이 없어 보이고 불안정하여 존재감이 흔들리는 것으로 보이며 고양이로 자기 투사를 함.
[사후] 의자에 앉아 있는 안정감으로 변화되었으며 여러 마리의 고양이로 돌봄의 대상이 많아졌음이 투사됨.

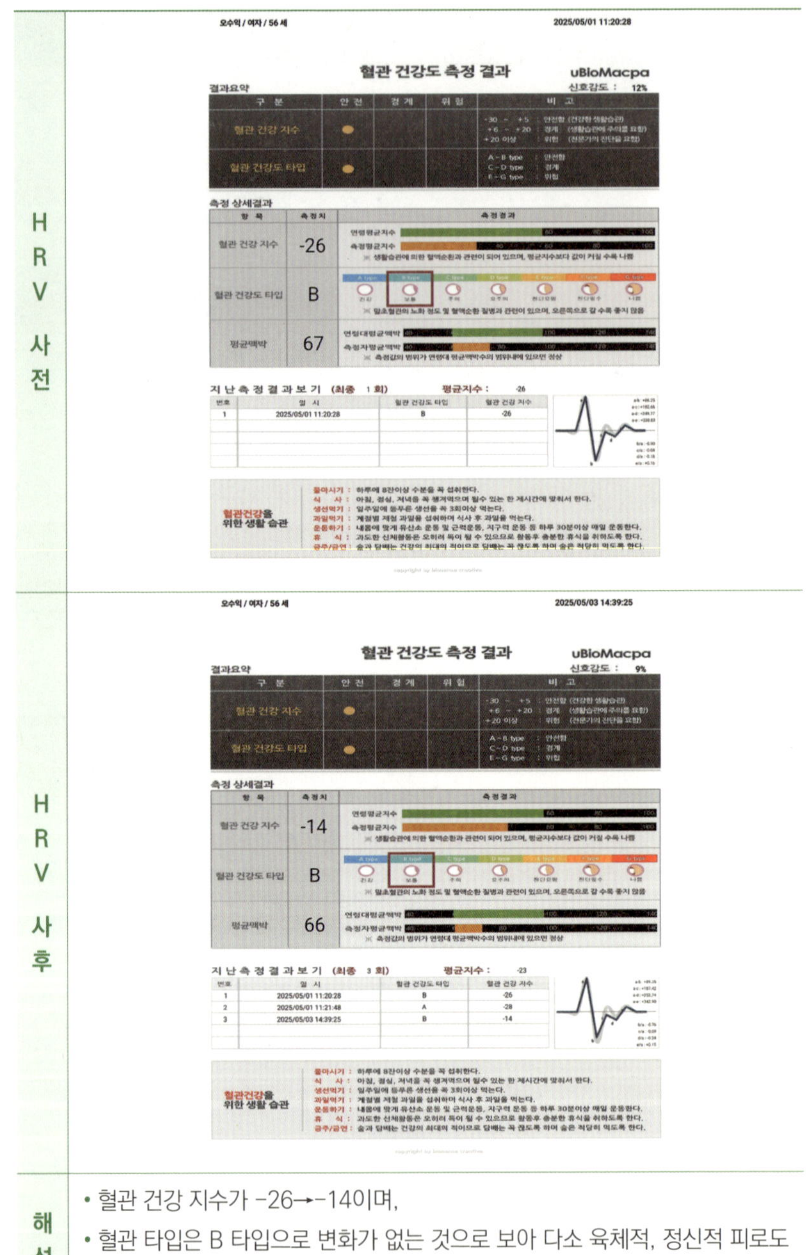

	해석
해석	• 혈관 건강 지수가 −26→−14이며, • 혈관·타입은 B 타입으로 변화가 없는 것으로 보아 다소 육체적, 정신적 피로도가 누적된 상황임.

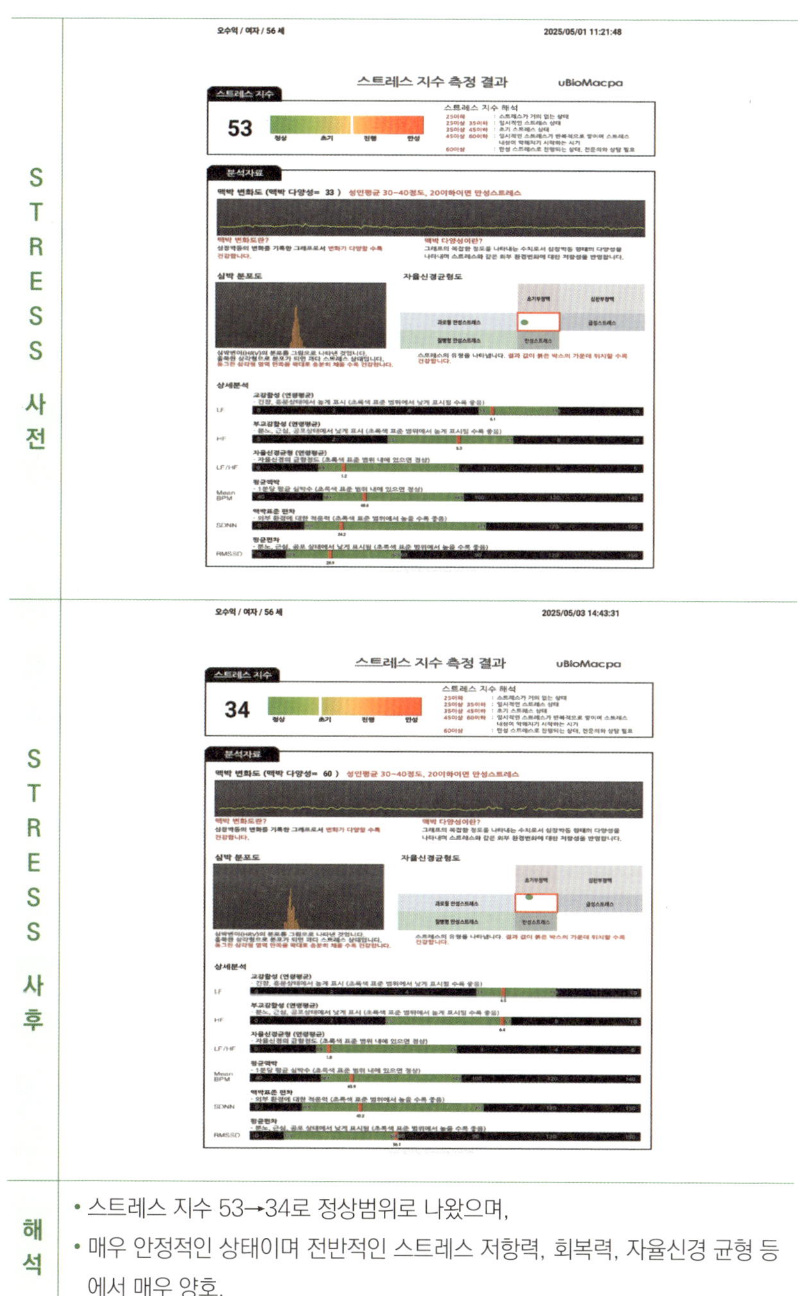

- 스트레스 지수 53→34로 정상범위로 나왔으며,
- 매우 안정적인 상태이며 전반적인 스트레스 저항력, 회복력, 자율신경 균형 등에서 매우 양호.

- **닉네임**: 구름

- **Shortform 주제**: 소나무 이불

- **느낌**: 희생, 억울함

– Storytelling:

산을 오르다 보면 큰 바위틈 사이로 힘들게 자란 나무들을 마주할 때가 있다.

척박한 곳에 뿌리를 내리고 멋진 나무로 자란 모습에 그동안의 고생을 칭찬하며 나무에게서 인내와 극복을 배우곤 했었다. 그러다 언젠가 실습 현장에서 바위틈에서 자란 나무를 보며 두 편으로 의견이 나뉜 적이 있었다.

한쪽은 바위 한가운데를 뚫고 나온 나무가 대단하다고 그 생명력을 칭찬했고 다른 한쪽은 나무를 감싸안고 버티고 있는 바위가 더 대단하다고 평가를 했다.

그 순간 나는 '왜 항상 생명력이 있다고 판단한 나무 편에서 생각했을까?'라는 반성을 했었다. 오늘도 큰 바위를 소나무 한 그루가 넓게 덮으며 자란 모습을 마주하게 되었다.

먼저 든 생각은 역시 '소나무의 잎들이 큰 바위를 감싸고 있어서 저 바위는 뜨거운 햇살을 피할 수 있겠구나.'였다.

'햇볕 잘 드는 기름진 땅에서 자랐으면 저렇게 가지를 휘며 힘들게 자라지 않고 곧고 멋진 모습이었을 텐데. 그러면 더 크게 자랄 수 있었을 텐데.'라고 말이다.

다른 나무들이 위로 자라는 동안 소나무는 바위를 감싸느라 몸체를 기울이고 새로운 가지를 계속 위가 아닌 아래로 뻗고 있었다.

그러다 문득 전에 있었던 일을 떠올리며, 바위 입장에서 생각을 해 보았다.

소나무가 바위를 감싸고 보호해 주는 것이 아니라 바위가 기울어 위태롭게 자라고 있던 소나무를 든든하게 받쳐 주고 있었던 것은 아니었을까?

기둥보다 더 왕성한 곁가지들은 무게로만 따지면 그 소나무를 곧추세울 수 없을 정도였으니 말이다.

한 가정을 온전하게 유지하는 것도 이와 같지 않을까? 항상 나만 희생하고 참았다고 생각했었는데 사실은 배우자 역시 내가 알아채지 못한 부분에서 또는 내가 당연하게 받아들였던 그 부분에서 희생하고 참아 왔던 것은 아니었을까.

소나무와 바위를 보며 반성하게 되었다.

한쪽의 절대적인 희생은 없는 것 같다. 간과하거나 소홀히 넘겼던 부분들은 곰곰이 따져 보면 사실은 참으로 감사한 일들이다. Soundscape를 통해 당연한 것이 감사하고 상대방의 입장에서 생각하는 시간을 갖게 되었다.

- **Aha**(깨달음): Soundscape를 통해 당연한 것이 감사하고 상대방의 입장에서 생각하는 시간을 갖게 되었다.

- **POMS-B 사전·사후 검사 및 해석**

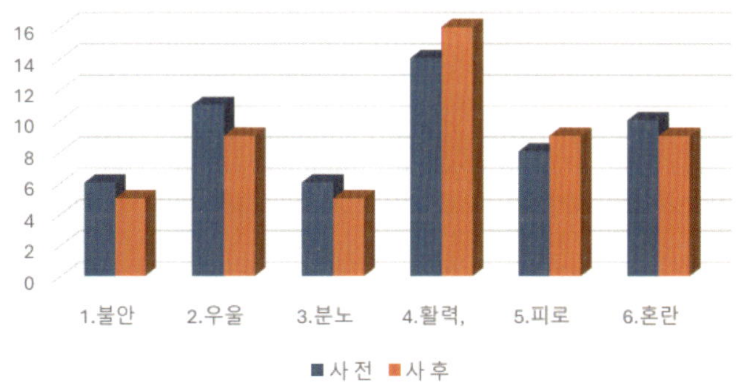

– H.T.P 사전·사후 검사 및 해석

	사전	사후
H O U S E		
해석	**[사전]** 비교적 안정감 있는 집이며 가정의 경계선을 강조하는 자기 보호적 경향과 많은 나무는 자기 존재에 대한 혼란감을 나타냄. **[사후]** 집 둘레에 대한 경계선이 약화되고 열려 있는 현관문은 개방성의 향상으로 보이며 연못은 자기 통제가 가능한 감정을 표현함.	
T R E E	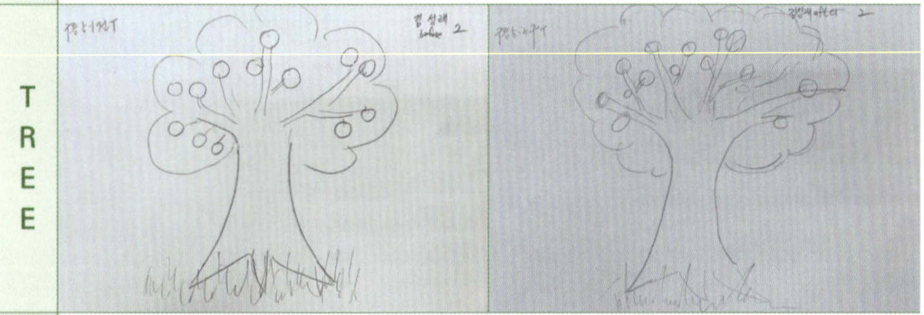	
해석	**[사전]** 열매로 성취에 대한 열망을 나타내나 구체적인 자원에 대한 확신이 약함. **[사후]** 수관과 가지가 풍성해져서 열매에 대한 구체적인 자기 능력과 자원에 대한 확신이 생김.	
P E R S O N	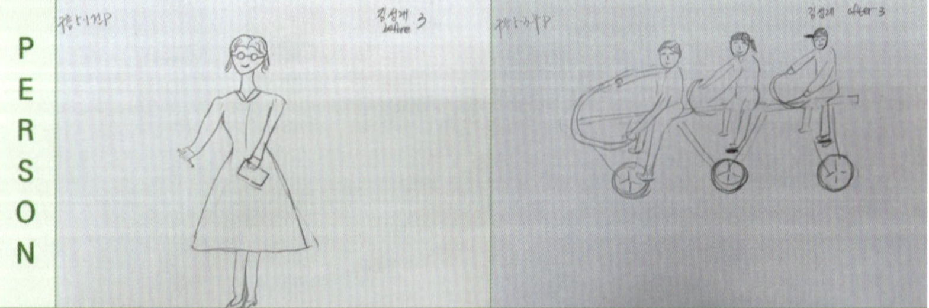	
해석	**[사전]** 안경으로 자기와 타인에 대한 인식의 부족과 가느다란 목은 실행 능력에 대한 부족의 자기 인식이 있음. **[사후]** 여러 사람의 등장으로 함께 협력하는 역동성을 가짐.	

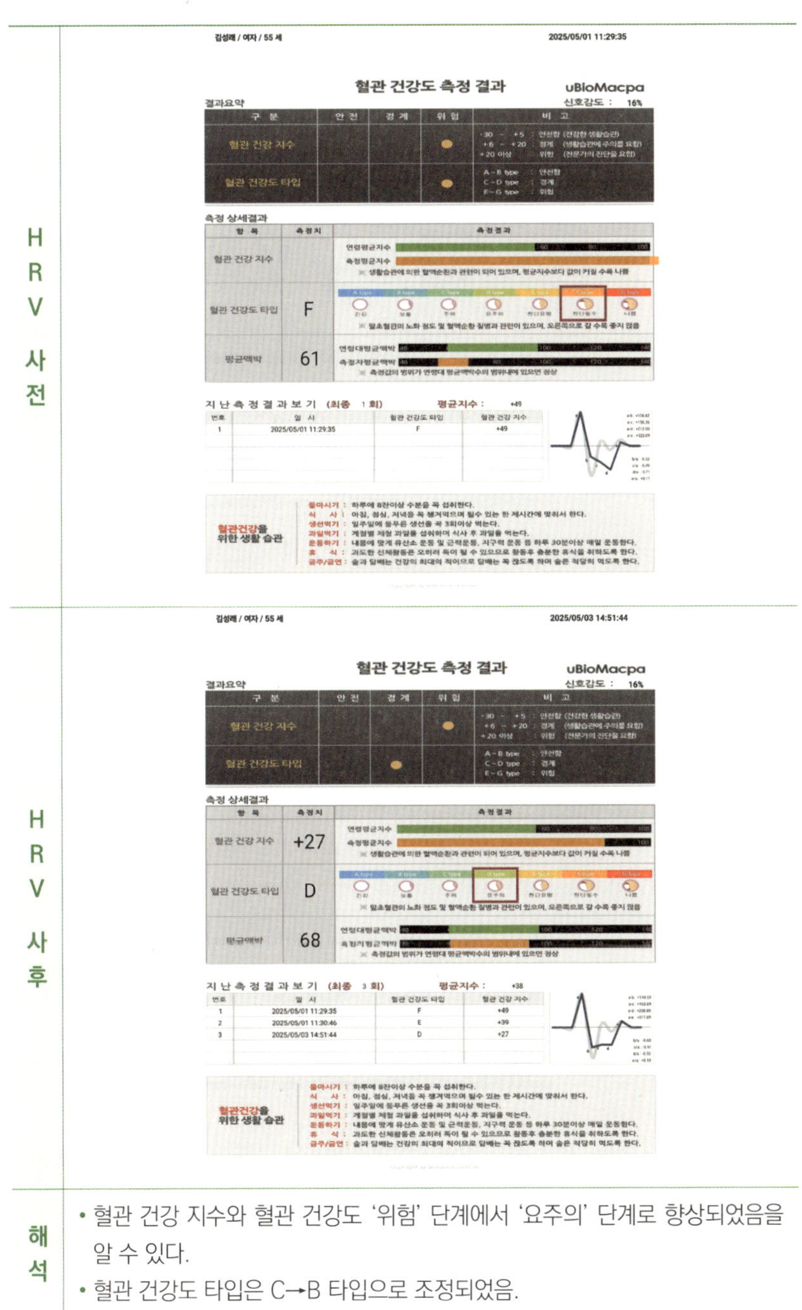

	HRV 사전
	HRV 사후

| 해석 | • 혈관 건강 지수와 혈관 건강도 '위험' 단계에서 '요주의' 단계로 향상되었음을 알 수 있다.
• 혈관 건강도 타입은 C→B 타입으로 조정되었음. |

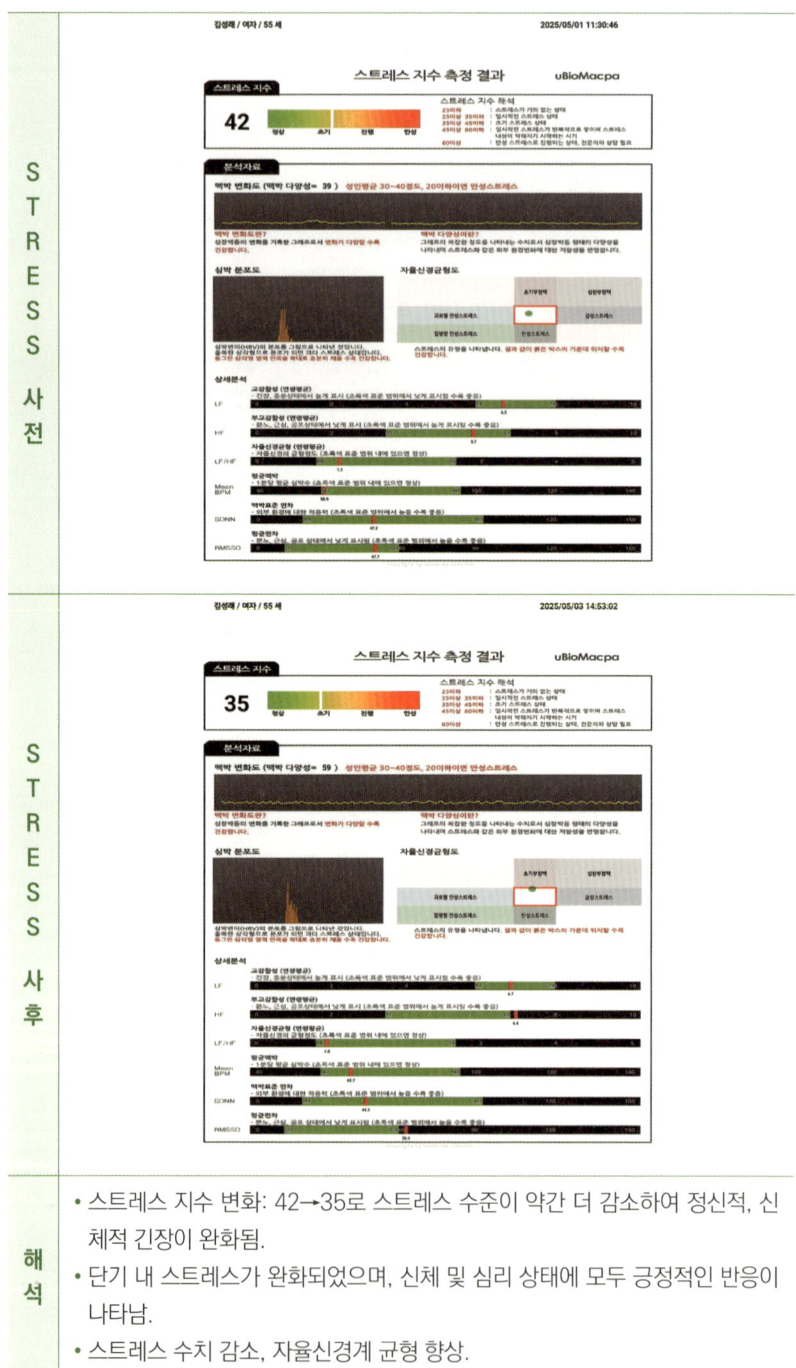

해석

- 스트레스 지수 변화: 42→35로 스트레스 수준이 약간 더 감소하여 정신적, 신체적 긴장이 완화됨.
- 단기 내 스트레스가 완화되었으며, 신체 및 심리 상태에 모두 긍정적인 반응이 나타남.
- 스트레스 수치 감소, 자율신경계 균형 향상.

- **닉네임**: 바람

- **Shortform 주제**: 출발, 시작

- **느낌**: 둥지, 출발선, 새로운 생명

- Storytelling:

남이섬을 둘러보다가 문득 눈에 들어오는 조형물이 있었다.

기둥 위에는 둥지 모양의 모습에 새가 아닌 나무가 자라고 있었고, 기둥에는 여러 나라 중 몇몇 도시를 갈 수 있는 이정표가 만들어져 있었다.

기둥 위의 둥지를 보는 순간 요즘 겪고 있는 빈 둥지 증후군이 떠올랐다.

큰딸 결혼과 둘째의 독립으로 부부만 남게 된 우리 집은 삭막 그 자체이다.

집 안이 생기도 대화도 없이 무미건조한 일상일 뿐이다.

그러나 조형물의 둥지에 생뚱맞게 있는 나무 한 그루를 보는 순간 자녀의 빈자리를 힘들어하기보다는 새로운 생명의 나무를 심어야 한다는 느낌이 들었다.

이제 더 이상 자녀의 빈 둥지를 힘들어하기보다는 기둥의 여러 나라의 도시를 여행하기를 꿈꾸며 열심히 일상을 차곡차곡 쌓아야겠다.

- Aha(깨달음): 자녀의 빈 자리를 힘들어하기보다는 새로운 생명의 나무를 심어야 한다는 느낌이 들었다.

– POMS-B 사전·사후 검사 및 해석

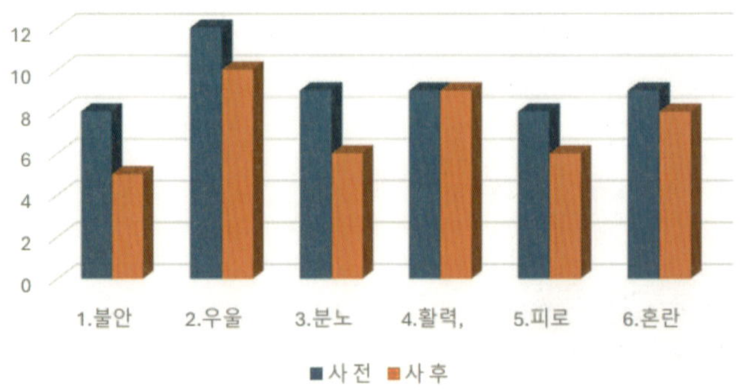

– H.T.P 사전·사후 검사 및 해석

	사전	사후
HOUSE		

[사전] 지붕이 없고 주변에 아무것도 없는 불완전하고 외로운 모습임.

[사후] 집의 모양과 주변의 울타리, 꽃 등의 묘사가 따뜻하고 안정된 모습이 됨.

| 해
석 | **[사전]** 굵은 나무로 자아 강도가 높으나 가지의 절단은 자기 능력에 대한 좌절이나 결핍이 있음.
[사후] 튼튼한 나무에 잎사귀가 보이고 절단된 가지가 안 보이는 것으로 보아 새로운 가능성에 대한 희망과 자기 자원에 대한 가능성을 인식함. |

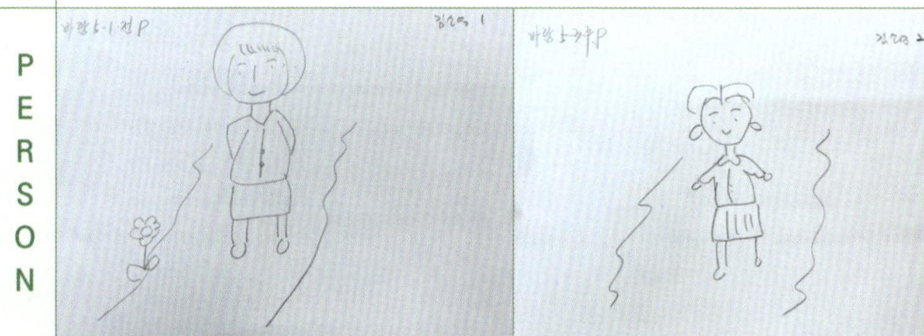

| 해
석 | **[사전]** 머리가 크고 팔을 뒤로 하고 있는 것은 생각의 불균형과 실행에 대한 소극적인 자세를 보임.
[사후] 좀 더 균형 있는 사람의 모양과 팔이 자유롭게 등장하여 생각에 있어 균형을 찾고 있으며 자기 삶에 대해 적극적인 자세가 됨. |

– HRV 사전·사후 검사 및 해석

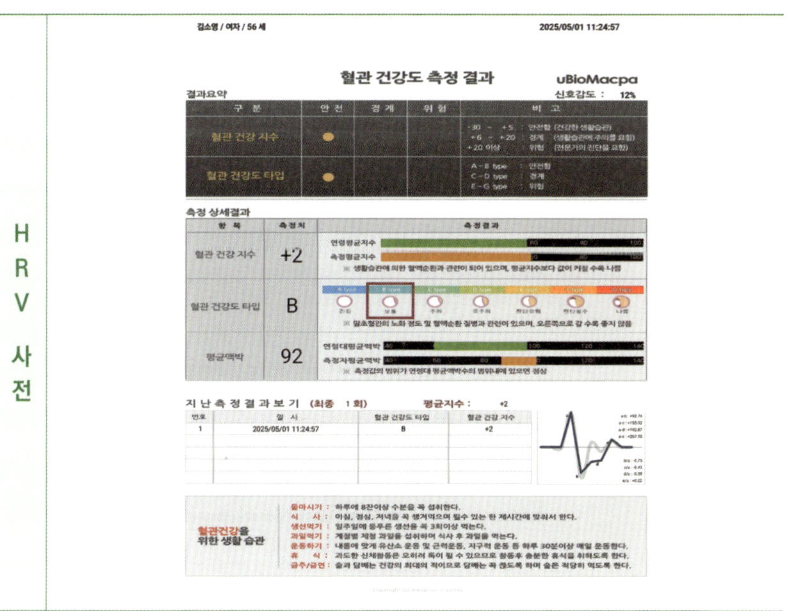

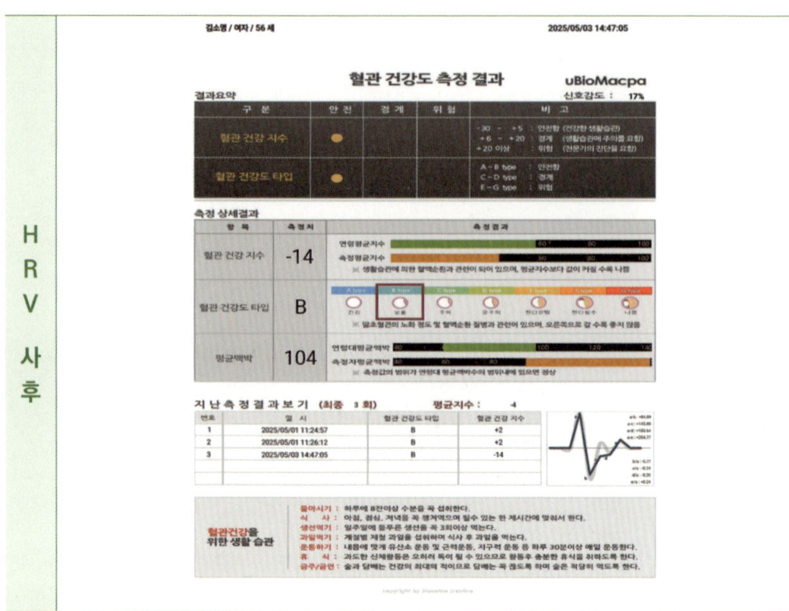

- 혈관 건강 지수는 −14로 건강 지수가 크게 향상되었음.
- 혈관 건강도 타입은 B 타입이나 정상으로 나타남.

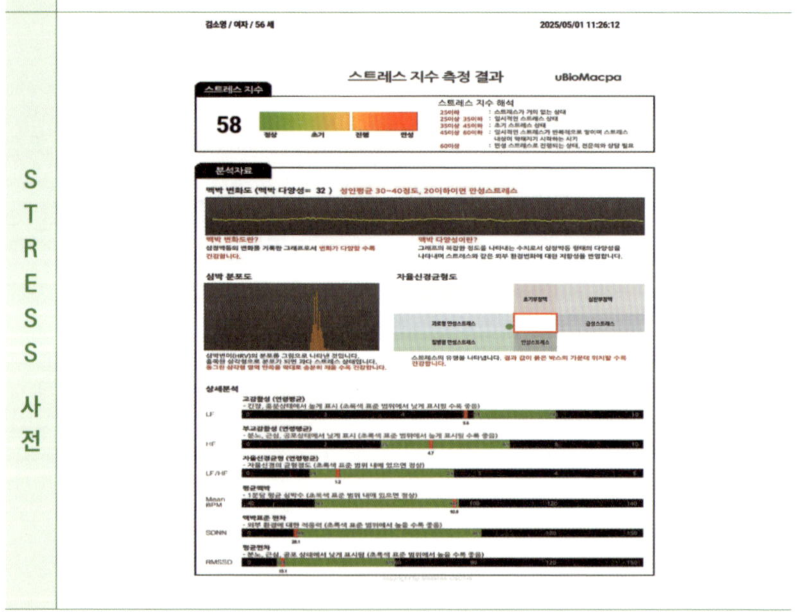

스트레스 지수 측정 결과   uBioMacpa

- 스트레스 지수가 58→60으로 상승, 육체적으로 다소 피로도에 따른 누적으로 보임.
- LF(교감신경) 증가: 교감신경 항진 심화.
- HF(부교감신경) 감소: 회복 반응 감소,

Forest-Psyche Journey Integrated Model: FPJI

- **닉네임**: 산금
- **Shortform 주제**: 여객선
- **느낌**: 설렘, 기대

- **Storytelling**:

호수 위에 오색 깃발(만국기)을 휘날리며 떠 있는 여객선을 만나면 목적지에 대한 호기심과 기대, 설렘이 요동친다. 항해하는 동안 느끼는 감정 또한 같다.

오늘은 날씨가 맑아서 5월의 푸르름이 유난히 반짝였다. 파란 하늘과 파란 호수, 푸른 자연 속에 떠 있는 유람선은 목적지에 대한 기대감을 가진 사람들을 태우고 유유히 선착장을 출발한다.

여객선의 맡은 일을 시작한 것이다.

여객선을 우리네 삶과 연결해서 생각해 보았다. 나는 내 삶에서 어떤 배를 타고 있는 것인가? 내 배에는 어떤 사람이 타고 있는 것인가? 제대로 안전하게 가고 있는지 생각해 본다. 그것은 사람과 사람의 인연도 이야기하는 것이다.

튼튼하고 편안한 승차감을 가진 배와 훌륭한 항해 기술을 가지고 있는 선장, 친절하고 선하며 유쾌한 승객들과 함께하는 여행은 행복할 것이다. 내가 살아가고 있는 삶도 그러하다면 좋을 텐데, 나는 그런 지도자를 만났는가? 그런 동료를 만났는가? 나는 그런 인생의 선배가 되어 주었는가?

그런 사람이 되어 주고, 그런 사람을 만나고 싶다.

목적지를 향해 가는 방법은 여러 가지다.

많은 사람이 타는 여객선, 최소의 내 지인만 태우고 가는 모터보트, 혼자서 신나게 떠나는 집라인, 목적지에 도착하지 못한 나는 여전히 설렘과 기대, 호기심이 가득한 순간순간을 만난다.

- **Aha**(깨달음): 목적지에 도착하지 못한 나는 여전히 설렘과 기대, 호기심이 가득한 순간순간을 만난다.

- **POMS-B 사전·사후 검사 및 해석**

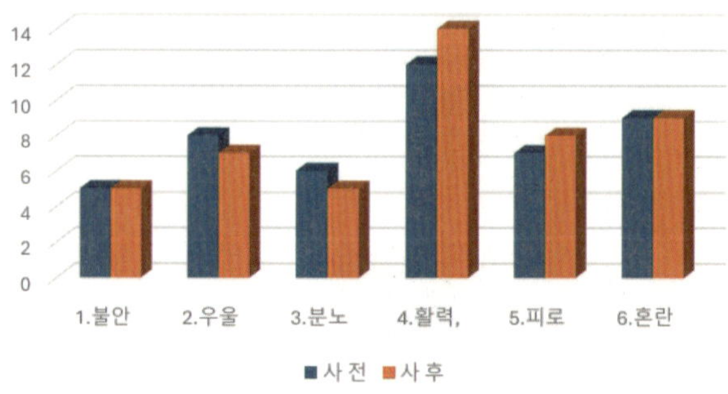

| (4+8+6+6+8)−12
=20 | → | (4+6+4+8+8)−14
=16 |

– H.T.P 사전·사후 검사 및 해석

	사전	사후
H O U S E		
해석	[사전] 가정 내의 갈등이 있으며 가정 내에서의 외로움이 표현됨. [사후] 집 주변으로 나무 등 다양하게 표현된 것으로 보아 따뜻하고 안정되게 표현되었으며 작은 연못은 조절할 수 감정의 상태를 나타냄.	
T R E E		
해석	[사전] 잎사귀가 빈약한 나무로 현실 인식과 미래에 대한 소망의 결핍으로 보임. [사후] 열매가 등장한 것으로 자기 소망에 대한 인식을 하고 있으며 여러 그루의 나무는 자기 존재에 대한 다양한 인식을 하고 있는 것으로 보임.	
P E R S O N		

[사전] 활동적인 자기 인식을 하고 있으며 적극적인 모습임.

[사후] 의자에 앉아 있는 모습으로 쉼의 욕구가 있어 보이며 큰 모자는 자기방어의 필요가 있는 현재의 상황을 나타내고 있는 것으로 보임.

– HRV 사전·사후 검사 및 해석

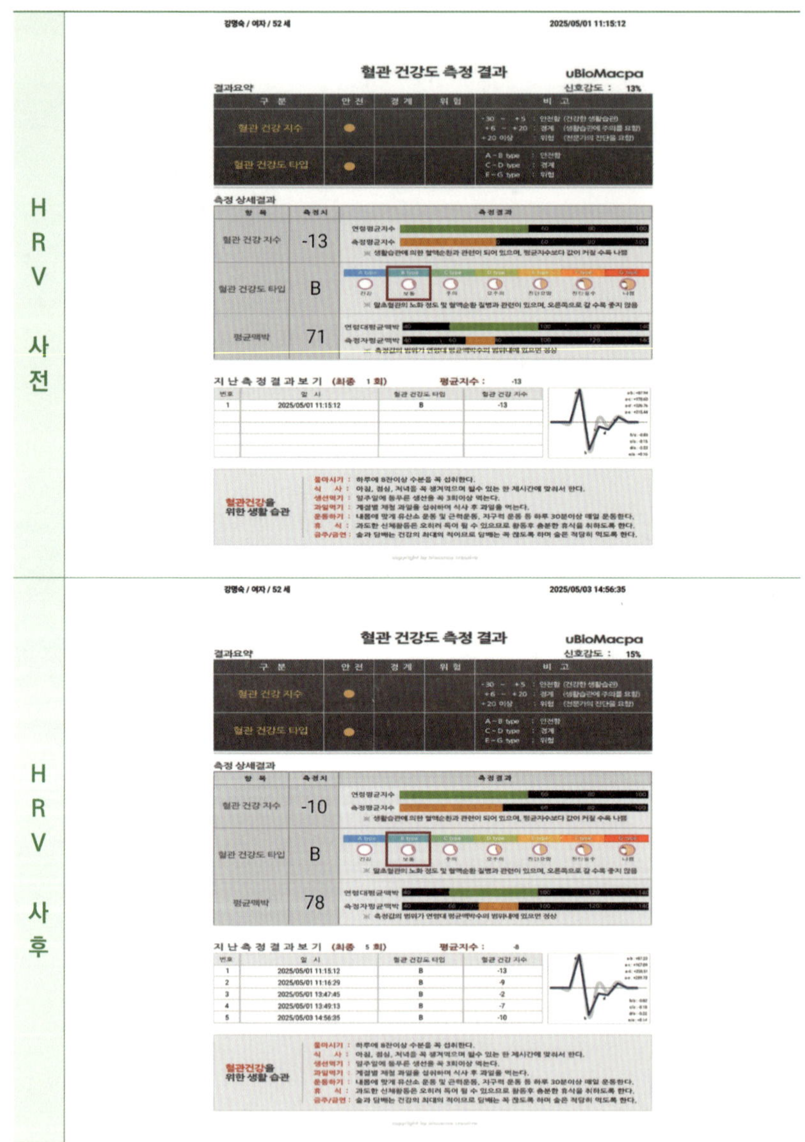

132　12장 여행과 함께하는 산림치유에서의 Shortform을 활용한 Soundscape 산림치유 사례

- 혈관 건강 지수는 −13→−10으로 변화하였으며, 혈관 건강도 B 타입으로 혈관 건강 지수는 정상 범위로 나타남.

강명숙 / 여자 / 52 세　　　2025/05/01 13:49:13

스트레스 지수 측정 결과　uBioMacpa

스트레스 지수
45
정상　초기　진행　만성

스트레스 지수 해석
25이하 : 스트레스가 거의 없는 상태
25이상 35이하 : 일시적인 스트레스 상태
35이상 45이하 : 초기 스트레스 상태
45이상 60이하 : 일시적인 스트레스가 반복적으로 쌓이면 스트레스 내성이 약해지기 시작하는 시기
60이상 : 만성 스트레스로 진행되는 상태, 전문의와 상담 필요

분석자료

맥박 변화도 (맥박 다양성= 32) 성인평균 30~40정도, 20이하이면 만성스트레스

심박 분포도

자율신경균형도

상세분석

강명숙 / 여자 / 52 세　　　2025/05/03 14:58:15

스트레스 지수 측정 결과　uBioMacpa

스트레스 지수
47
정상　초기　진행　만성

스트레스 지수 해석
25이하 : 스트레스가 거의 없는 상태
25이상 35이하 : 일시적인 스트레스 상태
35이상 45이하 : 초기 스트레스 상태
45이상 60이하 : 일시적인 스트레스가 반복적으로 쌓이면 스트레스 내성이 약해지기 시작하는 시기
60이상 : 만성 스트레스로 진행되는 상태, 전문의와 상담 필요

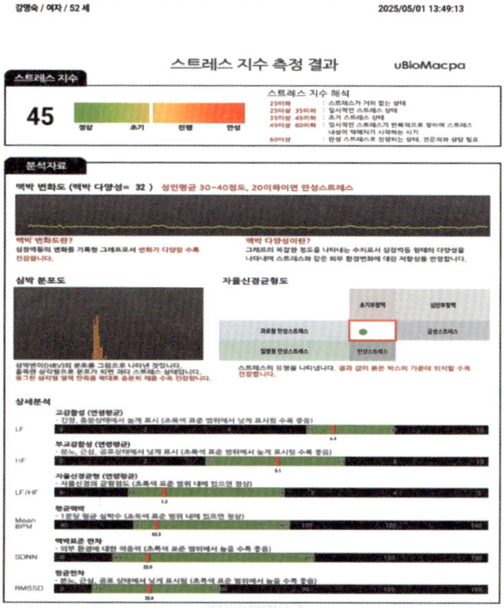

분석자료

맥박 변화도 (맥박 다양성= 30) 성인평균 30~40정도, 20이하이면 만성스트레스

심박 분포도

자율신경균형도

상세분석

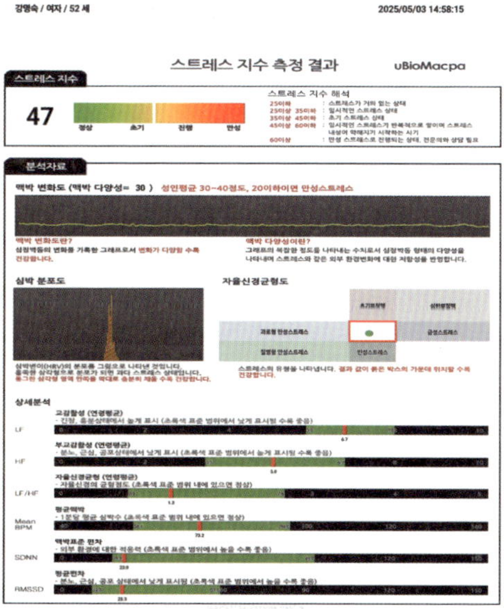

<table>
<tr><td rowspan="2">해
석</td><td>• 전반적으로 스트레스 지수가 소폭 상승, 중간 스트레스 범주 진입 직전 상태로 보임.</td></tr>
<tr><td>• 맥파 및 리듬 안정성도 약간 흔들리는 패턴으로, 피로 누적으로 인한 생리적 회복 속도가 다소 저하된 상태로 볼 수 있음.</td></tr>
</table>

PROGRAM Ⅲ. 서해 바다·해안가 숲과 함께하는 산림치유 심리 여행

(Forest–Psyche Journey Integrated Model: FPJI)

3기 Sound of Inner
일시: 2025년 6월 6일(금)-6월 8일(일) 2박 3일
장소: 충남 태안(○○○ 펜션)

• **바다 풍경 치유 숲**(만리포 해수욕장/천리포 수목원)

	시간	첫째 날	둘째 날	셋째 날	비고
오 전	07:00-08:00		기상/산책	기상/산책	
	08:00-09:00	OT/사전 검사	아침 식사	아침 식사	

오전	09:00–10:00	Tour (신두리 사구 해변)	Tour (몽산포 숲길 산책)	Group 모임 3 (마무리/나눔 시간) 사후 검사	
	10:00–11:00				
	11:00–12:00				
	12:00–13:00	점심 식사		점심 식사	
오후	13:00–14:00	Tour (Shortform #1) (만리포 해변 노을)	Tour (Shortform #2) (천리포 수목원)	집으로 GO!	
	14:00–15:00				
	15:00–16:00				
	16:00–17:00				
	17:00–18:00				
	18:00–19:00	저녁 식사			
저녁	19:00–20:00	자유 시간	자유 시간		
	20:00–21:00	Group 모임 1 (나눔 시간)	Group 모임 2 (나눔 시간)		
	21:00–22:00				
	22:00–23:00	자유 시간	자유 시간		
	23:00–24:00	취침			

첫째 날: 2025년 6월 6일, 금요일

08:00–09:00, OT 및 사전 검사

- **HRV**(Heart Rate Variability)

- **POMS-B**(Profiles Of Mood States: 기분상태 검사)

- **HTP**(House, Tree, Person 그림 검사)

10:00–12:30, 신두리 사구 해변

6월 초의 아침과 저녁은 조금 쌀쌀한 날씨지만 한낮에는 27도에서 30도를 웃도는 여름 무더위가 시작되었다. 여행에서의 날씨 변화는 지난번 회기 때도 그랬지만 민감한 반응을 보이면서 영향을 미치게 된다. 8시 30분 태안 시내에서 간단하게 아침 식사를 마치고, 사전 검사를 실시한 후 신두리 사구로 향했다.

신두리 해안 사구는 충남 태안군 신두리 해변에 위치한 국내 최대 규모의 해안 사구이자, 대한민국 천연기념물 제431로 지정된 특별한 장소이다. 신두리 해안 사구는 마지막 빙하기 약 1만 5천 년 전부터 바람에 의해 생성되었다. 길이는 약 3.4km, 폭 0.5~1.3km 규모로서, 해안과 내륙 사이의 완충지로서, 다양한 사구 식물과 멸종 위기 동물이 서식하고, 습지대에서는 맹꽁이, 금개구리, 황조롱이 같은 보호종도 발견된다. 탐방 코스는 A 코스 약 30분, B 코스 약 60분, C 코스 약 120분 소요되며, 사구 내부와 해안가를 모두 감상할 수 있다.[48]

사구는 우리말로 '모래 언덕'이라는 뜻이 되는데, 파란 하늘과 어우러진 모래 언덕은 우리나라 어느 지역의 풍경보다도 아름답고 감탄사가 절로 나왔다. 조금은 햇살이 있어서 걷기가 힘들까 했는데 데크 길이 되어 있어서 불편함은 조금 덜했고, 곳곳에 사진을 찍으며 걸으니 간간이 불어오는 바람과 함께 상쾌함을 주었다. 우리 일행은 곳곳을 걸으며 자연의 신비로움과 생태계의 변화를 느끼며 곰솔 생태 숲으로 향했다. 소리 경관과 어우러진 소나무 숲을 걸으며 새소리, 바람 소리를 지그시 눈을 감고 들으면서 걷기도 하고, 잠시 걷다가 시원한 바람과 새소리에 양팔을 벌리고 서서 온몸으로 시원함을 느끼기도 하고, 피톤치드를 들이마시면서 심신의 치유를 경험하는 시간을 갖게 되었다. 어느덧 1시간 30분여의 시간이 흘러 사구를 빠져나와 브런치 카페로 향했다.

10여 분 달려 '컨츄리 로드 카페'에 도착했다.

12:30-15:30, 브런치 카페-'컨츄리 로드 카페'

카페 안에는 젊은 연인들과 가족 단위 그리고 중년 부부 등 다양한 사람들이 오순도순 커피와 빵을 먹으며 차분하고 조용한 분위기를 연출해서 좋았다. 시끄럽지 않고 중간중간 나무 화분과 좌식으로 된 자리에 앉아 다정하게 담소를 나누고, 밖으로 나오면 오두막처럼 앉아서 차를 마실 수 있는 곳이 있어서 이렇게 너무 덥지 않은 날씨에는 야외 장소가 인기가 많을 듯싶다.

폐교를 이용해서 카페를 만들어서 넓은 공간과 차분한 분위기가 심신의 안정을 주어서 방문객이 많은 것 같다. 우리 일행은 신두리 해변을 걸으며 살짝 갈증이 났었는데 시원한 차 한 잔과 조금 쉬어 갈 수 있는 장소로 적합했다.

15:30–18:30, 전망대 관람 및 저녁 식사

오후 일정으로 만리포 해안 노을 감상이 예정되어 있어서 요즘 만리포 해안 노을 시간이 7시 50분 정도 시간대라 저녁 식사 후 노을을 보기 위해 해안으로 가기로 했다. 여행지에서의 한 끼 식사는 어느 때보다 중요한 것 같다. 맛있는 식사 한 끼는 피로를 풀게 하고 스트레스를 해소하기도 한다.

19:00–20:10, 만리포 해안 노을 감상

저녁 식사가 조금 아쉬움을 남겨서 식사를 마친 후 해안으로 가니 수평선 멀리 빠알간 해가 조금씩 기울어 가고 있었다. 개인별로 40분 시간을 주고 약속 시간을 정한 후 노을을 보면서 프로그램을 하기로 하고 각자 노을을 감상하는 시간을 가졌다.

산 정상에서 보는 노을 감상과 바닷가 해안에서 노을을 감상하는 것은 어떤 차이가 있을까 하는 궁금증이 있었다. 산과 숲에서는 조용한 새소리, 풀벌레 소리, 바람 소리가 마음을 차분하게 한다면, 바닷가 해안에서의 파도 소리, 사람들의 대화 소리, 드넓은 바다 끝 하늘과 맞닿은 수평선 위에 떠 있는 노을은 아름답고 가슴이 탁 트이는 걸 느낄 수 있었다. 각자 작업을 마친 뒤 숙소로 향했다.

숙소에서 씻고 난 후 오늘 일정을 기록으로 정리하고 프로그램을 각자 마무리한 후 10시 집단 모임을 시작하였고, 마무리 후 오늘 일정을 마무리하였다.

집단을 통해서 개인을 발견하는 시간을 갖고, 알아차림을 통해 변화의 시작이라는 것을 통해 기대감을 갖게 되는 것 같다. 하루 일정이 피곤할 수 있음에도 여행을 통해서 힐링이 되고 여행과 산림치유 심리 여행은 다양함에도 많은 치유 인자를 경험하는 계기도 되고, Soundscape를 통해 내면의 소리를 듣게 되는 효과가 좋은 것 같다.

둘째 날: 2025년 6월 8일, 일요일

07:00-08:00, 기상 및 산책

아침에 눈을 뜨니 창밖으로 소나무 숲이 보이고 바람의 영향으로 나무들이 창문 밖에서 손짓을 한다. 안개가 자욱하고 물기가 있는 걸 보니 비가 내렸나 싶을 정도로 물기가 많이 묻어 있었다. 바닷가 해안 도로를 잠시 걸으려고 발걸음을 옮겼지만 파도 소리만 들릴 뿐 안개가 시야를 가로막아서 10분여 걷다가 발길을 돌렸다. 여기저기 차박을 해 놓아서 아침에 일어나서 화장실로 향하는 사람들이 조금 보이기 시작했다. 숙소로 오니 새소리, 바람 소리, 어제까지만 해도 작은 수영장에서 아이들의 소리가 가득했는데 피곤했는지 숙소는 고요했다.

08:00-10:00, 세면 및 아침 식사

아침 차 한 잔을 마신 후, 한 사람씩 씻고 난 후 식당으로 향했다. 아침 식사는 백반집으로 정했다. 시골은 넓은 정원과 나무들, 꽃으로 조경을 해서 보는 것 자체가 힐링이 되는 것 같다. 도시에서는 주차하기 불편하고 사람들이 많은 곳은 웨이팅 시간까지 겹치면 그냥 나오고 싶은 마음이 들기도 한다. 이른 아침이라 식당 안은 조용하고, 음식도 맛이 있어서 좋았다. 지역마다 독특한 나물이나, 계절 음식이 좋은 것 같다. 오늘 일정 가운데 몽산포 숲길 산책이 있어서 기대감을 안고 이동했다.

10:00-13:30, 몽산포 해안 숲길

전날보다는 조금 기온이 높고 햇볕이 강했으며, 해안가 바닷바람이 강하게 불어 그늘이 없는 곳은 조금 덥다는 생각이 들었다. 주차장에서 해안가로 들어가는 솔숲은 캠핑장으로 되어 있어서 캠핑장 이용객이 아니면 들어갈 수 없도록 해 놓아서 불편했다. 그나마 해안가 솔숲 길에 들어서야 햇빛도 피하고 시원한 그늘로 피할 수 있는데 펜스로 가로막아서 몽산포 해수욕장을 이용하는 이용객들은 불편할 것 같다는 생각이 들었다.

우리 일행은 한참을 걸어 태안 해변길 4코스 솔모랫길 구간으로 가기로 하고서 주차장에서 10여 분 걸어 들어가 몽산포 해수욕장 해변 길로 걸어갔다. 날씨가 더운 것도 아랑곳하지 않고 아이들과 부모들과 함께 재밌게 뛰어다니고 약간 뻘밭이 있는 곳에서는 뭐라도 캐려고 연신 호미질을 하고 있는 풍경도 눈에 들어왔다. 날씨가 덥고 바닷바람은 강하게 불어서 그늘이 있는 곳으로 들어서고서야 몸의 열기를 식힐 수 있었다. 해송 사이로 데크 길을 걸으며 시원한 그늘과 바람 소리를 들으며 한참을 걸어 들어갔다.

잠시 앉아서 해송 사이로 바다 풍경을 보면서 시간을 가지려고 했으나 앉을 만한 곳도 마땅치 않고 지나가는 사람들이 있어서 부적합하다는 판단을 하고 몽산포 해안 길에서는 프로그램을 하지 않기로 하였다. 너무 많은 시간 햇빛에 노출되고 일정한 시간을 정하지 않은 채 진행을 해서 조금은 지친 기색이 역력했다. 추후 해안 길 프로그램을 진행할 때에는 시간 분배와 거리를 조정하고 프로그램을 진행할 준비를 사전에 하는 것이 중요할 것 같다. 예를 들면, 앉을 수 있는 돗자리를 준비하고, 마실 물을 미리 준비해서 잠시 편안하게 쉬어 갈 수 있는 준비가 필요한 것 같다. 날씨가 덥고 조금 지친 상태에서 숙소로 가서 점심을 가볍게 해결하고 차 한 잔 마시면서 휴식을 취하면서 더위를 피해서 천리포 수목원으로 가기로 정했다.

더운 여름이나 추운 겨울의 여행지 결정은 사전 조사나 프로그램에 대한 철저한 준비가 안 되면 프로그램 참여자들의 만족도가 떨어질 수밖에 없을 것 같다.

13:30-16:00, 숙소(차와 휴식)

결론부터 말하면 숙소로 결정한 것을 참 잘했다는 생각이 들었다. 더위도 피하면서 지친 몸도 편하게 쉬면서 간단한 점심 대용으로 과일과 차를 마시면서 쉴 수 있어서 너무 좋았다. 숙소의 위치가 만리포 해수욕장과 길 하나를 사이에 두고 언덕에 위치해 있어 뒤로는 산이 있어 나무들이 있고, 앞으로는 바다 풍경이 보이는 숙소라서 위치가 좋았다. 창문을 열면 녹색 소나무 숲이 있고, 새소리, 풀벌레 소리가 들리고 창문을 열면 시원한 바람이 들어와서 쉴 만한 곳으로 좋은 위치였다. 우리 일행은 편안하게 쉬면서 시간을 보내고 4시경에 천리포 수목원으로 향했다. 숙소에서 수목원까지의 거리는 차로 5분 거리도 채 안 되는 위치에 있었다.

16:00-18:00, 천리포 수목원

천리포 수목원은 1921년 미국 펜실베이니아주에서 출생하여 한국인으로 귀화한 민병갈(1921~2002) 박사가 1962년부터 부지를 구입하면서 설립한 국내 최대 민간 수목원이다. 총 59ha의 부지에 본원에 해당하는 밀러가든과 에코힐링센터, 목력원, 낭새섬, 침엽수림, 종합원, 큰골 등 7개 지역으로 나뉘어 각 지역의 환경에 따라 다양한 식물 종류들을 적절히 배치·관리하고 있다. 천리포 수목원은 국내에서 최다 식물종을 보유한 수목원으로 16,895분류군의 식물을 보유하고 있다. [49]

천리포 수목원은 다양한 꽃과 나무들로 어우러진 조용한 곳으로 산책하기에 너무나 좋은 장소였다. 1시간 정도 같이 다니면서 다양한 식물과 꽃 그리고 나무들을 보면서 경이롭고 아름다운 경관이 인상적이었다. 다양한 새소리들이 숲속을 거닐 때 정겹게 들리기도 했으며, 시원한 바람 소리가 더위를 잊게 해 주었다.

프로그램을 위해 40분간 개인별로 Shortform을 활용해서 Soundscape를 통해서 개인을 만나는 시간을 갖도록 하고 각자 원하는 곳으로 나뉘어서 움직였다. 각자의 시간을 갖고 난 후 만났을 때 얼굴들이 환하고 모두 만족스러운 시간이었다고 이야기하며 힐링의 시간을 갖게 되었다.

숙소에서 가까운 곳으로 저녁 식사를 예약하고, 출발해서 저녁 식사를 하고 해안가를 걸으면서 30분 동안 바닷모래의 촉감을 느끼는 시간을 가졌다.

발끝에서 전해지는 촉감은 머리끝까지 전달되면서 또 다른 힐링의 시간이 되었으며, 오순도순 이야기를 나누는 동안 치유가 되었다. 지치고 힘든 여정이 될 수 있지만 여행을 하면서 산림 숲속을 거닐고 소리 경관을 보면서 심리 치유가 일어나면서 나를 만날 수 있는 시간은 소중하고 이런 기회가 아니면 안 될 것이라는 생각이 들면서 프로그램에 대한 진정성을 느끼게 되었다.

숙소에서 잠시 휴식을 취하면서 씻고 난 후 9시 30분 집단 모임 시간을 공지 후 집단을 하기로 하였다. 아이스커피를 마시면서, 차를 마시면서, 과일을 먹으면서 시간을 보내게 되었다.

하루의 일상을 경험하면서 각자 작성한 임상 일지를 꺼내서 둘째 날 그

룹 모임을 시작하였다. 각자 수목원에서 경험한 자기와의 만남을 소개하면서 진지하기도 하고, 서로 공감하는 시간과 지지하는 시간을 통해서 마음의 풍요와 아늑함과 편안함과 안정감을 갖게 되는 시간을 갖게 되었다.

셋째 날: 2025년 6월 8일, 일요일

07:00-08:00, 기상/산책

바닷가의 아침은 바다 내음과 함께 나지막이 안개 낀 바다 풍경은 일상에서 경험하지 못하는 또 다른 감상 거리이다. 숙소 뒤로 숲에서 들리는 새소리와 이슬 머금은 나무들 그리고 꽃과 길 위의 들풀과 어우러진 아침은 조금 쌀쌀하기는 하지만 멋진 풍경을 연출하고 있었다. 기지개를 켠 후 발길은 이미 바닷가 해안 도로를 향하고 있었다. 차박을 하고 일찍 일어난 젊은이들, 중년 부부들의 나지막이 들려오는 소리가 정겹기만 하다. 해안가를 돌 때면 여러 기억이 오버랩되면서 현실로 돌아오기까지 걸음과 마음과 생각이 유체 이탈이나 하듯 따로 노는 것 같다. 정신을 차리고 가던 길을 돌려 숙소로 향하면서 이틀 동안 묵었던 숙소를 바라보며 함께하는 일행들 모습이 떠오르면서 오늘 하루도 멋진 하루, 즐거운 하루를 보내리라 다짐해 보면서 감사하는 마음이 든다. 기상과 함께 아침 산책을 가볍게 한 후 씻고 나서 마무리 모임을 갖기로 하였다. 여행과 산림치유와 심리를 결합한 새로운 시도이면서 함께하는 시간이 너무 의미 있고 좋아서 헤어지기가 아쉽다는 말을 대부분 하면서 모임의 마무리 시간을 갖고, 서로 격려하는 시간을 갖게 되었다. 나를 되돌아보고 참나를 발견해 나가는 시간을 갖게 된 것 같아 좋다는 의견이 많았다.

08:00-9:30, 사후 검사

모임 후에 사후 검사를 실시하였다. 검사 결과는 아랫부분에 별도로 기재하였다.

- **HRV**(Heart Rate Variability)

- **POMS-B**(Profiles Of Mood States: 기분상태 검사)

- **HTP**(House, Tree, Person 그림 검사)

4) Soundscape와 Storytelling

- **닉네임**: 향기
- **Shortform 주제**: 순응
- **느낌**: 편안함, 부듯함

- Storytelling:

지는 노을을 오늘도 바라보며 최고의 순간을 담기 위해 이곳을 약속이나 한 것처럼 오게 되었다. 내가 선택한 것처럼 이 순간을 마주하지만 자연이 초대하며 기다린 것이지도 모르겠다는 생각을 하게 된다. 자연은 언제나 그 자리에서 순리대로 순응하며 언제나 제자리를 지키고 있다. 어떤 환경적 영향에도 불구하고 절대 거스르지 않는 뚝심이 있다. 그러나 평상시에는 온순하고 절대 서두르지 않는다.

나는 오늘 또다시 노을을 보기 위해 노을 앞에 섰다. 크로노스의 시간과 카이로스의 시간의 교착점에서 오늘도 수많은 인파 속에서 행복을 느낀다. 자연스러움,

부드러우면서도 힘이 느껴지는 자연 앞에 내 삶을 내어놓는다. 그리고 질문한다. 잘 살아가고 있는 거겠지? 잘 견뎌 내고 있는 거겠지.

그리고 오늘은 기도를 했다. 좌절하지 않는 용기와 이 길 끝에 이루어질 일들을 기대하며 힘든 순간을 잘 이겨 낼 수 있기를….

그리고 어느 순간 힘이 되어 주고 지지자로 함께 걷는 이분들에 대한 감사 기도를 드렸다.

수동적인 삶이 아니라 자연이 순응하며 주도적으로 이끌어 가듯이 순응하며 꾸준히 주도적인 삶으로 살아갈 수 있기를 그리고 내일을 기대하며 살아갈 수 있음에 감사 기도를 드린다.

— **Aha**(깨달음): 유연함을 위해 나를 지지하고 응원하자.

- **닉네임**: 향기
- **Shortform 주제**: 존재의 귀함
- **느낌**: 자유함

- **Storytelling**:

곧게 뻗은 나무를 보면서 감탄을 자아내는 것은 너무나 하늘을 찌를 듯 반듯하게 보기 좋아서이다. 지금까지 나무를 볼 때 메타세쿼이아가 곧게 뻗은 길이나 가로수들의 곧게 뻗은 가로수 사이로 드라이브를 하면서 걸을 때 기분이 참 좋다. 오늘 수목원에서 발견한 너무나 오래된 나무가 지그재그로 뻗은 무질서하면서도 조화로움에 끌리게 되었다.

삶을 살면서도 정도, 규칙, 정해진 삶의 답이라고 생각하며 살았던, 그래서 때로는 나와 타인을 힘들게 했던 일들이 떠오르면서 이제는 '조화로움'에 무게를 두고 살려고 한다. 자연은 특별히 뽐내지 않아도 인간에게 스스로 존재만으로도 가치가 있게 된다. 존재만으로 가치가 있고, 가치를 더 중요하게 생각하며 사는 삶이 얼마나 소중한가를 생각해 보는 계기가 되었다. 크로노스의 시간 속에서 카이로스의 소중한 추억의 시간을 담아낼 수 있는 한 사람으로 거듭나길 생각해 본다.

나무 아래서 Shortform 동영상을 촬영하는 동안 새들이 깃들고, 바람이 스치며 시원한 바람이 턱밑으로 스며들 때 쾌감과 함께 힐링이 되었다. 심리학자 아들러는 『미움받을 용기』라는 책을 통해 어떠한 경우에도 자신을 지켜 낼 수 있는 힘이 필요하다고 강조하면서 '자존감'을 향상시키고 자신을 믿고 응원과 지지가 필요하다고 말하고 있다. 자연을 통해 내 안의 '내면의 소리'를 발견하고 지지하고 응원하게 되면서 또 한 번 격려해 주고 응원과 지지를 보내게 된다. 하지 말라고 하면 하고, 가지 말라고 하면 가고, 타인의 말에 반대로 했다면 이제는 내 마음의 소리에서 말하는 대로 하고 싶다. 불안과 두려움에 조종당하지 말고 내 마음의 소리에 귀 기울이며 살아가고 싶다.

- **Aha**(깨달음): 자연의 풍경 소리를 통해 '내면의 소리'를 발견하게 되면서, 홀로 뽐내는 곧게 뻗은 나무들보다 산전수전 다 겪고 누이고 꺾인 나무 한 그루는 예술성도 뛰어나고 '조화로움'과 '당당함'이 특징이다.

- **POMS-B 사전·사후 검사 및 해석**

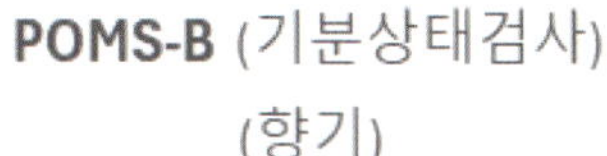

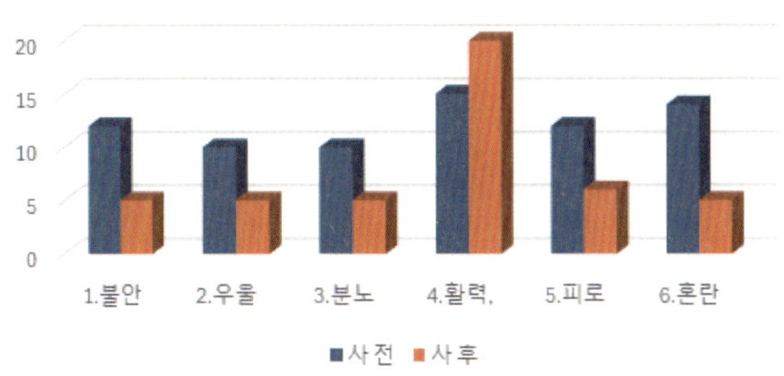

<table>
<tr><td>(12+10+10+12+14)−15
=41</td><td>→</td><td>(5+5+5+6+5)−20
=26</td></tr>
</table>

— H.T.P 사전·사후 검사 및 해석

	사전	사후
H O U S E	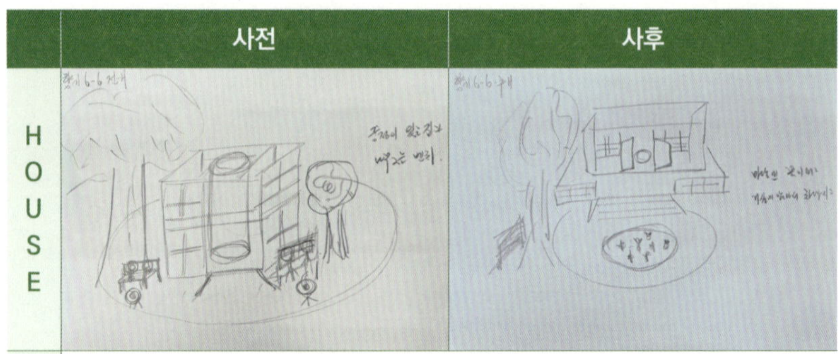	
해석	**[사전]** 선들이 복잡하고 불명확하여 가정에 대한 불안정한 내면과 자기 존재에 대한 혼란 및 지친 마음의 상태로 보임. **[사후]** 집의 형태가 좀 더 명확해졌으며 주변의 꽃 등의 등장은 안정감과 따뜻한 정서로 표현됨.	
T R E E	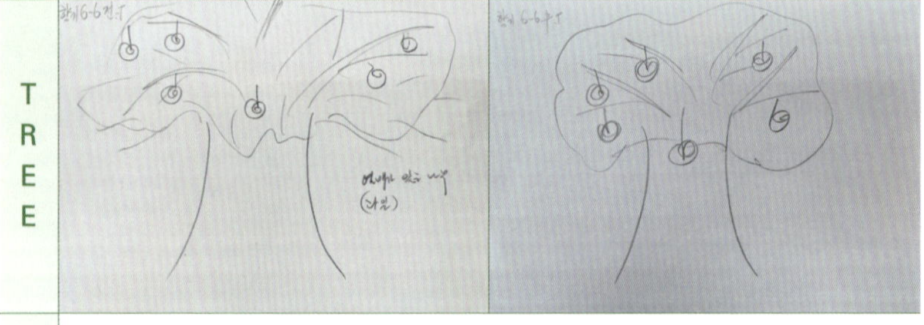	
해석	**[사전]** 나무의 큰 기둥은 자아 강도가 크며 열매로 성취에 대한 욕구를 나타내고 있으나, 꿈과 비전이 이상적이고 통제되지 않은 것으로 보임. **[사후]** 전체적으로 자아 강도에는 변함이 없으며, 지면 안으로 안정되게 들어온 모양으로 자기 조절과 통제 능력이 향상된 것으로 보임.	

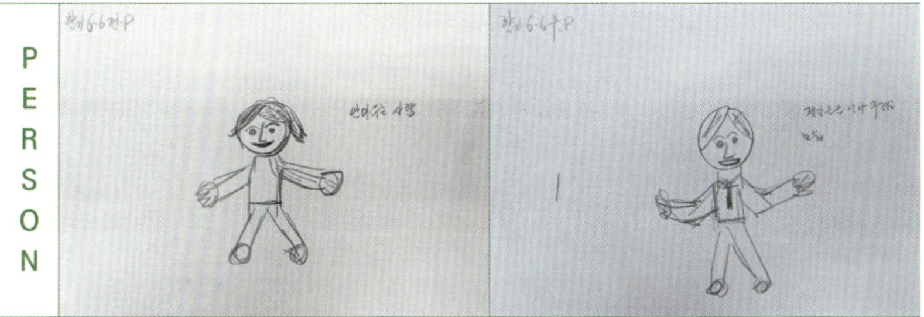

해석	**[사전]** 활동적이며 생각이 많은 상태를 나타내고 있으며 크기가 작은 것으로 보아 다소 위축되어 보임. **[사후]** 좀 더 적극적인 실행의 상태로 보이며 말로 자기표현을 하고 있음. 사람의 크기가 커진 것으로 보아 자기 존재감이 강화된 것으로 보임.

– HRV 사전·사후 검사 및 해석

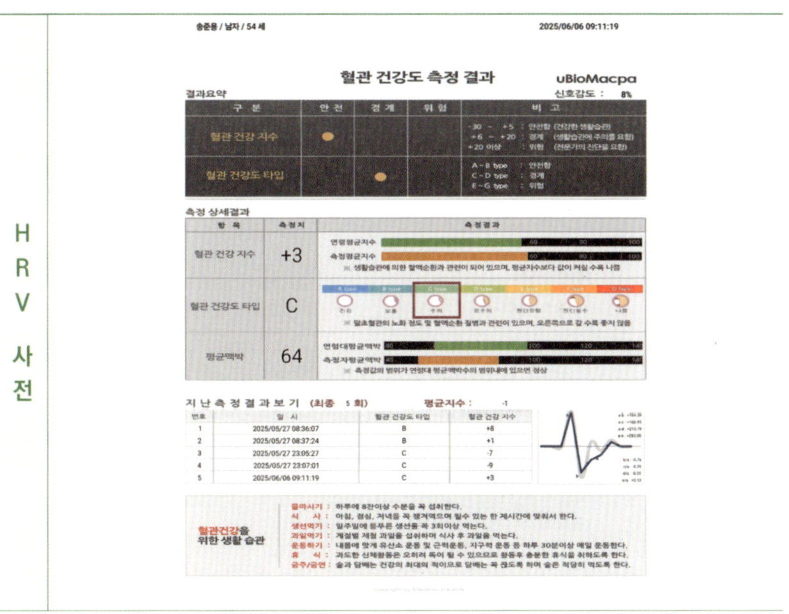

<table>
<tr><td rowspan="2" align="center">H
R
V

사
후</td><td>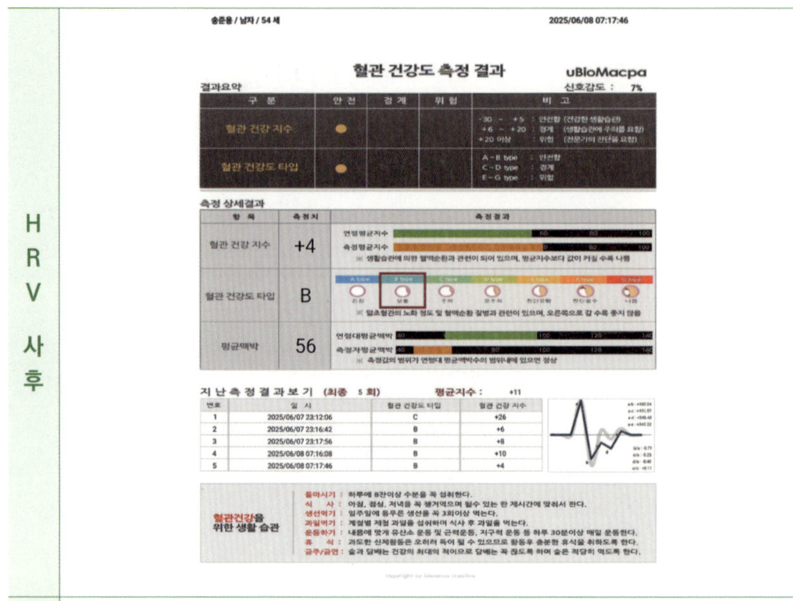</td></tr>
</table>

- 혈관 건강 지표가 수치적으로, 등급적으로 모두 개선된 좋은 결과임.
- 꾸준한 스트레스 관리, 수면의 질, 생활 리듬 유지가 건강에 긍정적 영향을 주고 있는 것으로 해석됨.
- 색상 지표가 건강군에 근접한 위치로 이동, 혈류 순환 및 탄력성 개선됨.

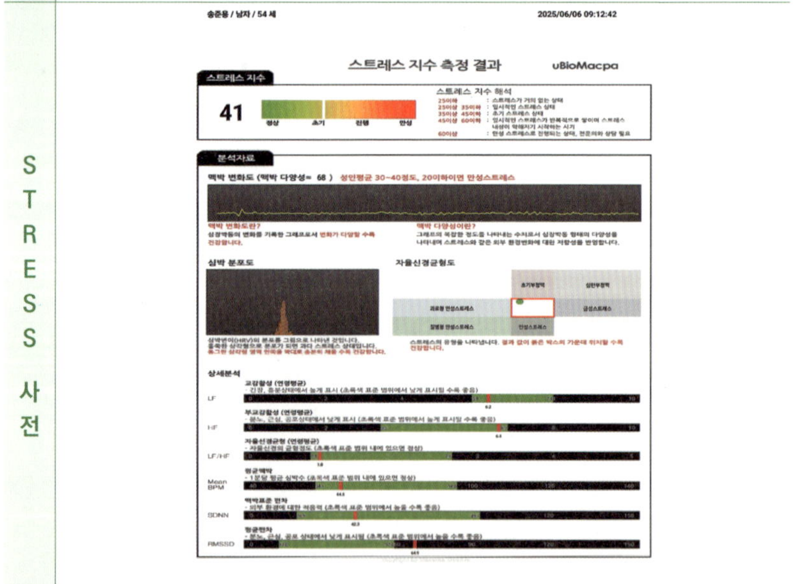

송준용 / 남자 / 54 세　　　2025/06/08 07:17:46

스트레스 지수 측정 결과　uBioMacpa

스트레스 지수

49　정상　초기　진행　만성

스트레스 지수 해석
- 25이하 : 스트레스가 거의 없는 상태
- 25이상 35이하 : 일시적인 스트레스 상태
- 35이상 45이하 : 초기 스트레스 상태
- 45이상 60이하 : 일시적인 스트레스가 반복적으로 발이며 스트레스 내성이 약해지기 시작하는 시기
- 60이상 : 만성 스트레스로 진행되는 상태, 전문의와 상담 필요

분석자료

맥박 변화도 (맥박 다양성= 26) 성인평균 30~40정도, 20이하이면 만성스트레스

맥박 변화도란?
심장박동의 변화를 기록한 그래프로서 변화가 다양할 수록 건강합니다.

맥박 다양성이란?
그래프의 복잡한 정도를 나타내는 수치로서 심장박동 형태의 다양성을 나타내며 스트레스와 같은 외부 환경변화에 대한 저항성을 반영합니다.

심박 분포도

심박변이(HRV)의 분포를 그림으로 나타낸 것입니다. 홀쭉한 삼각형으로 분포가 되면 과다 스트레스 상태입니다. 둥그런 삼각형 영역 안쪽을 막대로 충분히 채울 수록 건강합니다.

자율신경균형도

	초기부정맥	심한부정맥
과로형 만성스트레스	●	급성스트레스
질병형 만성스트레스	만성스트레스	

스트레스의 유형을 나타냅니다. 결과 값이 붉은 박스의 가운데 위치할 수록 건강합니다.

상세분석

교감활성 (연령평균)
- 긴장, 흥분상태에서 높게 표시 (초록색 표준 범위에서 낮게 표시될 수록 좋음)
LF　6.8

부교감활성 (연령평균)
- 분노, 근심, 공포상태에서 낮게 표시 (초록색 표준 범위에서 높게 표시될 수록 좋음)
HF　5.4

자율신경균형 (연령평균)
- 자율신경의 균형정도 (초록색 표준 범위 내에 있으면 정상)
LF/HF　1.3

평균맥박
- 1분당 평균 심박수 (초록색 표준 범위 내에 있으면 정상)
Mean BPM　65.9

맥박표준 편차
- 외부 환경에 대한 적응력 (초록색 표준 범위에서 높을 수록 좋음)
SDNN　55.9

평균편차
- 분노, 근심, 공포 상태에서 낮게 표시됨 (초록색 표준 범위에서 높을 수록 좋음)
RMSSD　39.7

- LF(교감신경) 지수가 높아짐으로써 스트레스 반응 활성화와 HF(부교감신경) 지수가 감소함으로써 이완 반응 저하가 나타남.
- 이는 심리적 또는 환경적 자극 노출 후 회복이 지연된 패턴일 가능성이 보임.
- 이완 활동 또는 수면 보충 등 회복 루틴이 필요한 상태임.

Forest-Psyche Journey Integrated Model: FPJI

- **닉네임**: 새물내

- **Shortform 주제**: 나는 길들여지지 않기로 했다.

- **느낌**: 흐뭇함, 뿌듯함, 평온함

- **Storytelling**:

만리포 백사장엔 붉게 물든 노을, 하늘과 바다를 감상하기 위해 가족 혹은 연인, 친구들이 삼삼오오 무리 지어 있다. 그중 눈에 띄는 장면, 한 꼬마 아이 주변에 유독 많은 갈매기가 모여 있다. 그 꼬마 아이의 손에는 새우깡 봉지가 들려 있다. 갈매기들은 꼬마 아이의 손놀림에 시선을 떼지 못하고 고개를 갸우뚱, 몸짓을 뒤뚱거리며 움직이기에 분주하다. 그 모습이 귀엽고 사랑스럽다. 그런데 이 감정은 뭐지? 왠지 마음이 어색하다.

노을이 절정을 이루는 순간, 하늘 위 또 다른 한 무리의 갈매기를 보았다. 수평선 아래로 물러나는 해를 배웅하는 듯 태양 주변을 날고 있는 갈매기들을 보니 마음이 가볍고 자유로움이 느껴진다. 새우깡에 시선을 떼지 못하고 뒤뚱거리던 갈매기와 사뭇 다른 모습, 다른 감정이다. 내 마음이 좀 어색했던 것은 아마도 귀엽고 사랑스럽게 보이지만 길들여져 가는 갈매기의 모습 때문이었나 보다. 나는 길들여져 있나? 어려서 칭찬을 듣고자, 사회에선 인정을 받고자 진정한 나의 모습을 숨기고 상대가 원하는 모습에 길들여진 건 아닌지…. 그럴 때도 있었지만 지금은 나만의 모습으로 자유로움을 찾아가고 있다. 새우깡에 길들여진 귀엽지만 어딘가 어색한 갈매기의 모습. 그건 어쩌면 한때의 내 모습일지도 모른다. 칭찬받기 위해, 사랑받기 위해, 나를 조금씩 감추었던 시간들. 하지만 이제 나는 천천히 나만의 날갯짓으로 나만의 하늘을 날아가고 있다. 해를 배웅하듯 노을 속을 자유로이 날던 갈매기들처럼, 나 또한 나다운 모습으로 세상과 함께하고 싶다. 조금은 흔들려도, 조금은 서툴러도 괜찮다. 나는 내가 되어 가는 중이니까.

- **Aha**(깨달음): 조금씩 나의 걸음으로 나아가고 있는 내가 뿌듯하다.

- **닉네임**: 새물내
- **Shortform 주제**: 조용히 단단해지는 중(나를 닮은 낙우송)
- **느낌**: 안도, 뿌듯함, 편안함

- Storytelling:

천리포 수목원 안에 큼직한 연못이 있다. 연못 가장자리에 우뚝 서 있는 나무, 바늘잎 같은 잎사귀는 줄기를 따라 하나하나 정렬되어 있다. 새의 깃털과 같은 잎이 떨어지는 소나무라 하여 '낙우송'이라 한다. 나무 주변을 살펴보니 마치 종유석같이 뾰족하게 솟은 것들이 있다.

물이 많은 습지에서 숨을 쉬기 위해 땅 위로 솟아오른 나무뿌리들의 모습, '기근'이라 한다. 살다 보면 누구에게나 닥쳐오는 어려움이 있다. 그런 상황이 되면 현실을 회피하거나 혹은 좌절하기도 한다. 그럴 때 한발 물러나 가만히 상황을 살펴보자. 낙우송이 질퍽하고 습한 물가에서 뿌리 기근을 땅 위로 밀어 올려 숨 쉴 구멍을 찾아내듯, 분명 숨 쉴 구멍을 찾을 수 있다. 그렇게 나도 변해 왔다. 예전에는 예상치 못한 상황이나 난처한 일이 닥치면 마음이 먼저 흔들렸다. 당황하거나, 피하거나, 괜히 나 자신을 탓하고 조바심을 냈다. 그런데 지금은 조금 다르다. 어쩌면 그때보다 더 복잡하고 힘든 상황일지라도, 이제는 그 안에서 '숨 쉴 틈'을 찾으려 애쓴다. 허둥대기보다 한 걸음 물러서서 바라보고, 해결책이 없더라도 기다릴 줄 아는 내가 되었다. 낙우송이 뿌리 끝에서 기근을 밀어 올리듯, 나도 내 안에서 조용히

'숨 쉴 구멍'을 만들어 가고 있다. 움직일 수 없는 나무처럼 보일지라도, 그 안엔 물러서지 않는 지혜와 생명력이 흐르고 있었다. 낙우송이 단단히 서서 살아가듯, 나도 그렇게 살아가고 싶다. 비바람에도 꺾이지 않고, 물과 공존하며 스스로 길을 찾아가는 나무처럼.

– Aha(깨달음): 조급증이 점점 사라지고 여유를 찾아가는 나를 알아차림.

– POMS-B 사전·사후 검사 및 해석

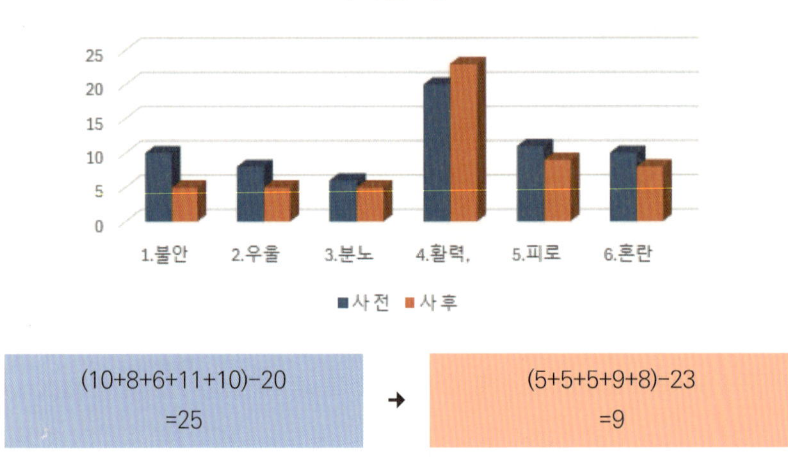

– H.T.P 사전·사후 검사 및 해석

| 해석 | **[사전]** 완벽주의 성향으로 생각이 많으며 정돈된 가정환경으로 보이며, 관계 맺음에 많은 노력이 수반되는 것으로 보임.
[사후] 사전에 비해 자신을 좀 더 객관적으로 보는 시각이 생겼으며 열려 있는 창문은 관계에 대한 개방성으로 보임. 연못은 자기 감정의 통제와 조절에 대한 안정감으로 보임. |

| TREE |   |

| 해석 | **[사전]** 수관의 모양이 이상적이며 공상적으로 보여 현실감이 다소 부족한 것으로 보이고 존재에 대한 혼란이 있은 것으로 보임.
[사후] 나무의 크기가 더 커진 것은 자신의 이상에 대한 생각이 많아진 것으로 보이며 동물의 등장은 자신에 대한 돌봄의 투사로 보임. |

| PERSON | 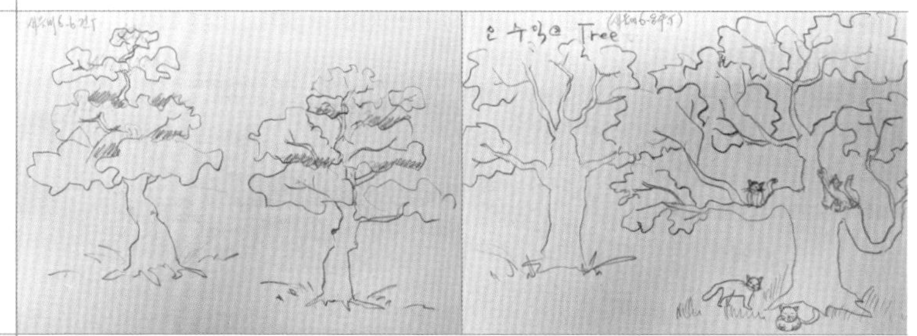 |

| 해석 | **[사전]** 모자를 쓰고 누워 있는 그림은 자기방어적이며 무기력을 나타내는 것으로 보이며 동물에 약한 자신이 투사되고 있음.
[사후] 활기찬 움직임은 에너지가 생긴 모습이며 여러 사람과 함께 하는 역동을 느끼고 있음. |

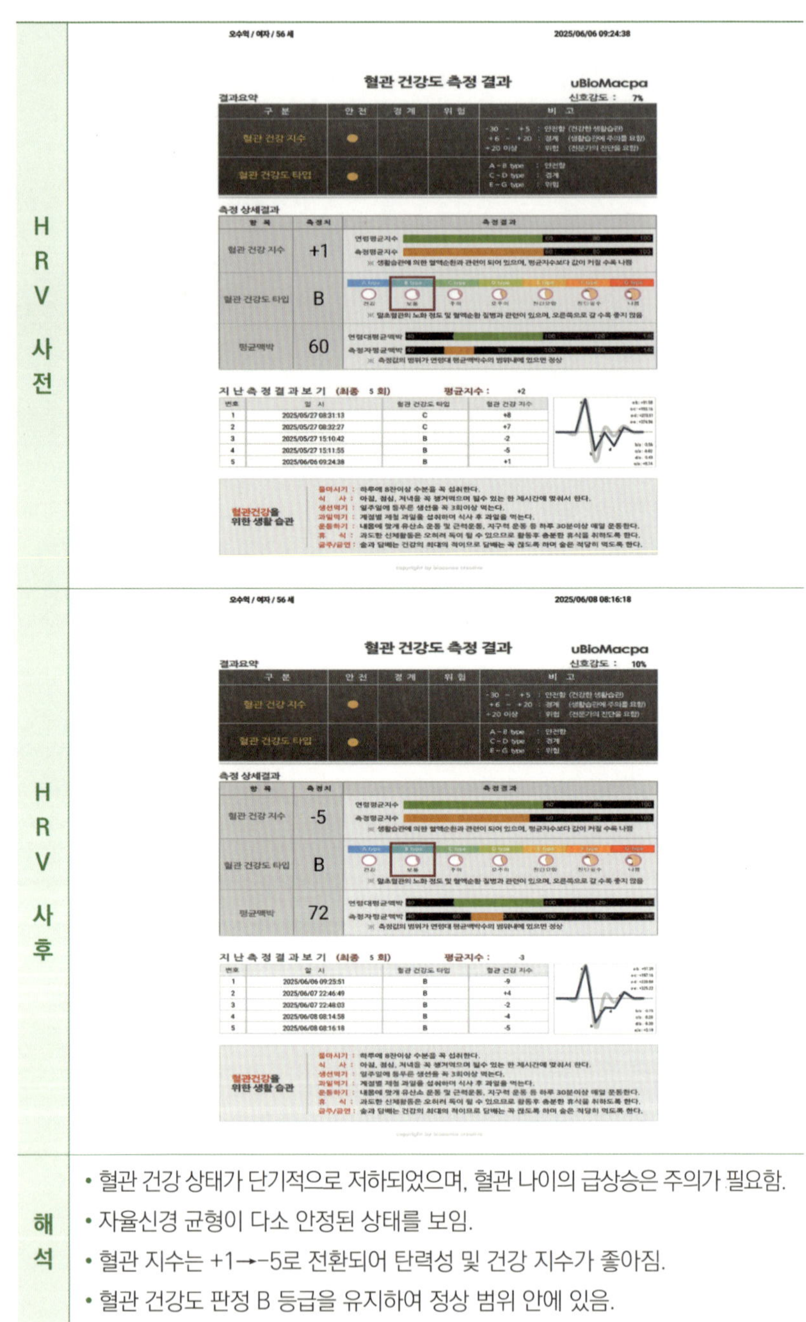

H R V 사 전	
H R V 사 후	
해 석	• 혈관 건강 상태가 단기적으로 저하되었으며, 혈관 나이의 급상승은 주의가 필요함. • 자율신경 균형이 다소 안정된 상태를 보임. • 혈관 지수는 +1→-5로 전환되어 탄력성 및 건강 지수가 좋아짐. • 혈관 건강도 판정 B 등급을 유지하여 정상 범위 안에 있음.

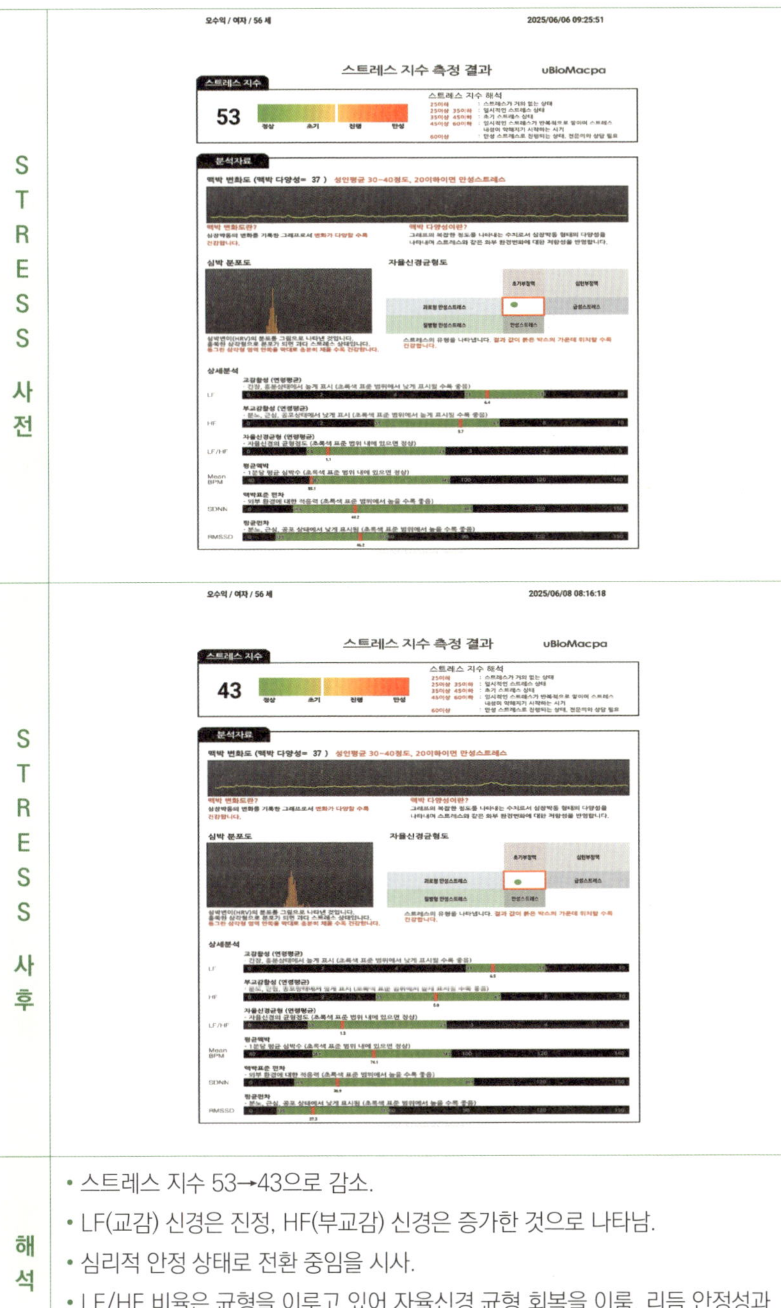

해석

- 스트레스 지수 53→43으로 감소.
- LF(교감) 신경은 진정, HF(부교감) 신경은 증가한 것으로 나타남.
- 심리적 안정 상태로 전환 중임을 시사.
- LF/HF 비율은 균형을 이루고 있어 자율신경 균형 회복을 이룸. 리듬 안정성과 맥파 변화 안정성이 동반 개선되어 심신의 회복탄력성이 높아진 상태임.

- **닉네임**: 구름
- **Shortform 주제**: 빛과 그림자
- **느낌**: 충만함, 감사함

- **Storytelling**:

노을이 지는 바닷가에 서 있을 때, 나는 늘 그 찬란한 빛에 마음을 빼앗기곤 했다. 붉게 타오르는 하늘, 주황과 보라가 섞인 구름, 금빛으로 물드는 바닷물. 사람들은 저마다 감탄사를 흘리며 그 풍경을 카메라에 담았다.

나 역시 그랬다. 눈부신 그 장면을 담느라 바빴다. 그런데 그날, 문득 시선이 다른 곳으로 옮겨졌다. 바로 노을을 바라보는 사람들의 뒷모습이었다.

붉게 타오르는 노을 앞에 선 사람들은 모두 검은 실루엣으로 보였다. 얼굴도 표정도 보이지 않았다. 그저 저마다의 모습으로 가만히 서 있었다. 그런데 이상하게도, 나는 그 화려한 하늘보다도 그 검은 실루엣들이 더 아름답게 느껴졌다.

처음엔 그 이유를 몰랐다. 왜 색을 잃은 검정 그림자들이 더 아름다울까? 왜 눈부신 노을보다 저 고요한 뒷모습들이 더 눈에 밟힐까?

그 순간 깨달았다. 노을은 누구에게나 똑같지만, 그 앞에 선 사람들의 마음은 전부 다르다는 것.

누군가는 설레는 내일을 기다리고 있었고, 누군가는 끝나 버린 사랑을 떠올리고 있었다. 어떤 이는 그냥 숨을 쉬고 있을 뿐이었지만, 그 숨결조차도 이야기가 되어 흘러나오는 것 같았다.

노을은 그저 화려한 무대였고, 진짜 주인공은 그 앞에 선 '사람들'이었다.

그제야 나는 나 자신에게도 질문하게 되었다.

'나는 지금 어떤 마음으로 이 노을을 바라보고 있는가?'

노을 앞에 선 내 모습 역시 하나의 검은 실루엣일 뿐이었다. 화려한 하늘을 등에 지고 서 있지만, 내 안에는 아직 풀지 못한 감정, 말하지 못한 이야기들이 고요히 숨어 있었다.

그때 나는 또 한 번 깊이 깨달았다.

세상은 늘 화려한 것에 시선을 빼앗기지만, 진짜 아름다움은 오히려 색을 잃은 곳에 담겨 있다는 것.

- **Aha**(깨달음): 겉으로 보이는 빛과 색이 아니라, 그 빛을 바라보는 사람들의 마음속에 진짜 빛이 있다. 그리고 그 마음은 색을 잃었기에 더 깊고, 더 진하고, 더 아름답다.

노을이 지는 바닷가에서 화려한 세상이 아니라 묵묵히 서 있는 검은 실루엣 속에서 진짜 아름다움을 보았다.

그 아름다움이란 결국, 바라보는 사람들의 이야기, 그리고 그 안에 담긴 '나' 자신이었다.

- **닉네임**: 구름
- **Shortform 주제**: 조회
- **느낌**: 평화로움, 안정

- **Storytelling**:

숲길을 걷다가 문득 눈에 들어온 풍경이 있다. 하늘을 찌를 듯 키가 큰 삼나무들이 있고, 그 사이에는 중간 키의 나무들이 자리 잡고 있었다. 땅바닥에는 작은 풀들이 군락을 이루며 자라나고 있었다. 특히 바닥에 깔린 토끼풀이 눈길을 끌었다. 크고 작은 존재들이 서로 경쟁하지 않고 자연스럽게 어울려 살아가는 모습이었다.

숲은 혼돈 속의 질서가 살아 있는 공간이다. 키 큰 나무는 높은 곳에서 햇빛을 받으며 자란다. 그 아래 중간 키의 나무들은 큰 나무들이 만들어 준 그늘 덕분에 너무 뜨겁지 않은 환경 속에서 자란다. 그리고 맨 아래 작은 풀들은 강한 햇빛 대신 부드러운 산들바람과 적절한 습도 속에서 생명을 키운다.

서로 자리를 뺏지 않는다. 작은 풀들이 큰 나무에게 올라가겠다고 애쓰지 않고, 큰 나무도 작은 풀을 밟아 없애려 하지 않는다. 모두 자신의 자리에서 최선을 다해 살아가면서 전체의 아름다움을 만들어 낸다.

우리는 종종 비교 속에 산다. 누구보다 더 잘해야 한다는 압박, 더 커져야 한다는 욕심, 더 많은 것을 가져야 한다는 불안. 하지만 숲속의 존재들은 '함께' 살아가는 방식을 택했다. 큰 나무가 큰 그늘을 드리우면, 그 아래 작은 식물들은 그늘에 맞는 삶의 방식을 택한다. 누가 더 크고 누가 더 작다고 우열을 가리지 않는다. 그저 서로 다른 모습으로 어울려 한 장면을 완성할 뿐이다.

그 풍경 속에서 나는 문득 내 삶을 돌아보게 되었다. 나보다 뛰어난 사람, 나보다 부족한 사람, 나보다 앞서거나 뒤처진 사람들 속에서 나는 때로 다른 사람들과 비교했었다. 하지만 작은 토끼풀도 숲속을 아름답게 만드는 주인공 중 하나였다. 나도 내가 가진 모습 그대로, 내 자리를 지키며 어울려 살아가면 되는 것이 아닐까.

- **Aha**(깨달음): 숲속에서 본 크고 작은 존재들의 조화는 내게 큰 깨달음을 주었다. 삶은 경쟁이 아니라 조화이며, 비교가 아니라 어울림이다. 큰 나무가 있어 중간 나무가 살아가고, 중간 나무가 있어 작은 풀도 존재할 수 있다. 그리고 그 모든 것이 모여 하나의 아름다운 풍경을 만들어 낸다.

나도 내 자리에서 나답게 살아가자. 크고 작은 존재들이 어울려 숲이 되는 것처럼, 나 역시 누군가의 세상 속 작은 토끼풀 한 송이로서 아름다운 조화를 만들어 낼 수 있을 것이다.

- POMS-B 사전·사후 검사 및 해석

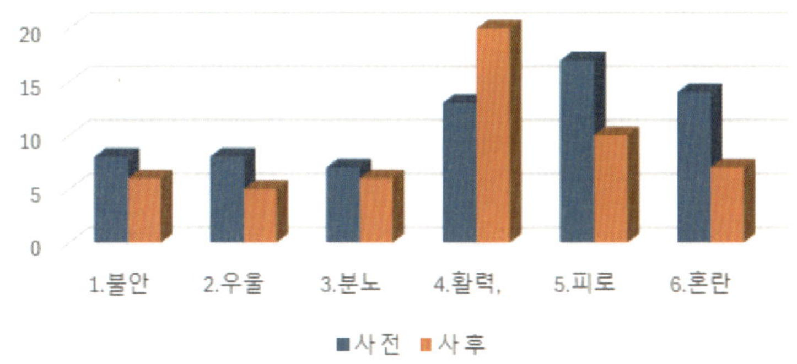

- H.T.P 사전·사후 검사 및 해석

| 해석 | **[사전]** 문이 활짝 열려 있는 것은 경계선의 취약으로 자기방어에 약한 것으로 보이며, 쓸쓸하고 외로운 정서의 가정으로 보임.
[사후] 집 주변에 태양, 울타리 등 부수적인 것들이 많이 등장하여 보다 안정적이고 따듯한 환경으로 느껴지며 울타리는 적절한 경계선을 세우고 있는 것으로 보임. |

| T R E E |  |

| 해석 | **[사전]** 튼튼한 자아 강도와 큰 비전과 꿈을 가지고 있으며 자기 능력과 자원이 있음을 인식하고 있으나, 현재 자기만의 공간이나 피난처를 필요로 하고 있음.
[사후] 튼튼한 자아에 열매가 등장하여 자기 목표와 성취 욕구가 생기고 있음을 나타냄. |

| P E R S O N | |

| 해석 | **[사전]** 식사를 하고 있는 그림으로 사람들과 소극적인 관계를 하고 있는 정서적 상태로 보임.
[사후] 화분의 꽃을 가꾸는 사람은 자기만의 소망을 직접적으로 가꾸고 성장시켜 나가는 자기 인식으로 보임. |

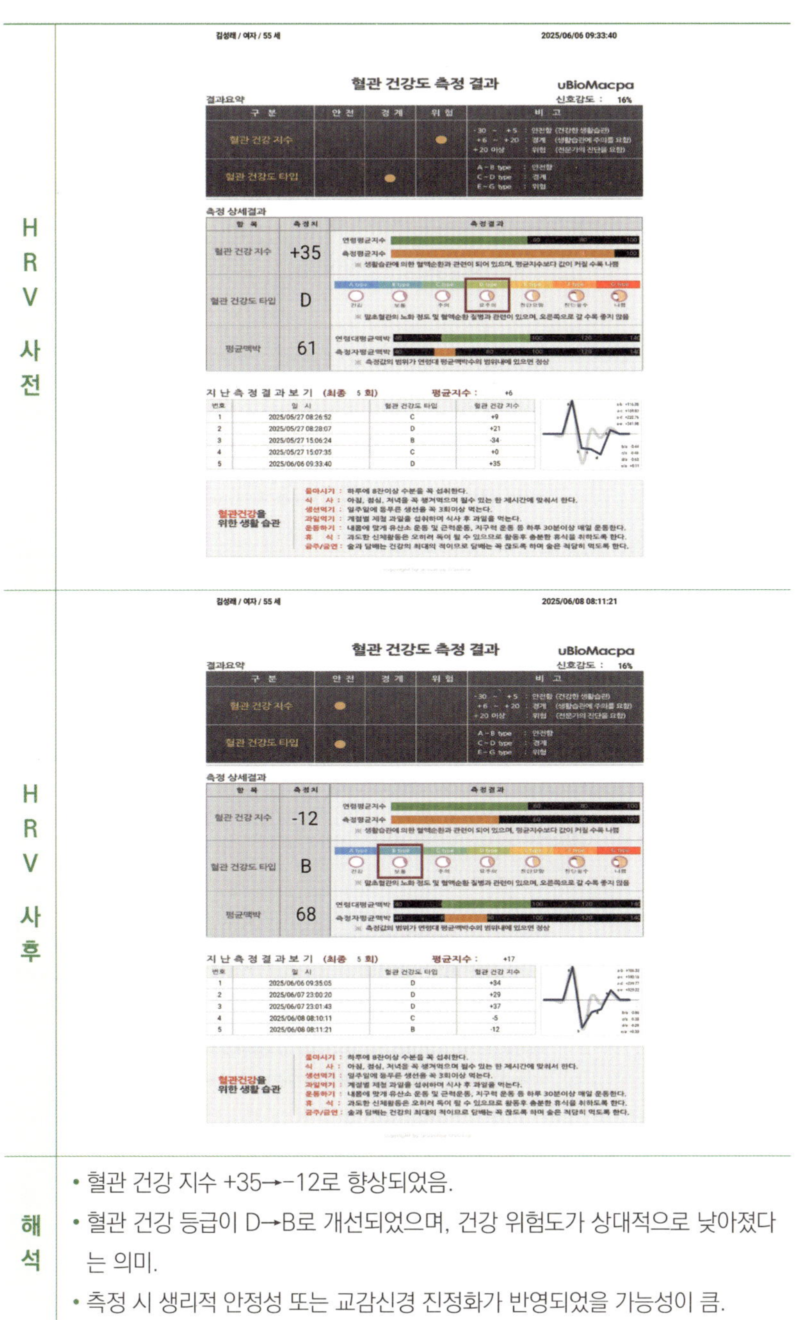

HRV 사전

HRV 사후

해석

- 혈관 건강 지수 +35→-12로 향상되었음.
- 혈관 건강 등급이 D→B로 개선되었으며, 건강 위험도가 상대적으로 낮아졌다는 의미.
- 측정 시 생리적 안정성 또는 교감신경 진정화가 반영되었을 가능성이 큼.

STRESS 사전	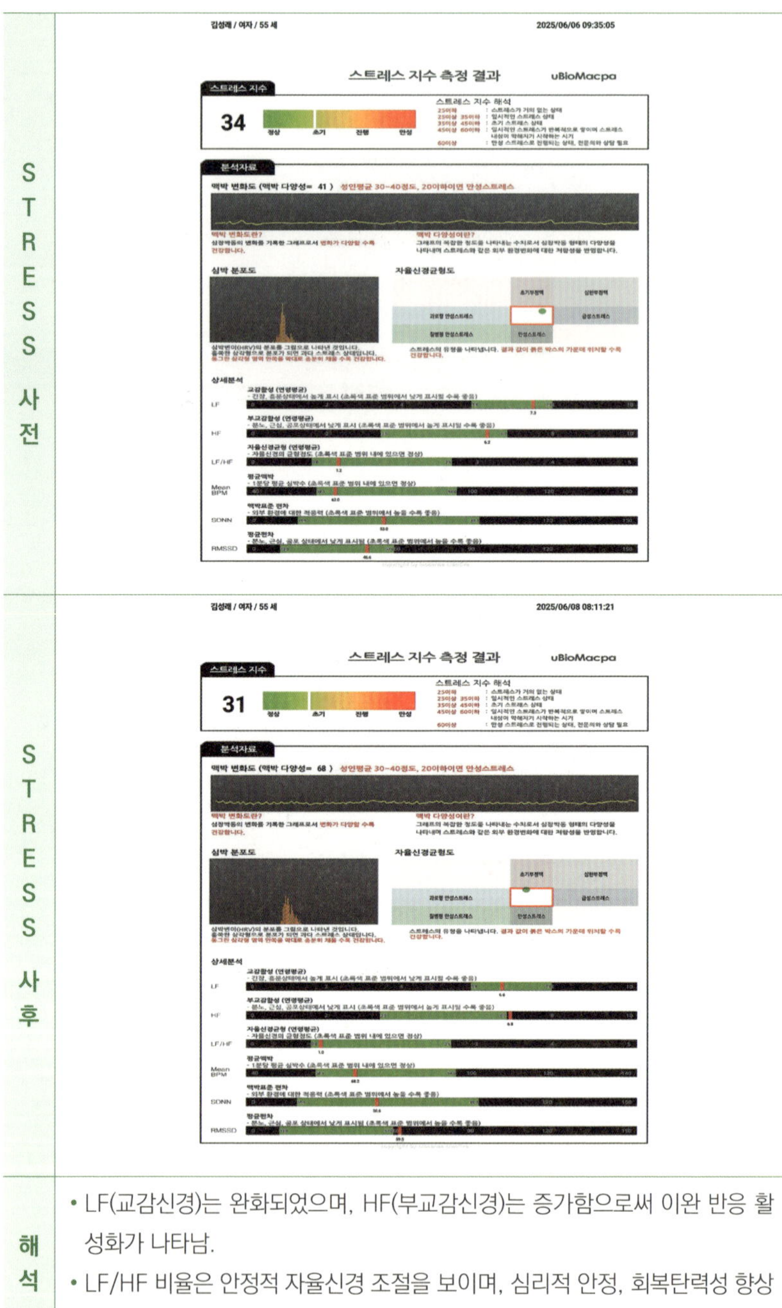
STRESS 사후	
해석	• LF(교감신경)는 완화되었으며, HF(부교감신경)는 증가함으로써 이완 반응 활성화가 나타남. • LF/HF 비율은 안정적 자율신경 조절을 보이며, 심리적 안정, 회복탄력성 향상의 전형적인 패턴을 보임.

Forest-Psyche Journey Integrated Model: FPJI

- **닉네임**: 바람
- **Shortform 주제**: 모랫길
- **느낌**: 홀가분한, 시원함

- Storytelling:

노을 진 바닷가의 소리를 듣다가 돌아서는데 모랫바닥이 눈에 들어왔다.

바다 생명체의 흔적, 사람들의 발자국.

모래와 파도가 만들어 놓은 그런 것들이 다양한 모습들을 보여 주고 있다.

나의 구겨진 마음들도 파도에 쓸려 나가는 기분이다.

자연에서 배우는 진리는 결코 역행하지 않는다는 것이다.

어떤 순간에도 순응하는 자세를 갖고 있는 것 같다. 사람들은 아쉬움이 있어 잠시 더 머무르기를 원하는 순간도 자연은 여지없이 해가 지고 깊은 어둠이 되어 버리고 또 다른 불빛들로 대체되고, 어느새 해가 뜨고 새로운 시작을 멈추지 않는다. 인간의 잠시 잠깐의 찰나의 멈춤과 지나침의 시간을 용납하지 않는다. 나는 지금 무얼 붙잡고 싶은가? 아니면 찰나의 순간으로 사라지기를 바라고 있는가?

순응하면서 제 역할을 하는 자연 앞에서 내 역할에 대해서 깨달아 보려고 잠시 머문다. 이 시간 또한 값진 시간으로 여겨질 거라 생각하니 마음은 좋다.

- **Aha**(깨달음): 잠시 잠깐의 찰나의 멈춤과 지나침의 시간을 용납하지 않는 자연을 보며, 내 진심은 무얼까를 깨닫게 된다. 관대함과 용서 사이에서, 멈춤과 지나침의 욕망 사이에서 갈등하고 있는 나를 발견한다. 선택은 나에게 있다.

- **닉네임**: 바람
- **Shortform 주제**: 나무의 공생
- **느낌**: 함께하는 삶

- **Storytelling**:

나무에 공생하는 덩굴 식물은 숲 생태계에 중요한 역할을 한다.

공생은 장단점이 있는 것 같다.

생물의 다양성을 증진시키고 숲의 곤충, 새 등의 서식지가 되어 준다. 하지만 광합성을 방해하여 나무를 지나치게 덮으면 나무의 성장을 방해한다.

덩굴 식물도 나무와 상호 보완적인 공생을 이룰 수도 있지만 과도할 경우 기생적 관계로 변질되어 나무에게 악영향을 줄 수도 있다는 생각을 해 보게 된다.

나의 삶을 되돌아볼 때 부부 관계에서나 자녀와의 관계 그리고 사회적인 관계에서 적절한 경계가 필요할 것 같다는 생각을 해 보게 된다.

- **Aha**(깨달음): 공생과 기생에서 어떻게 해야 하는지 균형이 필요할 것 같다. 삶의

균형을 갖자.

– POMS–B 사전·사후 검사 및 해석

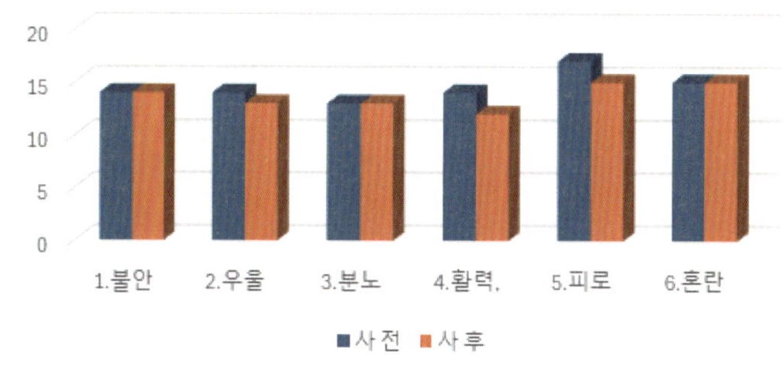

(14+14+13+17+15)–14
=59

→

(14+13+13+15+15)–12
=58

– H.T.P 사전·사후 검사 및 해석

	사전	사후
HOUSE		

[사전] 세밀한 표현의 집은 완벽주의적인 성향을 나타내며, 작은 것에 집착하고 열린 창문은 관계 욕구를 나타냄.

[사후] 집의 크기가 좀 더 커지고 선이 단조로워져 안정감이 들고 울타리가 사라져 관계에 있어 보다 자유로움을 나타냄.

TREE	
해석	**[사전]** 자아 강도가 강하고, 수관이 큰 것은 꿈과 비전이 큰 것으로 보이나 절단된 가지가 자기 능력이나 자원이 결핍되었다고 느끼고 있음. 새가 위축된 자기를 투사하며, 옹이로 지난 상처를 나타냄. **[사후]** 튼튼한 나무와 큰 수관은 그대로이며, 새가 사라진 것은 약한 자기 인식이 사라졌음을 상징함.
PERSON	
해석	**[사전]** 여성성이 있으며 약해 보이는 모습과 단추, 작은 그림은 의존성과 자기 존재에 대한 위축감을 나타냄. **[사후]** 사람의 크기가 커졌으며 자기 인식이 확대되었음을 나타냄.

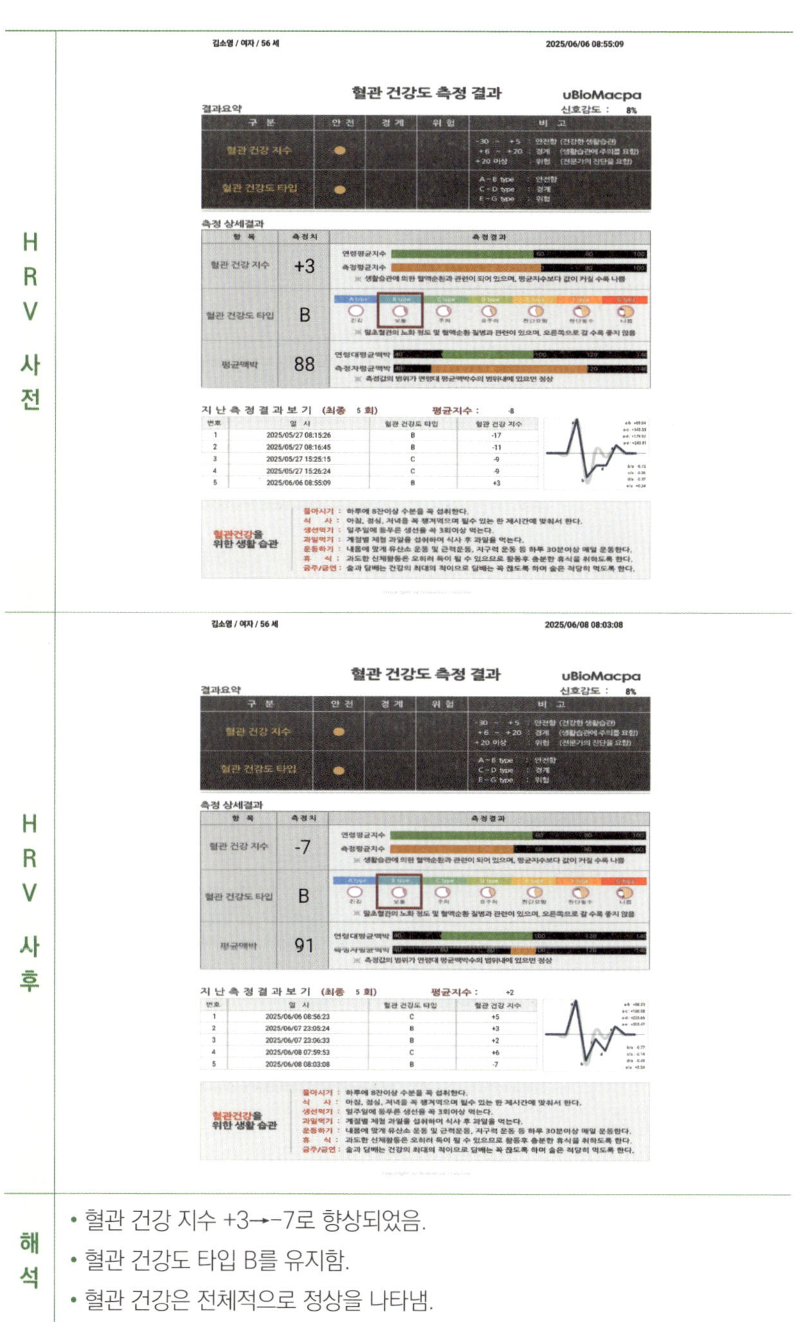

해석

- 혈관 건강 지수 +3→−7로 향상되었음.
- 혈관·건강도 타입 B를 유지함.
- 혈관 건강은 전체적으로 정상을 나타냄.

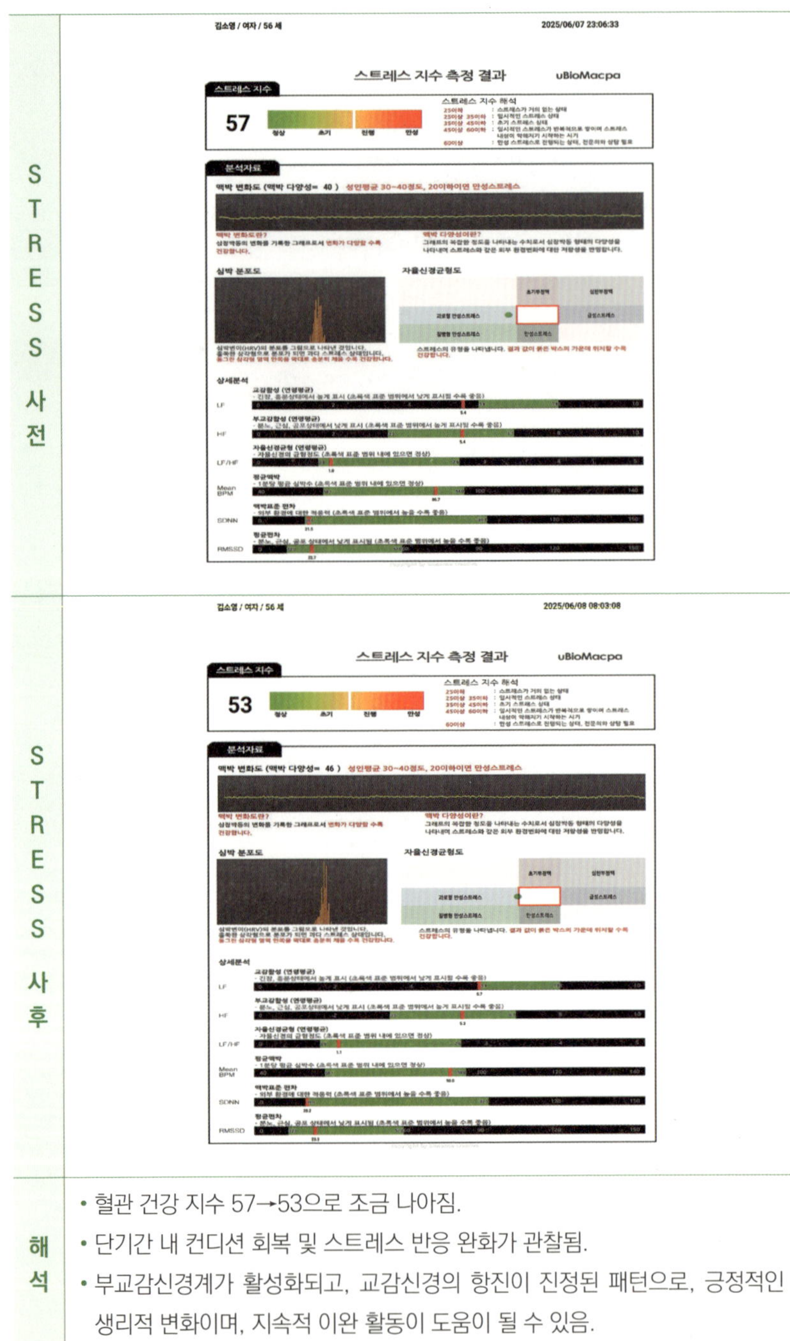

STRESS 사전

STRESS 사후

해석

- 혈관 건강 지수 57→53으로 조금 나아짐.
- 단기간 내 컨디션 회복 및 스트레스 반응 완화가 관찰됨.
- 부교감신경계가 활성화되고, 교감신경의 항진이 진정된 패턴으로, 긍정적인 생리적 변화이며, 지속적 이완 활동이 도움이 될 수 있음.

- **닉네임**: 산금

- **Shortform 주제**: 길들이기

- **느낌**: 호기심(갈매기는 어떤 생각을 하고 있을까?)

- **Storytelling**:

해변가 모래 위에 새우깡 봉지를 들고 있는 사람을 바라보며 생각해 보았다. 오랜 시간 바다라는 거친 자연환경 속에서 적응하며 살았을 갈매기들에게 사람이 던져 주는 과자가 낯설지 않게 된 풍경인 것이다. 갈매기들에게 인간은 이제 먹이를 주는 존재가 되었다. 처음엔 두려움과 호기심을 가지고 사람 주위를 비행하거나 다가갔을 행동들이 이제는 먹이라는 이득을 얻을 수 있다는 확신으로 과자를 들고 있는 인간을 향해 과감히 날아갈 수 있게 되었다. 그렇게 갈매기들은 사람에게 길들여진 것이다.

하지만, 길들여진다는 것은 상호 작용이어서 사람 역시 갈매기의 반응에 다시 과자를 던져 주게끔 길들여진 것은 아닐까 생각한다. 먹이를 기대하고 다가올 갈매기를 생각하며 사람들은 이제 새우깡을 준비하게 된 것이다. 접촉은 서로에게 영향을 끼친다. 사람과 갈매기가 이러하다면 사람과 사람 사이는 영향이 더 크지 않을까. 가랑비에 옷 젖듯이 우리는 서로에게 길들여지고 있는지도 모르겠다.

– **Aha**(깨달음): 결국 내가 길들이고 누가 길들여지는가 하는 의구심을 가지며 내 삶 속에서 나와 함께하고 있는 사람들과의 관계를 되짚어 보았다.

– **닉네임**: 산금
– **Shortform 주제**: 어울림(어우러짐)
– **느낌**: 평화, 안정

– Storytelling:

파도 소리가 들어 있는 시원한 바람이 불어온다. 새들의 지저귐과 보는 것만으로도 기분 좋은 나무의 그늘 속에서 볼거리 가득한 수목원을 걸었다. 정원사가 어울려 살기 좋도록 자리 잡아 가꾸어 놓은 이 속에서도 지금의 균형과 조화로움을 찾았을 것이다. 운이 좋아 환경에 적응을 잘 한 나무도 있을 것이고, 지금도 생존하기 위해 애를 쓰며 견디고 있는 나무도 있을 것이다.

그 치열한 경쟁이 우리 눈에는 그저 평화로운 어우러짐으로 보일 뿐이다. 그래, 우리네 삶도 멀리서 바라보면 아름답게 보일 것이다. 나의 삶도 달리다 넘어지고 일어서 나아가기를 반복하고 있다. 살기 위해 사는 게 아니라 행복하고 즐거운 삶에 대한 소망의 모습도 멀리서 본다면 그냥 매끈하게 윤이 날지도 모르겠다. 그래, 삶이란 본디 그런 것이지.

어우러져 살고 있는 나무들이 부르는 노래를 듣고 싶어서 비가 내리는 날 비옷을 입고 걷고 싶은 수목원이 하나 생겼다. 저들의 아름다운 모습이 나와 다르지 않으니 그래, 비교하고 부끄러워하지 말자. 지금까지 수고한 나의 삶, 앞으로도 지치지 말고 열심히 살아가자.

- **Aha**(깨달음): 나의 이야기가 잘 쓰여지고 있는가를 되돌아봄/여행의 마지막 날이라는 아쉬움, 차분함.
- **POMS-B 사전·사후 검사 및 해석**

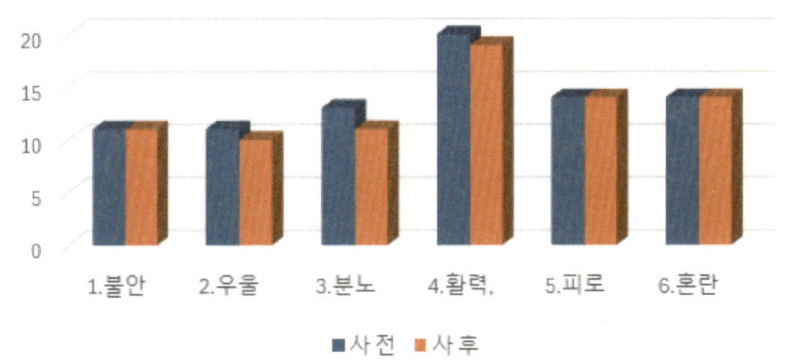

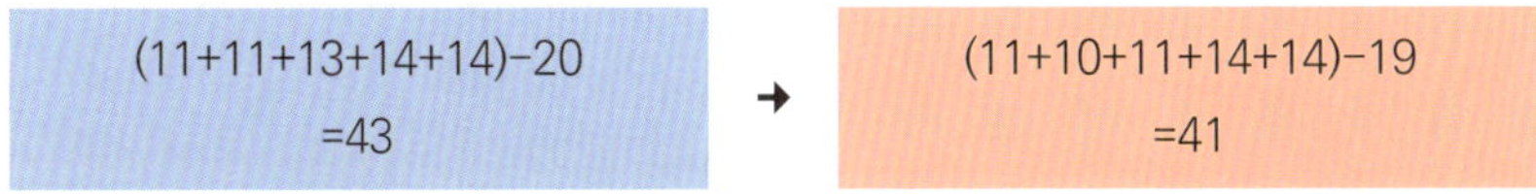

- **H.T.P 사전·사후 검사 및 해석**

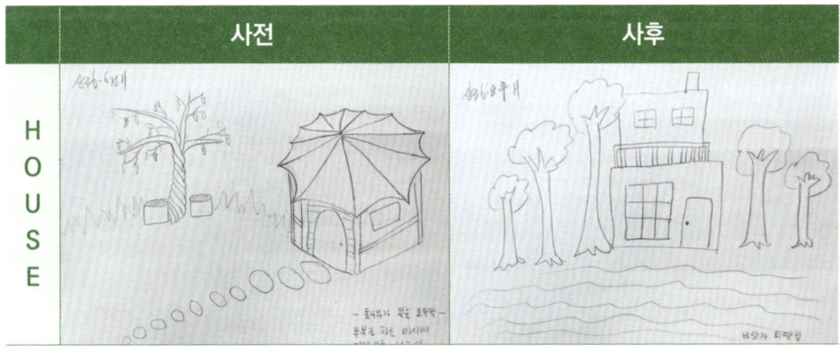

해석	**[사전]** 디딤돌로 이어진 별채 같은 집은 안정되지 않고 자기 방식만의 관계 형성 어려움을 나타내고 있음. 나무의 꼬여 있는 기둥은 내면의 어려움으로 보임. **[사후]** 견고한 집으로의 변화가 있으며 여러 그루의 나무는 자기 존재에 대한 고민을 하게 된 것으로 보임.
T R E E	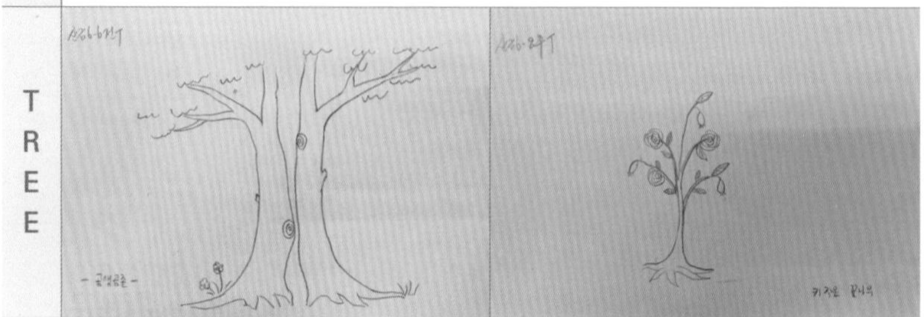
해석	**[사전]** 쌍둥이 나무는 자신의 존재에 대한 혼란이나 양가감정을 나타내고 있으며, 수관이 없는 것은 미래에 대한 소망의 불확실성으로 보임. **[사후]** 새싹 같은 꽃나무로 표현된 것이 혼란에서 새로운 자기 존재 인식과 자기다움의 꽃으로 바라보는 변화로 보임.
P E R S O N	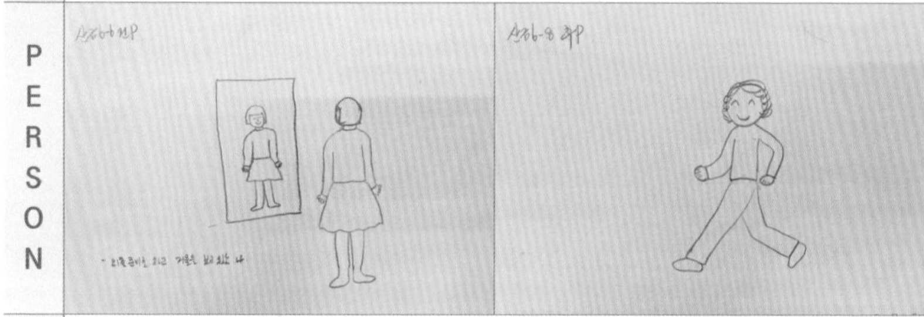
해석	**[사전]** 사진 속의 사람 표현으로 자기 직면의 어려움과 자기부정의 불편감이 있으며 실행이 힘든 경직성을 나타냄. **[사후]** 역동적인 움직임으로 실행하고 있는 모습으로의 변화가 있음.

- HRV 사전·사후 검사 및 해석

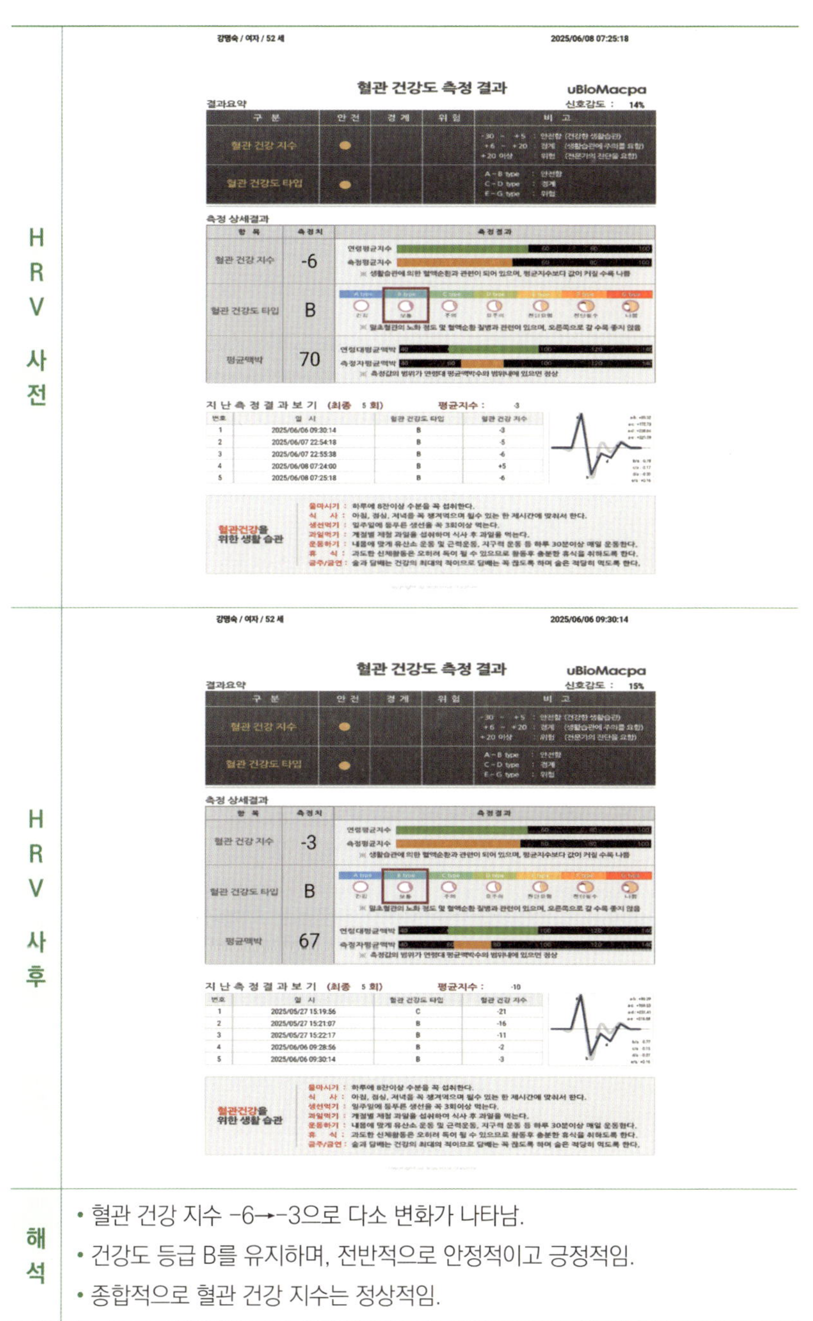

H R V 사 전	강명숙 / 여자 / 52 세 — 2025/06/08 07:25:18 혈관 건강도 측정 결과 (uBioMacpa)
H R V 사 후	강명숙 / 여자 / 52 세 — 2025/06/06 09:30:14 혈관 건강도 측정 결과 (uBioMacpa)

해석

- 혈관 건강 지수 −6→−3으로 다소 변화가 나타남.
- 건강도 등급 B를 유지하며, 전반적으로 안정적이고 긍정적임.
- 종합적으로 혈관 건강 지수는 정상적임.

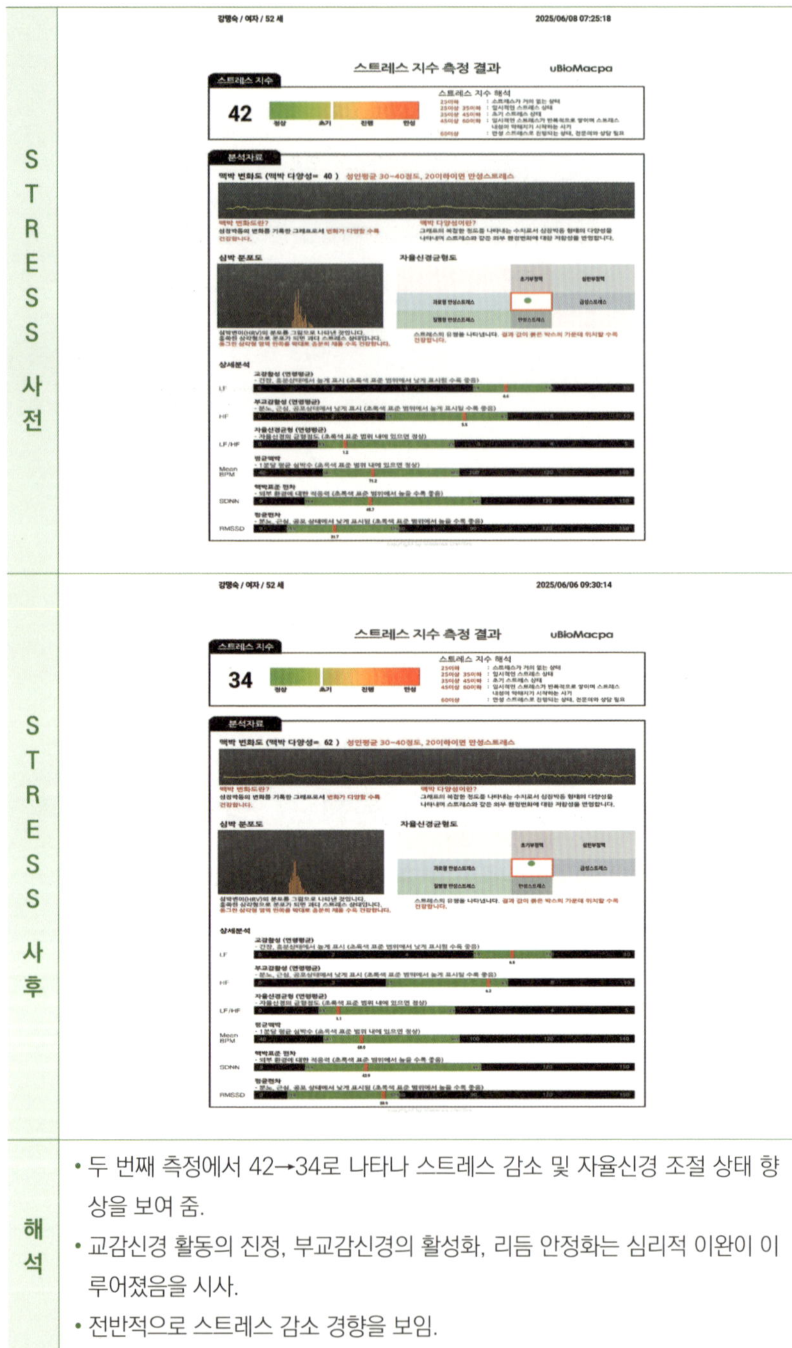

해석

- 두 번째 측정에서 42→34로 나타나 스트레스 감소 및 자율신경 조절 상태 향상을 보여 줌.
- 교감신경 활동의 진정, 부교감신경의 활성화, 리듬 안정화는 심리적 이완이 이루어졌음을 시사.
- 전반적으로 스트레스 감소 경향을 보임.

PROGRAM Ⅳ. 도시 숲(대전 한밭수목원)과 함께하는 산림치유 심리 여행

4기 | Sound of Inner
일시: 2025년 6월 15일(일)-6월 16일(월) 1박 2일
장소: 충남 대전(장태산 자연휴양림)

• **도심 공원 치유 숲**(대전 한밭수목원)

	시간	첫째 날	둘째 날	비고
오 전	07:00-08:00		기상/산책	
	08:00-09:00		아침 식사	
	09:00-10:00	테미오래 입구 집결	Group 모임 2 (마무리/나눔 시간)	
	10:00-10:30	사전 검사		
	10:30-12:00	테미오래 관람		

	12:00-13:00	점심 식사		
오후	13:00-14:00	자유 시간 (T-time)		
	14:00-15:00			
	15:00-16:00	한밭수목원 산책 (Shortform #1)		
	16:00-17:00			
	17:00-18:00			
	17:30-19:00	저녁 식사		
저녁	19:00-20:00	자유 시간		
	20:00-21:00	Group 모임 1 사후 검사		
	21:00-22:00			
	22:00-23:00	자유 시간		
	23:00-24:00	취침		

첫째 날: 2025년 6월 15일, 일요일

10:30-12:00, OT 및 사전 검사

- **HRV**(Heart Rate Variability)
- **POMS-B**(Profiles Of Mood States: 기분상태 검사)
- **HTP**(House, Tree, Person 그림 검사)

2025년 6월 15일(일요일)에서 16일(월요일)까지 1박 2일의 도시 숲 임상 모임을 진행하였다. 도시 숲에서의 산림치유 인자 가운데 소리경관(Soundscape)에 대한 산림치유와 심리를 이용한 효과성 연구를 위해 진행하였다. 산림치유 심리 여행을 통해서 치유적 접근을 진행하다 보니 여러 가지 제약점이 발생하게 되고, 고려해야 할 사항들이 발생하게 된다는 것을 알게 된다. 특히, 날씨의 영향, 너무 덥거나 너무 추울 때 야외에서 진행하기에 부담스러운 면이 있게 된다. 4기 모임을 진행하면서 갑자기 더위가 시작되면서 특히 도시 숲에서 진행하는 프로그램은 한낮에 모임을 하기에는 어려운 사항이 되었다. 급히 전날 모임 장소를 추가하고 변경하면서 일정이 변경되는 사항이 발생하게 되었다. 처음에는 도시 숲에서 모임을 한 후 점심 식사 후 장태산 숲에서 후속으로 모임을 진행하려고 했으나 갑자기 강한 햇볕과 30도에 육박하는 더운 날씨 때문에 실내로 변경하고 오후에 조금 무더위가 누그러지고, 조금 서늘하게 되는 4시 이후에 진행하기로 변경하였다.

테미오래는 1932년 충남도청이 공주에서 대전으로 옮겨 간 후 같은 시기에 지어진 '충남도지사 관사촌'이다.[50] 2012년 충남도청이 홍성으로 이전한 뒤 잠시 폐쇄되었지만, 2019년 4월 일반에 전면 개방되었다. 운영 시간은 화~일 오전 10시부터 오후 5시까지이며, 월요일은 휴관이다. 제법 많은 분이 가족과 연인들이 함께 방문해서 각 칸칸이 방별로 테마 주제별로 즐길 수 있도록 되어 있어서 더위도 식히고 시원하게 쉬면서 시간을 보내고 즐길 수 있었다. 테이블과 의자가 놓여 있는 곳에서 우리 일행은 사전 검사를 실시하고 시각, 청각, 후각 테마 룸에서 잠시 더위를 잊고 조금 쉴 수 있었다. 도지사 관사 건물과 건물 몇 채는 공사 중이라 들어갈 수 없어서 아쉽게 옛 관사 건물의 정원을 볼 수 없었고, 제대로 구경을 할 수 없어서 아쉬움이 컸다. 이런 갤러리나 정원을 선택할 때는 호불호가 있어서 선택할 때 많은 고민을 해야 할 것 같다. 나이, 성별에 따른 취향도 고려를 한다면 더 좋을 것 같다. 옆 건물로 이동하니 갤러리에서 미술 작품들이 전시되어 있어서 간단히 구경하고 식사 장소로 이동하였다.

식당이 매우 붐비는 시간이어서 사람들이 많아서 주차하는 데 시간이 많이 걸리고 조금의 웨이팅 후 맛있는 식사를 할 수 있었다. 4시가 되기에는 시간 여유가 있어서 가까운 카페에서 조금 쉼의 시간을 갖기로 하고 차를 주차한 상태로 걸어서 3분 거리에 위치한 대전 대형 교회 카페로 정하고 잠시 쉬었다 가기로 했다. 실내와 실외의 온도 차가 많이 나서 시간이 되었는데도 선뜻 나가기가 쉽지 않았다. 이런 날씨의 영향은 프로그램을 진행하는 데 있어서 미리 점검하고 여유 있게 시간 안배를 하는 것도 필요할 것 같다. 그리고 이동 거리나 식당 예약도 미리 정보를 수집한 후 되도록 예약을 하고 웨이팅 시간을 줄이고, 주차 문제도 신경을 써야 하는 부분이다.

자가용으로 10분 남짓 이동하니 대전 도시 숲을 이용할 수 있는 주차장이 나왔고 주차 후 대전 도시 숲으로 발걸음을 재촉하였다. 해가 기울어 가는 시간대인데도 햇볕은 여전히 강렬했고 다행히 차츰 먹구름이 몰려오더니 바람이 조금씩 불기 시작했다. 날씨가 많이 더운데도 가족 단위로 제법 많은 사람이 공원 여기저기서 돗자리를 펴 놓고 그늘을 찾아 쉬고 있는 모습과 다정한 아빠들은 더운데도 아이들과 자전거를 타면서 시간을 보내는 가족들도 눈에 띄었다. 이런 곳에서 임상을 진행할 수 있을까 하는 의구심을 안고 조금 걸어가니 도시 숲이 나왔다. 10분 정도 거닐다 설명을 한 후 각자 흩어져서 임상을 진행하기로 하고 5시 모임 장소를 공지한 후 시원한 그늘을 찾아 너 나 할 것 없이 숲으로 발걸음을 재촉했다. Shortform을 활용해서 유난히 발걸음을 멈추는 장소에 머물러 한 컷을 찍고 동영상을 촬영하였다. 그늘도 좋았지만 여기저기서 들리는 새소리들이 마음을 안정시키고 차분하게 해 주는 것 같았다. 도시 숲이 제법 잘 조성되어 있어서 시간이 조금 짧다는 생각을 하게 되었다.

19:00-20:00, 대전 장태산 자연휴양림

관람을 마치고 오늘 숙소인 장태산 자연휴양림으로 이동을 하였다. 한밭수목원에서 장태산 자연휴양림까지는 21km, 40분 정도 소요가 되는 거리였다. 숙소로 이동하면서 저녁 식사를 하고 들어가자는 의견이 있어서 급하게 이동 거리를 최소화하는 방향으로 장소를 섭외하고, 휴양림 입구에 있는 식당을 정하게 되었다. 식당에 들어서니 장대비가 내리기 시작하였고 우선 먼저 일어나서 숙소에 가서 체크인을 하고 차량이 한 대밖에 들어갈 수 없어서 입구에서 만나기로 하였다. 비가 많이 내려서 불편한 가운데 주차장으로 가서 짐을 싣고 숙소로 이동하였다.

장태산 자연휴양림은 국내 유일의 메타세쿼이아 숲이 울창하게 형성되어 있어서 이국적인 경관과 더불어 가족 단위 산림욕을 즐기기에 적합한 곳이다. 천혜의 자연경관과 잘 어우러진 이곳은 산책길이 잘 조성되어 있을 뿐만 아니라 건강 지압로, 출렁다리, 생태 연못, 그리고 장태산 정상의 형제바위 위에 있는 전망대에서는 낙조를 바라볼 수 있는 장군봉, 행상바위 등 기암괴석도 볼 수 있다.[51]

20:00-21:00, 휴식 및 자유 시간

여행에서의 날씨의 영향은 제일 중요한 것 같다. 예상치 않은 소나기로 인해 일정이 변경되고 산책을 하려고 했으나 숙소에서 보내는 시간으로 변경하였다. 숙소에 도착하여 짐을 풀고 자유 시간을 갖기로 하였다. 장태산 자연휴양림은 리모델링을 해서인지 숙소 상태가 양호한 편이고 깨끗해서 좋았다.

21:00-22:00, Group Counselling/사후 검사

잠시 쉼을 가진 후 그룹 모임을 위해 오늘 대전 한밭수목원에서의 Shortform을 활용해서 Soundscape Storytelling 작업을 하였다. 엉클어지고 어수선한 마음들이 한밭수목원에서의 동영상을 보면서 차분하게 가라앉고 글을 쓰면서 평온을 되찾게 되었다. 각자 글을 작성하고 둘러앉아 느낌들을 이야기하고 자신을 돌아보는 시간을 통해서 심리적인 안정감을 찾게 된 것 같다. 나눔을 한 후 사후 검사로 HTP, HRV, POMS-B 검사를 진행하였다.

둘째 날: 2025년 6월 16일

07:00-08:00, 기상 및 산책

비 온 뒤의 숲속 아침 산책로를 따라 울창한 메타세쿼이아들과 하늘을 찌를 듯 곧게 뻗은 경관 그 자체로 힐링이 되었다. 음이온과 향긋한 냄새, 악기를 연주하듯 울어 대는 새소리는 기분을 경쾌하게 만들었다. 비 온 뒤라 졸졸졸 소리 내며 흐르는 물소리는 기분을 상쾌하게 해 주었다. 잠시 벤치에 앉아 눈을 지그시 감고 명상하듯 심호흡을 한 후 들숨과 날숨으로 복식 호흡을 하며 잠깐의 정신을 가다듬고 앉아 있었다. 아침 산책을 하고 숙소로 가서 씻고 휴식을 가졌다.

08:00-09:00, Group Counselling/마무리

1박 2일의 여정을 마치면서 마무리 모임과 사후 검사를 최종 실시하였다.

- **HRV**(Heart Rate Variability)
- **POMS-B**(Profiles Of Mood States: 기분상태 검사)
- **HTP**(House, Tree, Person 그림 검사)

5) Soundscape와 Storytelling

Forest-Psyche Journey Integrated Model: FPJI

- **닉네임**: 향기
- **Shortform 주제**: Persona
- **느낌**: 안정감

– **Storytelling**:

무더위와 피곤함이 있는 오후 시간대 왁자지껄 공원에 모인 사람들의 소리가 조금은 분위기를 어수선하게 했지만, 수목원 안으로 들어가는 순간 숲의 분위기가 마음을 차분하게 했다. 도시 숲이라는 선입견에도 불구하고 막상 숲 안으로 들어서니 생각이 달랐다. 도시 숲은 접근성이 용이해서 쉽게 사람들이 이용하고, 여기저기서 자연의 소리보다는 차 소리, 사람들 소리, 아이들 소리, 다양한 소리들이 들리게 마련이다. 그러나 숲을 거닐다 벤치에 앉아 돗자리를 펴 놓고 편히 쉬고 싶다는 생각을 하게 되었다. 여러 새소리와 바람 소리, 시원하게 부는 바람이 피곤함을 사라지게 해 주었다. 시선을 끄는 장면을 발견하면서 잠시 생각을 하게 되는 순간이 되었다. 눈길을 끄는 장면은 나무 밑동에 쌓인 병충해 보호 천을 보는 순간 저 나무들이 인간에게 주는 혜택만큼 나무들을 보호하려는 노력들을 보게 되었다.

자기 자신을 보호하는 것도 중요하다는 것을 깨닫게 되었다.

처음에는 황토색 천을 보면서 보는 사람들로 하여금 옷이 패션 옷을 입은 것처럼 세련됨도 있고, 그러면서도 병충해도 막고, 질병도 막을 수 있는 것을 고민한 흔적이 느껴졌다. 감각 있는 분이 행정을 하신 것 같아 흐뭇했다. 심리학자 융은 Persona를 이야기하면서 인간은 상황에 맞게 적절한 가면을 쓰게 된다고 했다. 나를 있는 그대로 드러내는 것도 중요하다. 그러나 상황에 따라 적절하게 자기 자신을 지켜 내고 보호할 수 있는 것도 필요한 것 같다. 자연은 아낌없이 자기 자신을 내어 준다. 그리고 새들이 깃들고 바람이 머물고 인간에게 피톤치드를 통해 좋은 공기를 공급해 준다. 언제나 그 자리에서 묵묵하게 서 있다. 늘 사람들이 머물고 갈수 있도록 지켜 내는 것이다. 이제는 자신을 보호할 수 있는 것도 필요하다. 자기 자신에게 적절한 옷을 입히고, 적절한 가면도 필요한 것 같다.

내가 먼저 건강한 사람이 될 때, 넓은 품으로 안아 주고 포근한 마음으로 포용할 수 있는 사람이 되는 것이 중요할 것 같다.

도시 숲은 접근하기 용이하고 평지라서 걷기도 편리하고, 인공 호수 공원도 조성이 되어서 산림치유 인자를 골고루 갖춘 것 같다. 물론 백색소음이 있기는 하지만 장점이 많은 치유 장소로 손색이 없다고 본다. 시간이 짧다는 생각을 아쉬운 마음으로 가져가게 되었다.

– **Aha**(깨달음): 유연함을 위해 나를 지지하고 응원하자.

– **POMS-B 사전·사후 검사 및 해석**

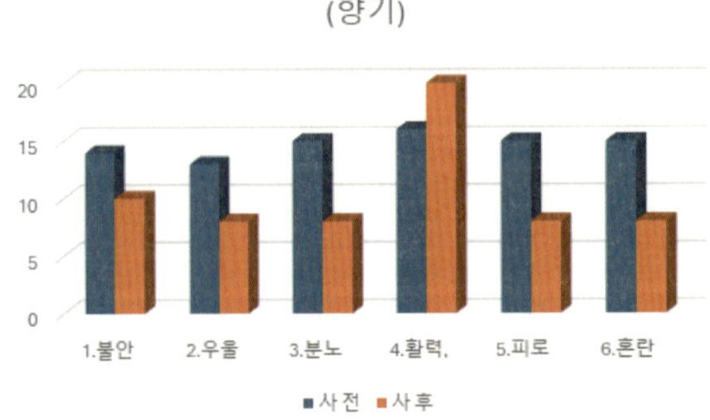

– H.T.P 사전·사후 검사 및 해석

	사전	사후
H O U S E		
해석	**[사전]** 생각이 많고 관계에 대한 욕구가 있으며, 늘 가정에 대한 과도한 걱정을 하고 있는 것으로 보임. **[사후]** 생각이 단순해지고 가정에 대한 과도한 관심과 걱정에서 어느 정도 자유로워진 것으로 보임.	
T R E E	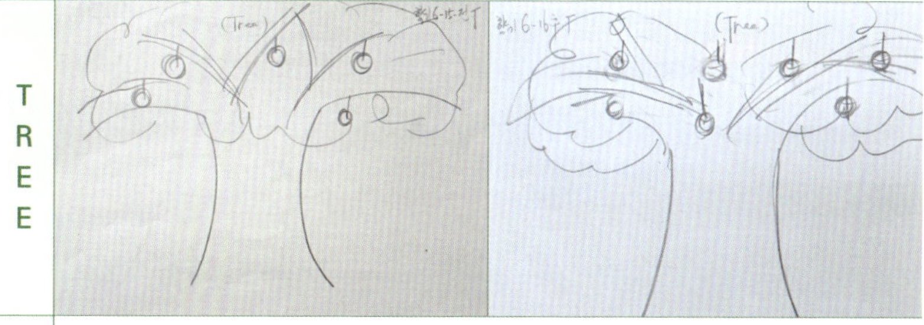	
해석	**[사전]** 튼튼한 나무로 자아의 강도가 좋은 것으로 보이며 미래의 소망과 성취에 대한 욕구가 있지만 다소 선명하지 않음. **[사후]** 수관과 열매가 더 풍성해졌으며 선명한 가지는 자신의 능력이나 자원에 대한 확신을 나타냄.	
P E R S O N	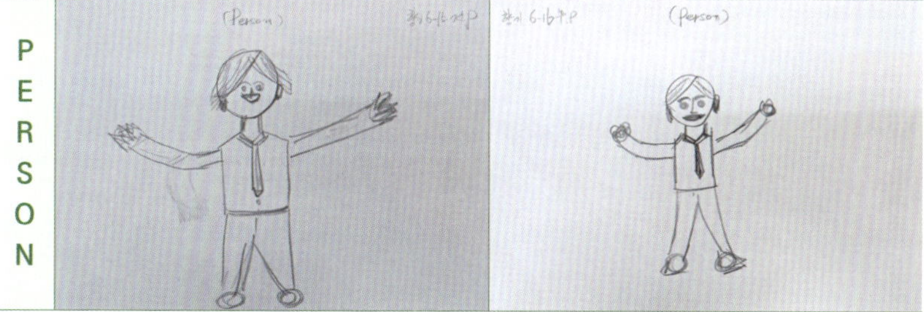	

| 해
석 | **[사전]** 필압이 강하고 머리카락이 강조되어 있어 자의식과 생각이 많으며 일의 수행에 대한 어려움을 나타내고 있음.
[사후] 사전과 비슷한 그림의 패턴으로 크기가 작아졌으며 말하고 싶은 욕구가 증가한 것으로 보임. |

– HRV 사전·사후 검사 및 해석

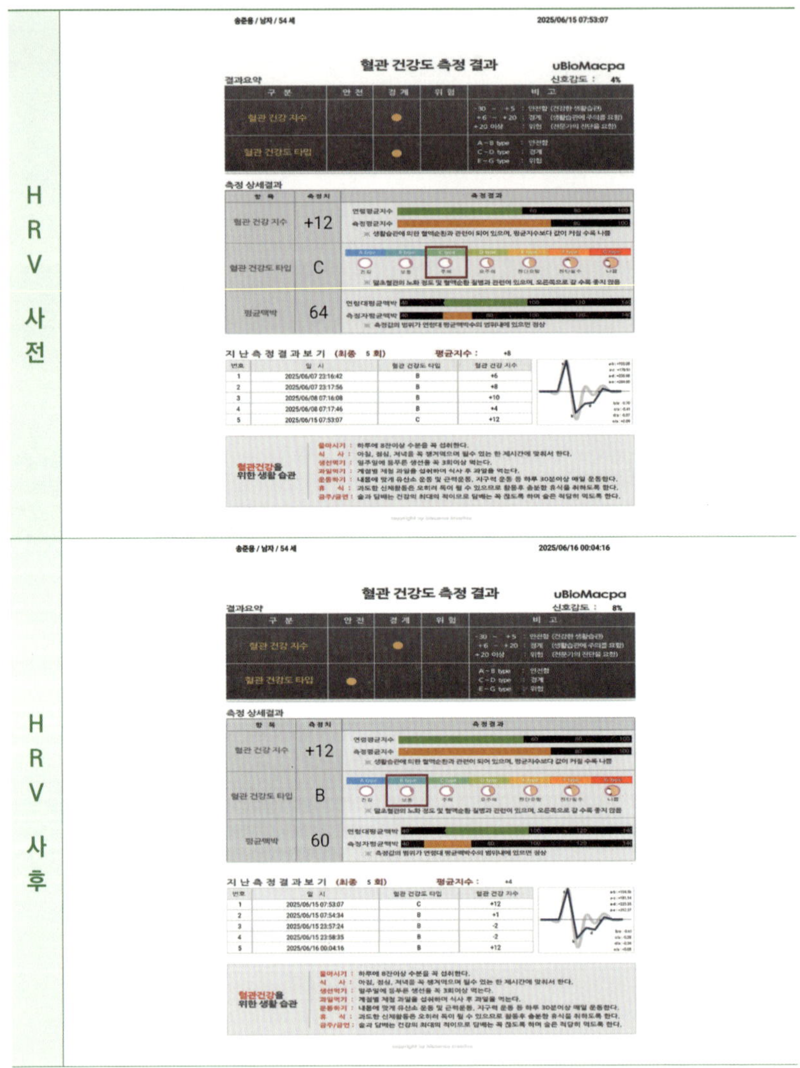

- 혈관 건강 지수는 12를 유지하고 있으나, 혈관 건강도 등급은 C(주의)→B(양호)로 상향 개선됨.
- 혈류량 지수는 소폭 낮아졌지만, 건강 위험 요인은 '없음'으로 판단.
- 혈관의 전반적인 기능과 탄성은 안정적으로 유지되고 있음.

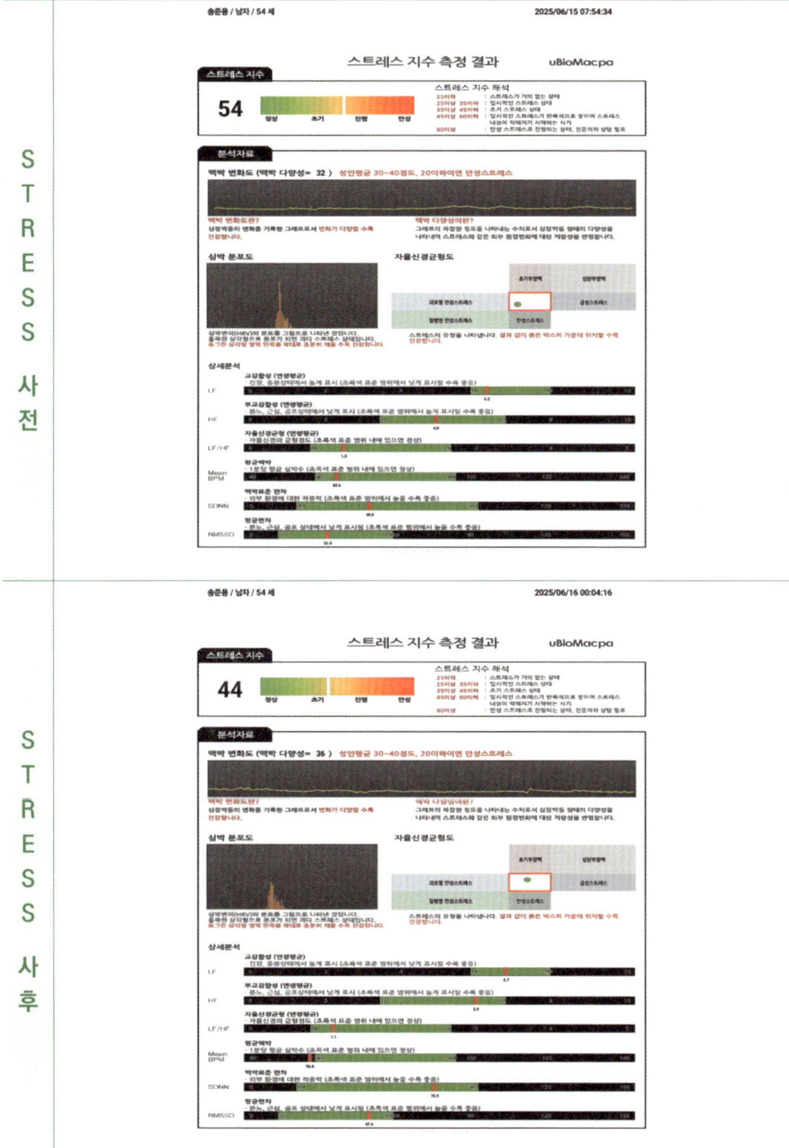

- 스트레스 지수는 '주의 단계(40-59)'로 동일하나, 수치가 54→44로 감소하여 스트레스 상태가 상당히 개선됨.
- 스트레스 지표가 전반적으로 낮아지고, 자율신경 균형/에너지/회복력은 모두 개선된 방향으로 변화했음.

Forest-Psyche Journey Integrated Model: FPJI

- **닉네임**: 새물내
- **Shortform 주제**: 딱딱한 평상, 가장 부드러운 쉼
- **느낌**: 피곤함, 지침, 멍함

- **Storytelling**:

며칠 잠을 설쳐서인지 눈이 뻑뻑하고 피곤하다. 온다는 비는 안 오고 내리쬐는 햇볕과 높은 습도로 몸이 처지고 지친다. 한밭수목원을 걷는 내내 축 늘어진 상추처럼 힘이 없다. 화려한 장미들이 향기로 유혹해도, 시원하게 뿜어내는 연못 분수의 물줄기도 나의 기운을 되살리기엔 역부족인 것 같다. 그늘을 찾아야 한다는 일념으로 공원을 누비는 도중, 아직 어른이 되지 않은 듯한 메타세쿼이아 나무들 사이 평상이 눈에 들어왔다. 사막에서 오아시스를 만나듯 홀린 발걸음이 그곳으로 옮겨졌다. 그리고 그대로 드러누워 버렸다.

눈이 감긴다. 누군가 나에게 묻는다. 가장 행복하고 편안했던 순간이 언제냐고…. "어렸을 때였어. 햇살이 따뜻하게 들어오는 집 대청마루에서 엄마 무릎에 누웠는데 엄마가 내 머리와 얼굴을 쓰다듬어 주셨어. 생각해 보면 그때가 가장 편안하고 행복했던 것 같아."

그런데 지금, 무디고 딱딱한 평상에 지친 몸을 누인 이 순간이 오히려 가장 편안하고 행복하다.

"침대는 과학이다."라는 모 회사의 광고 문구가 생각났다. 인체 과학적으로 만든 유명한 회사의 침대가 지금 내가 누운 딱딱한 이 평상만 할까? ㅎㅎㅎ 지금 나에겐 무디고 딱딱한 이 평상이 최고의 침대이고 휴식처이다.

문득, 나도 누군가에게 편안하고 행복한 존재일까? 고급 침대는 아닐지언정, 무디고 딱딱한 평상일지라도 누군가에게 편안하게 곁을 내주는 그런 사람일까?

메타세쿼이아 나무 사이로 간지럽히듯 살랑이는 바람이 볼을 스친다. 그리고, 나뭇잎 사이로 스며든 햇살이 조용히 말을 건넨다.

"괜찮아, 지금 이대로도 좋아."

– **Aha**(깨달음): 타인의 편안한 쉼이 되어 주는 사람이 되고 싶은 마음.

– **POMS-B 사전·사후 검사 및 해석**

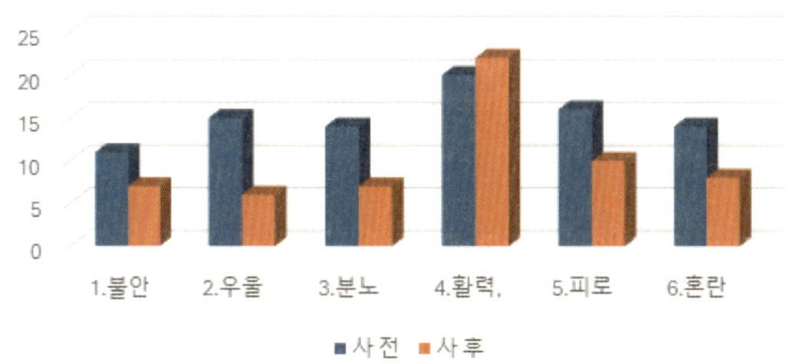

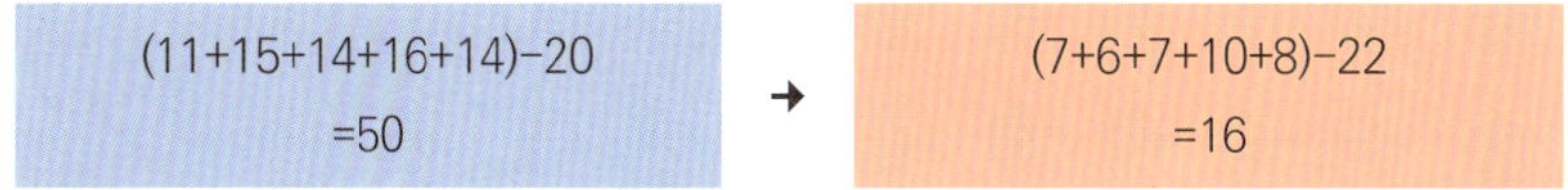

– H.T.P 사전·사후 검사 및 해석

	사전	사후
H O U S E		
해 석	**[사전]** 완벽주의적 성향과 집단생활 같은 가정환경을 나타내며 중앙의 작은 연못은 늘 있는 걱정, 근심을 나타냄. **[사후]** 사전과 비슷한 패턴의 집이지만 연못이 작아지고 가장자리로 비켜나 있는 것이 정서를 조절해 가고 있는 것으로 보이며 좌우의 나무는 가정 안에서 자기의 과거와 미래를 생각하고 있음.	
T R E E		
해 석	**[사전]** 이상적이고 몽상가적인 수관의 모양과 세 그루의 나무는 자아 정체감의 혼란한 상태를 나타냄. 의자는 쉬고 싶은 정서적 표현임. **[사후]** 한 그루의 나무가 되었으며 자기 존재감을 찾아가고 있는 것으로 보임. 새 둥지와 동물의 등장은 안전함을 추구하는 욕구로 보임.	
P E R S O N		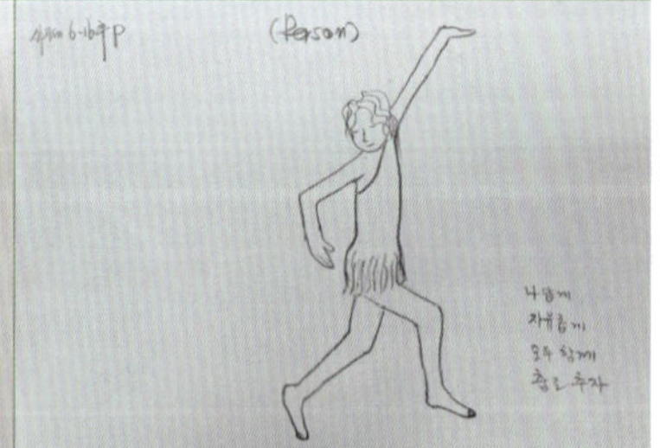

| **해석** | **[사전]** 세 사람이 춤을 추는 듯한 모습은 여러 사람과 함께하고 싶은 욕구인 동시에 자기 정체감의 혼란으로 보임.
[사후] 한 사람이 춤추는 동작으로 자기 정체감을 명확하게 찾은 것으로 보이며 활기 있는 내면의 에너지가 있음. |

– HRV 사전·사후 검사 및 해석

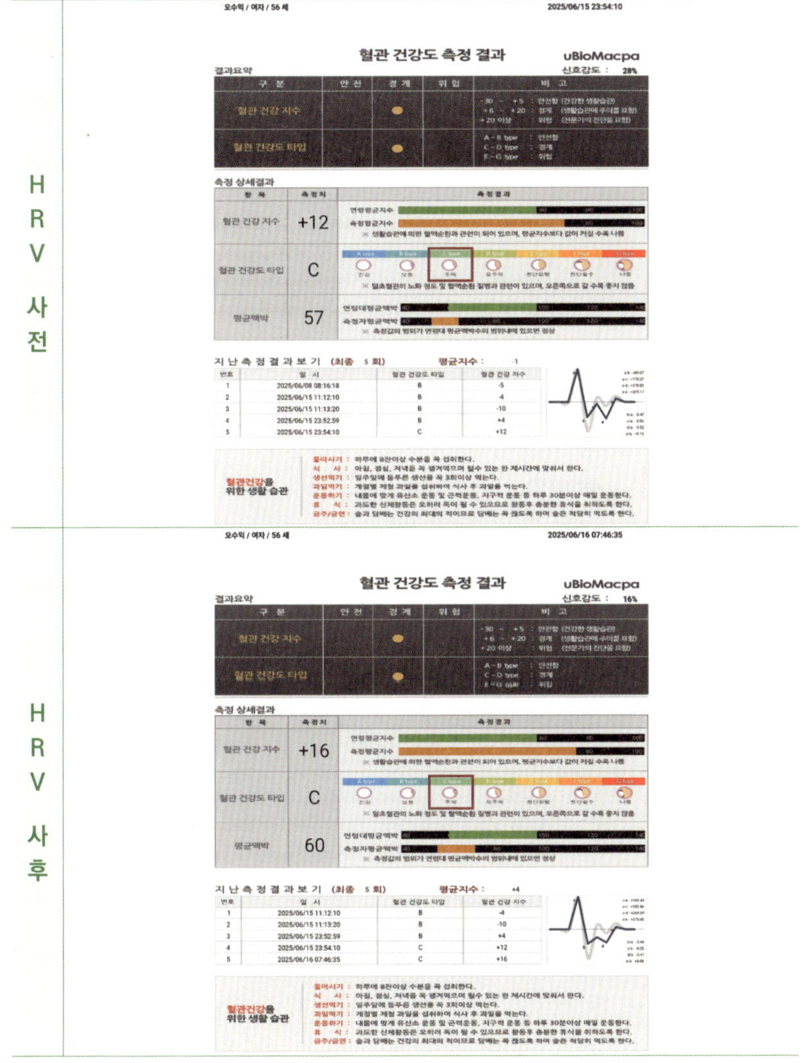

<table>
<tr>
<td>해
석</td>
<td>

- 혈관 건강 지수(12→16) 상승으로 나타나 다소 육체적 피로도 누적이 된 상태로 나타남.
- 혈관 건강 등급이 C 등급으로 혈관 건강 관리가 필요한 상태.

</td>
</tr>
<tr>
<td>S
T
R
E
S
S

사
전</td>
<td rowspan="2">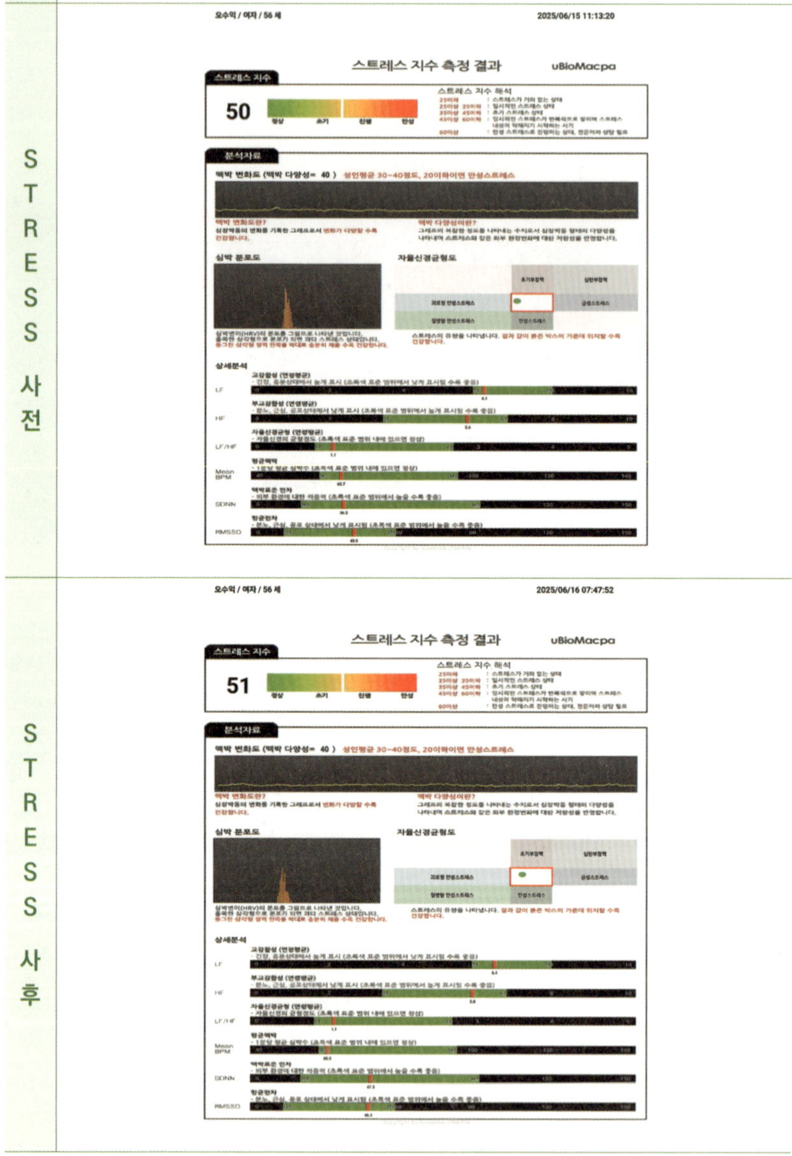</td>
</tr>
<tr>
<td>S
T
R
E
S
S

사
후</td>
</tr>
</table>

- • 스트레스 단계가 '주의 단계'에 해당되며, 스트레스가 다소 존재함을 의미.
- • 두 번째 결과에서 정신적 피로도와 신체 스트레스 지표가 약한 상승을 하였으며, 에너지 수준이 약간 감소함.
- • 심박 변이(HRV) 계열 지표는 큰 변화 없이 유지되어, 자율신경계 기능 자체는 안정적인 상태로 보임.

Forest-Psyche Journey Integrated Model: FPJI

- **닉네임**: 구름
- **Shortform 주제**: 확증 편향
- **느낌**: 미안함과 좀 더 성숙해짐

- Storytelling:

저 멀리, 분수가 하늘을 향해 물기둥을 쏘아 올리고 있다. 물안개 사이로 햇살이 부서지고 그 앞으론 바람에 흩날리는 나무들이 조용히 고개를 흔들고 있다. 여름의 초입, 자연은 그 자체로 하나의 풍경화 같았다

그때 내 눈에 들어온 건, 묘하게 다듬어진 나무 한 그루였다. 영화 「가위손」에서처럼 누군가의 손에서 잘 다듬어진 나무. 그런데 이상하게도 그 나무가 내 눈엔 고래처럼 보였다. 커다란 등과 매끈한 곡선, 깊은 바다를 유영하는 거대한 고래 한 마리가 육지 위에 정지해 있는 듯했다.

나는 흥분한 마음으로 핸드폰을 꺼내 영상을 찍기 시작했다. 천천히, 조금씩, 화

면을 확대해 갔다. 하지만 줌인이 될수록 그 고래는 점점 허물어졌다. 그저 주변 나무들과 겹쳐 만들어진 착각일 뿐, 고래는 없었다. 처음부터 없었던 것이다.

내가 보고 믿는 것들이 전부가 아닐 수 있음을…. 고래처럼 보였던 나무가 사실은 그냥 나무였듯, 세상의 많은 것이 내 시선 안에서 왜곡되어 있었을지도 모른다는 생각을 했다.

내가 옳다고 생각하는 것에만 집중해서 혹시 누군가를 힘들게 한 적은 없었을까. 상대의 이야기는 외면한 채 내 시선, 내 해석만 고집하며 살진 않았을까.

그런 생각이 드니 괜히 미안한 마음이 들었다.

가끔은 우리가 믿는 진실도, 멀리서 보면 착각일지 모른다고 자연이 조용히 일깨워 주었다.

앞으로는 한 발짝 물러서서 더 넓게, 더 천천히 바라보며 살아가야겠다고 다짐해 본다.

– Aha(깨달음): 가끔은 우리가 믿는 진실도, 멀리서 보면 착각일지 모른다고 자연이 조용히 일깨워 주었다. 앞으로는 한 발짝 물러서서 더 넓게, 더 천천히 바라보며 살아가야겠다고 다짐해 본다.

– POMS-B 사전·사후 검사 및 해석

POMS-B (기분상태검사)
(구름)

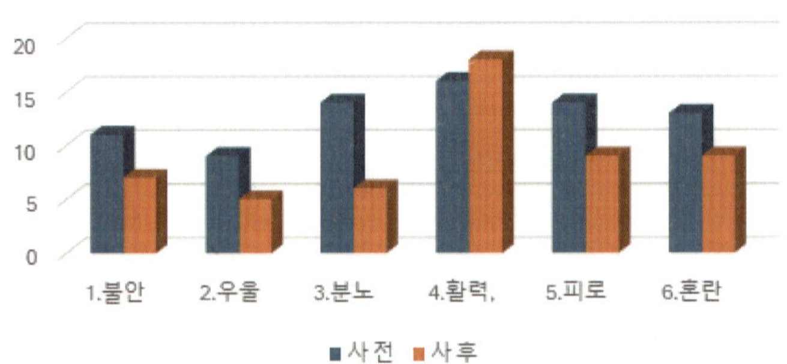

<table>
<tr><td align="center">(11+9+14+14+13)−16
=45</td><td align="center">→</td><td align="center">(7+5+6+9+9)−18
=18</td></tr>
</table>

− H.T.P 사전·사후 검사 및 해석

	사전	사후
HOUSE		
해석	**[사전]** 출입문과 창문이 열려 있어 관계의 욕구가 큰 것으로 보이며 약한 선은 심리적 위축으로 보임. 강아지 집은 자신만의 공간이 필요함을 나타냄. **[사후]** 집의 모양이 단순해졌으며 생각은 더 많아지고 실제적인 인간관계를 하고 있는 것으로 보임.	

	사전	사후
TREE		
해석	**[사전]** 자아가 강하고 성취에 대한 욕구가 강하지만 떨어지는 많은 낙엽은 그동안 실패와 좌절감이 있었음을 나타냄. **[사후]** 나무가 더 커지고 수관과 열매가 뚜렷해진 것은 선명한 비전과 성취에 대한 강한 욕구로 보이며, 실패와 좌절의 정도가 약해짐.	

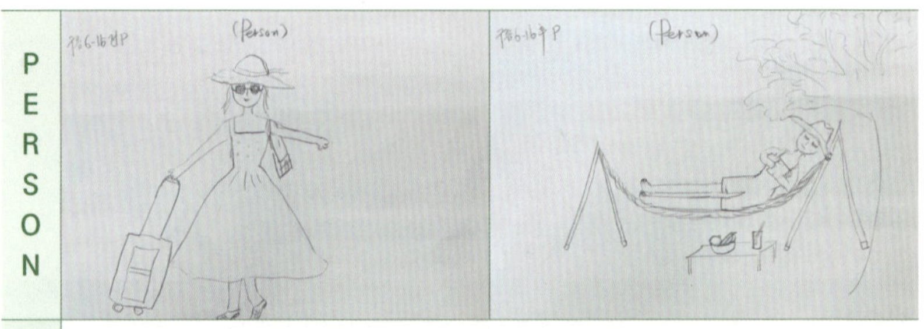

[사전] 여행 가는 사람으로 활동성을 나타내며 안경과 모자로 현실을 보고 싶지 않고 자기방어로 즐거움만 추구하고 있는 상태로 보임.

[사후] 활동보다 편안하게 쉬는 사람으로 여유가 느껴지며 무의식의 자기 인식을 하고 있는 모습으로 보임.

- HRV 사전·사후 검사 및 해석

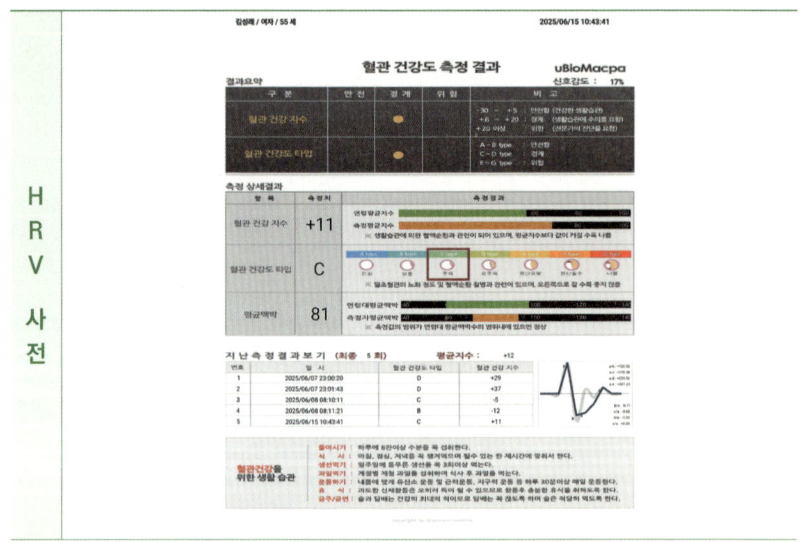

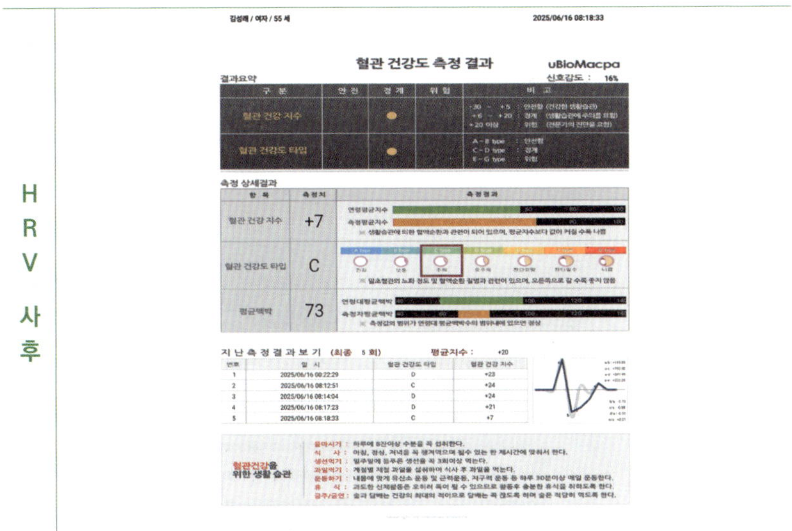

HRV 사후

해석

- 혈관 건강 지수 11→7로 감소
- 혈관 건강도는 '보통' 상태이며, 아직 위험 수준은 아니지만 특별 관리가 필요한 단계이다.
- 심리적 요인 또는 환경 변화가 전체적인 혈관 기능의 긍정적 변화에 영향을 미치게 됨.

STRESS 사전

S
T
R
E
S
S

사
후

해석

- 스트레스 지수가 51→45로 안정적인 상태로 변화함.
- 자율신경계 균형도 향상, 부교감신경이 활성화, 증가함으로써 이완 상태 또는 회복 중임.
- 두 결과 모두 스트레스 그래프의 큰 요동 없이 안정적으로 보이며, 두 번째 결과에서 더 안정적인 모습을 보이고 있음.

Forest-Psyche Journey Integrated Model: FPJI

– **닉네임**: 바람

– **Shortform 주제**: 인생은 도전이다

– **느낌**: 역경, 힘듦, 두려움

- **Storytelling**:

대전의 도시 숲 한밭수목원에 왔다.

수목원의 동원 쪽으로 들어가서 장미 정원과 수국이 있는 곳을 둘러보다가 발견한 커다란 바위, 그냥 바위가 아니라 굴곡이 심한 바위이다.

순간, 나도 모르게 상상한다. 큰 바위 밑에 있는 나는 개미 크기의 사람이 되어서 클라이밍 선수가 되어 암벽을 타기 시작한다. 위험한 순간이 있지만 호흡을 가다듬고 숨 고르기를 한 후 한 손 한 손 도전하는 모습을 상상한다. 어느새 나이가 50대 중반이 넘어 인생을 아는 것 같지만 아직도 잘 모르겠다. 하지만 힘들다가도 한숨 쉬어 가는 것이 인생이지 않을까? 지금 그대로의 나를 사랑하자. 나를 좀 더 사랑하자.

- **Aha**(깨달음): 지금 그대로의 나를 사랑하자. 나를 좀 더 사랑하자.

- **POMS-B 사전·사후 검사 및 해석**

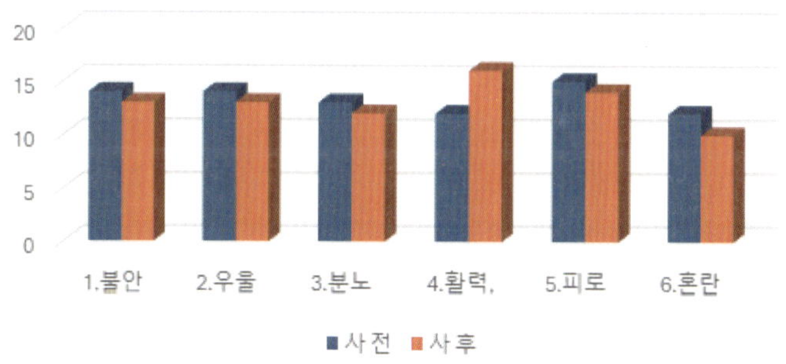

사전	사후

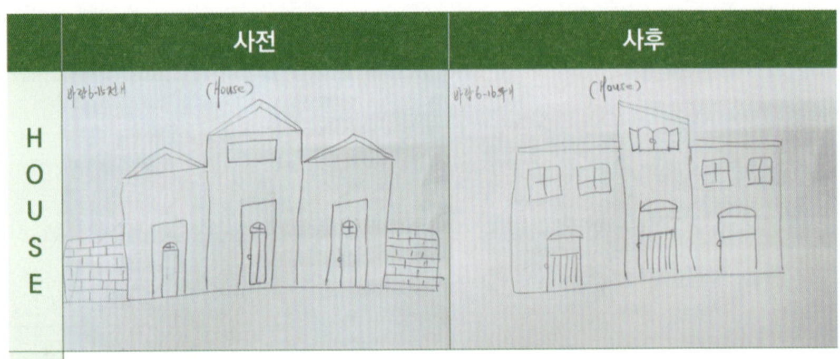

H O U S E

해석

[사전] 집이 성 같은 모습으로 울타리와 함께 갇혀 있는 것 같은 답답함이 느껴지며, 완벽주의적인 민감성이 있음.
[사후] 울타리가 사라져 조금은 더 집 같은 안정감과 자유로움이 보임.

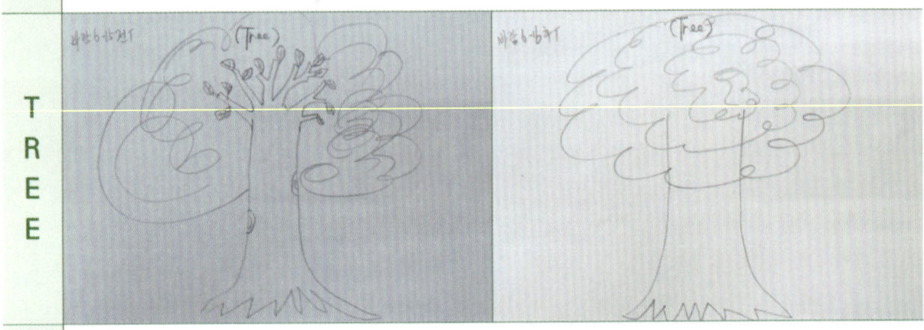

T R E E

해석

[사전] 풍성한 수관에 새잎이 돋아 있는 것이 새로운 시작을 의미하며 새는 누군가에게 도움이 되고 싶은 마음의 투사임. 날카로운 뿌리는 자기 존재의식에 대한 예민함을 나타냄.
[사후] 수관이 흐려진 것은 소망에 대한 불명확함을 나타내며, 새가 사라짐은 누군가를 돕는 것보다 자신에게 집중하고자 하는 내면을 나타냄.

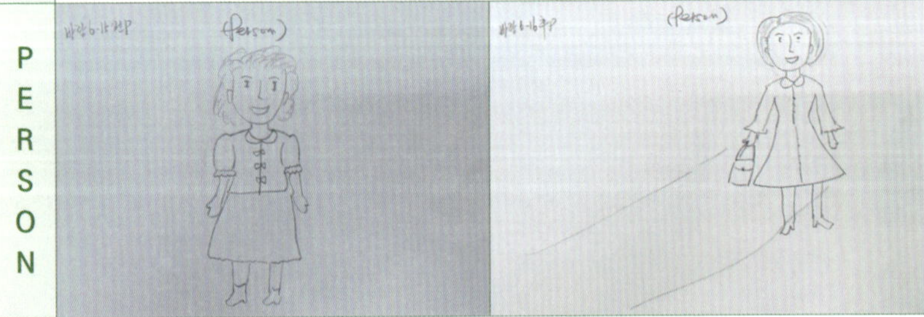

P E R S O N

해 석	**[사전]** 여성성이 있는 것으로 보이며 머리가 크고 눈동자가 나타나지 않고 있음은 심리적 불안정성과 현실을 보고 싶지 않은 정서를 나타냄. **[사후]** 몸의 유연성이 있고 전체적인 균형이 호전된 것으로 보아 심리적 안정성이 증가된 것으로 보이며, 가방은 해야 할 과제와 책임감을 인식한 것으로 보임.

– HRV 사전·사후 검사 및 해석

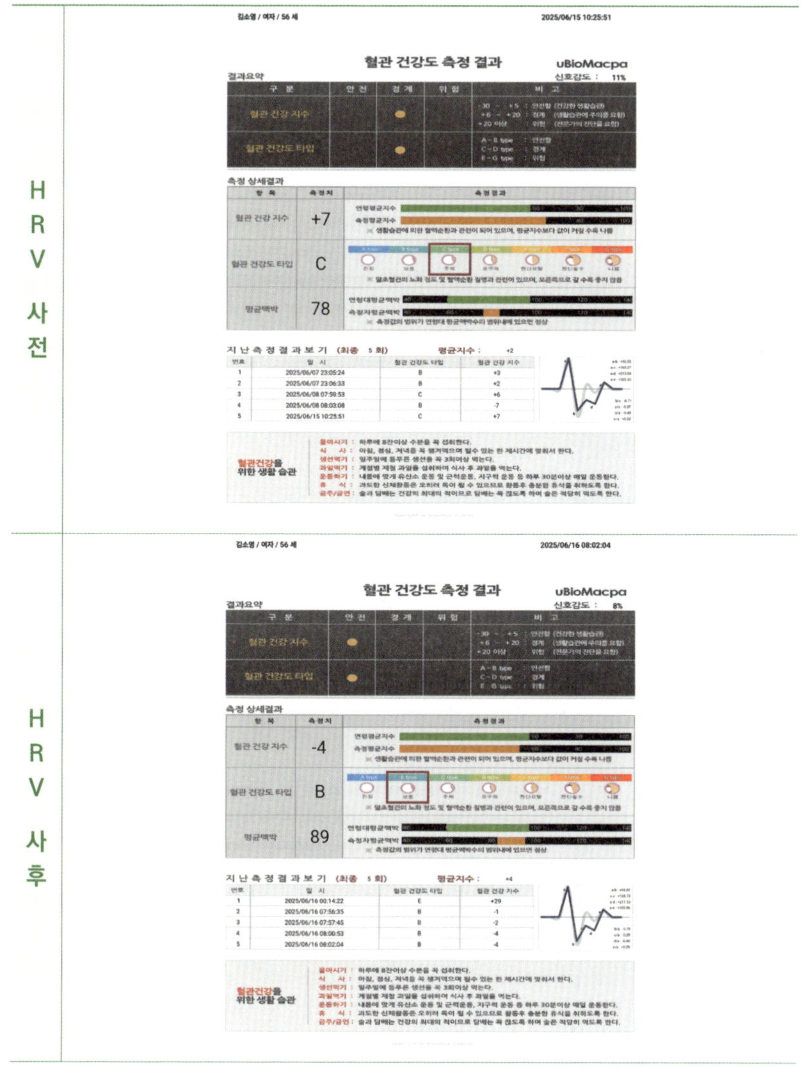

해석

- 혈관 건강도 측정 결과 경계에서 정상 범위 안에 들어감.
- 혈관 건강 지수 +7→-4로 향상됨.
- 혈관 타입: C 타입-'요주의' 단계에서 B 타입-보통/정상권으로 향상.

STRESS 사전

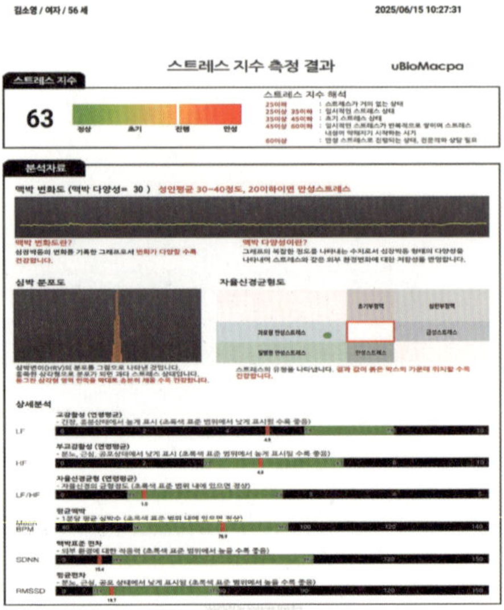
김소영 / 여자 / 56 세
2025/06/15 10:27:31
스트레스 지수 측정 결과
uBioMacpa
스트레스 지수
63
분석자료
맥박 변화도 (맥박 다양성= 30) 성인평균 30~40정도, 20이하이면 만성스트레스
심박 분포도
자율신경균형도
상세분석

STRESS 사후

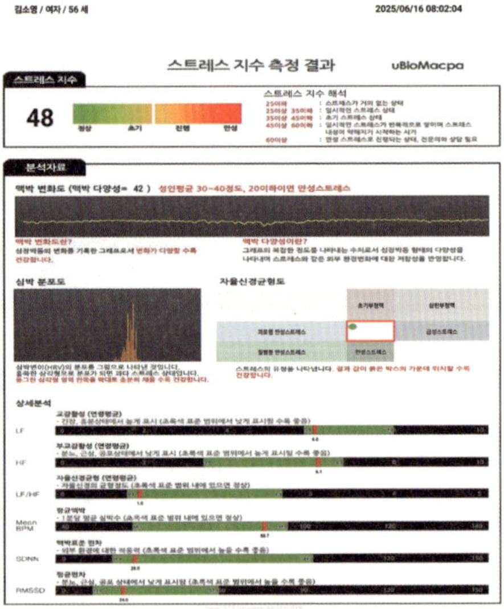
김소영 / 여자 / 56 세
2025/06/16 08:02:04
스트레스 지수 측정 결과
uBioMacpa
스트레스 지수
48
분석자료
맥박 변화도 (맥박 다양성= 42) 성인평균 30~40정도, 20이하이면 만성스트레스
심박 분포도
자율신경균형도
상세분석

- 스트레스 지수 63: 높은 스트레스 상태→48: 양호한 스트레스로 변화.
- 교감과 부교감이 불균형 상태에서 균형 상태로 잘 조절되고 있어 스트레스 회복 가능성이 보임.
- 전반적으로 건강한 자율신경 상태를 유지 중이며, 부교감신경도 잘 작동하고 있는 상태이다.

Forest-Psyche Journey Integrated Model: FPJI

– **닉네임**: 산금

– **Shortform 주제**: 어울림

– **느낌**: 안쓰러움, 지혜로움

– Storytelling:

여러 종류의 과일나무가 숲을 이루고 있는 곳을 걷고 있는데, 옆으로 쓰러지듯 서 있는 나무가 눈에 들어왔다. 무리를 이룬 자엽꽃 자두나무 중에는 곧은 자세로 하늘을 향해 가지를 뻗어 햇볕을 충분히 받는 나무가 있는가 하면 옆으로 비스듬히 누워서 다른 나무에 가리지 않는 곳으로 가지를 뻗어 햇볕은 받고 있는 나무도 있었다.

살기 위한 눈치와 노력은 이분이 아니었다. 나무들은 잎 많은 가지로 짙은 그늘을 드리워 풀이 자라는 것을 방해했다. 풀이 자라면 땅의 영양분을 나누어야 할 테니 그 늘로 성장을 방해하는 것이다. 어떻게든 햇빛을 얻으리라, 풀들에게 양분을 빼앗기지 않으리라. 치열한 나무들의 몸짓이 안쓰러우면서도 지혜로와 놀라게 된다.

살기 위해서 애쓰는 것은 나무와 사람이 어찌 다를까. 내 일상도 그러할 것이다. 바쁘고 피곤한 하루하루가 비스듬히 누워 자란 자엽꽃 자두나무를 닮았다.

별이 빛나는 깊은 밤, 자엽꽃 자두나무가 잠들어 꾸는 꿈을 어렴풋이 알 것 같다.

– Aha(깨달음): 살아 내기 위한 눈치와 지혜가 보였다. 내가 살고 있는 삶의 모습도 생각해 보았다.

– POMS-B 사전·사후 검사 및 해석

POMS-B (기분상태검사)
(산금)

– H.T.P 사전·사후 검사 및 해석

해석	**[사전]** 집의 모양과 균형이 불안정하고 디딤돌로 표현된 것은 가정에서의 심리적 불안감과 자기 방식대로의 경직된 인간관계를 하고 있음을 나타냄. **[사후]** 안정감 있는 집이 되었으며 디딤돌이 사라져 자기 고집에서 자유로워진 것으로 보임. 나무의 등장은 가정 안에서 자기 인식이 되고 있음을 나타냄.

해석	**[사전]** 쌍둥이 나무로 자기 존재에 대한 혼란으로 보이며, 새와 의자는 희생하고 있는 자신에 대한 투사로 보임. **[사후]** 여러 그루의 나무는 쌍둥이 나무의 혼란에서 자기 정체감을 찾아가려는 더 많은 고민을 하고 있음을 나타내고 있으며 단순하고 기계적인 탐색의 과정으로 보임.

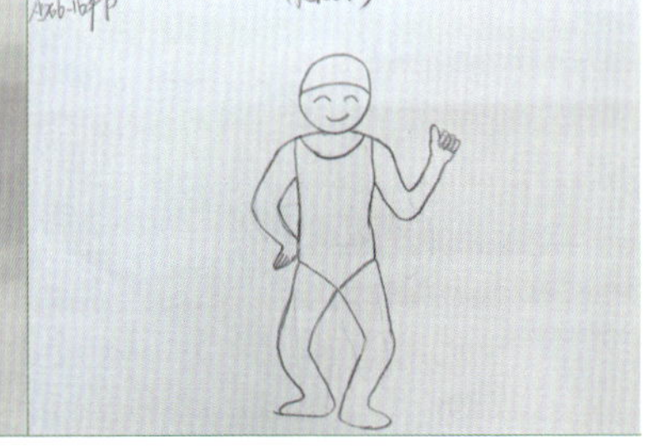

해석	**[사전]** 해가 있고 양산을 쓰고 있는 모습으로, 좋은 날들이지만 스트레스가 있는 상태로 보이며, 무언가를 해야 하는 책임감을 느끼고 있음. **[사후]** 수영복을 입고 있는 즐거운 모습으로 스트레스가 사라지고 자신감 있는 모습을 하고 있음.

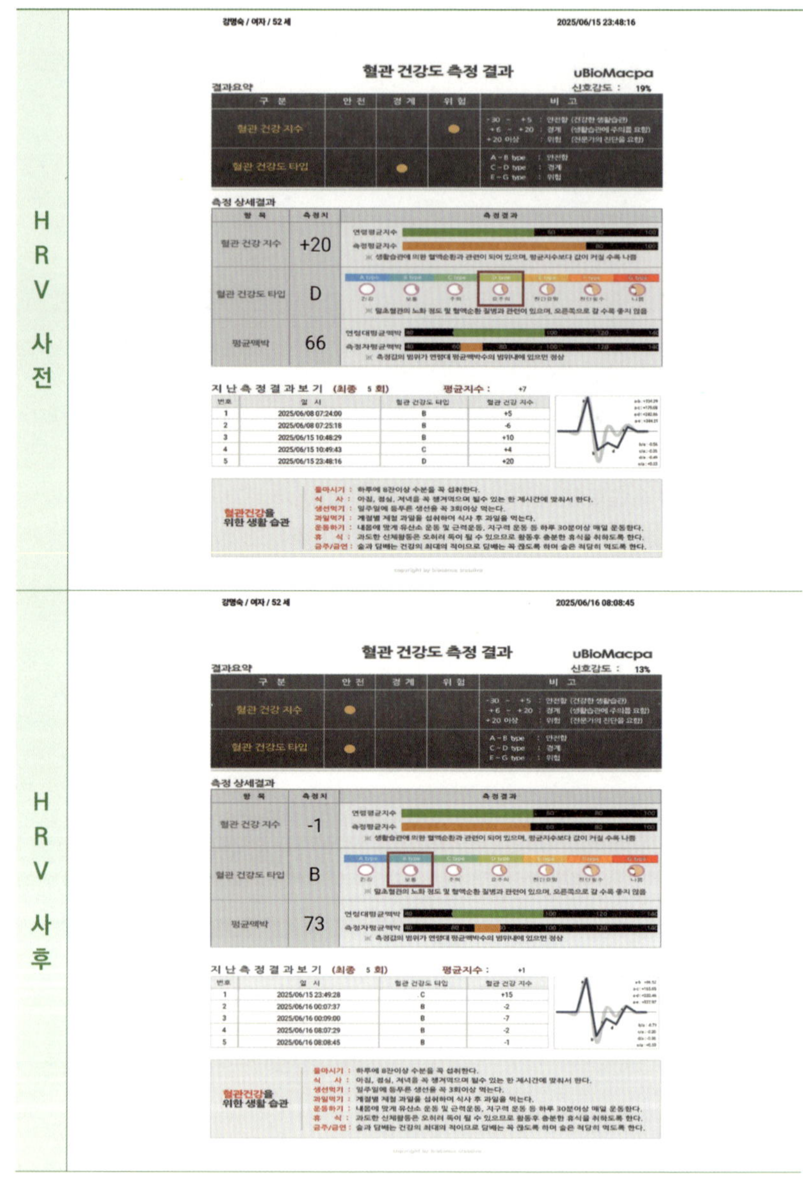

- 혈관 건강도 측정 결과
- 혈관 건강 지수 +20→-1로 향상되었음.
- 혈관 타입: D 타입-'요주의' 단계에서 B 타입-보통/정상권으로 좋아짐.
- 혈관 건강도는 '위험'에서 '안정' 범위 안에 들어감.

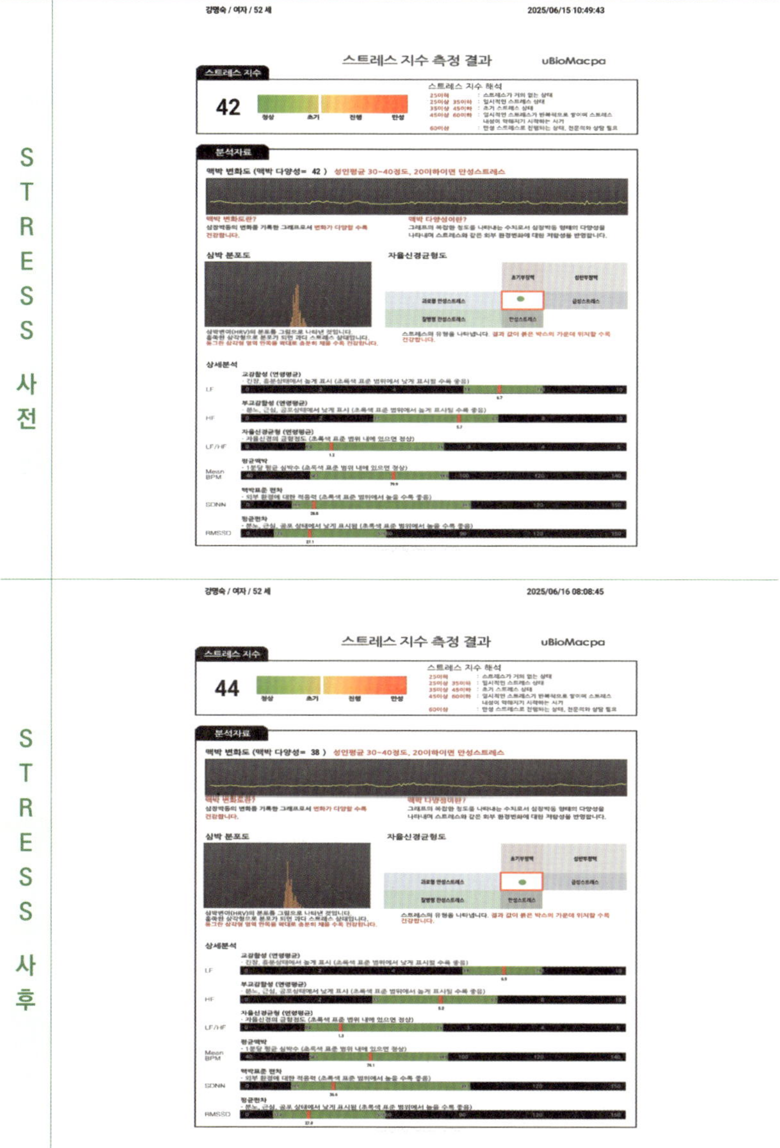

- 자율신경 조절 상태는 '안정 스트레스' 범위(44)로, 스트레스가 크지 않고 심신 상태가 조화롭다.
- 중앙에 가까운 점 위치는 교감과 부교감이 잘 조절되고 있다.
- 전반적으로 건강한 자율신경 상태를 유지 중이며, 과도한 교감신경 항진도 없고, 부교감신경도 잘 작동하고 있는 상태이다.

PROGRAM Ⅴ. 단기 프로그램과 함께하는 산림치유 심리 여행

단기 프로그램으로 1일 2hr 진행

6) Soundscape와 Storytelling

Shortform을 활용한 Soundscape 산림치유

닉네임: 향기	
Shortform **주제:나무와 같은 존재**	
감정: 든든함	

Storytelling:

커다란 나무 밑에 앉아서 무언가를 보고 있는 한사람을 지켜주듯 우뚝 서있는 나무 한 그루가 든든하게 느껴진다. 그늘이 되어 주기도 하고, 바람을 막아 주기도 하고, 때론 새들이 머물기도 하고, 시원한 바람을 불게 해주기도 한다. 살아온 뒤를 돌아보니 언제나 혼자라고 외롭게 느껴졌던 시절을 생각하면 그때 마다 혼자가 아니라 늘 곁에서 지지하고 응원해준 많은 사람들이 있었다는 걸 알게 되었다. 내가 느끼지 못하고 깨닫지 못하는 순간까지 외로움으로 포장하고 힘들어했던 기억이 나면서 "든든한 나무 " 처럼 굳이 이야기 하지 않아도 묵묵히 바라봐 주는 가족, 아내, 자녀, 동료들이 든든함의 상징이라는 것을 깨닫게 되면서 고맙고 감사하다. 나도 "든든한 대상이 되어주고 싶다 " 그리고 나는 나 스스로를 누구보다 지지하고 응원한다.

Aha(깨달음):내가 나를 지지하고 응원 하자.

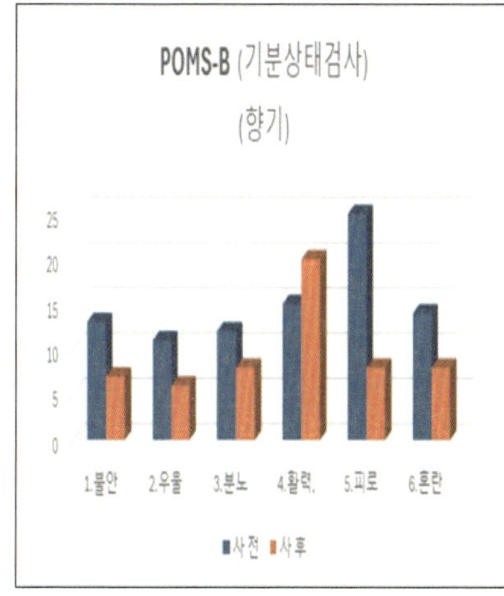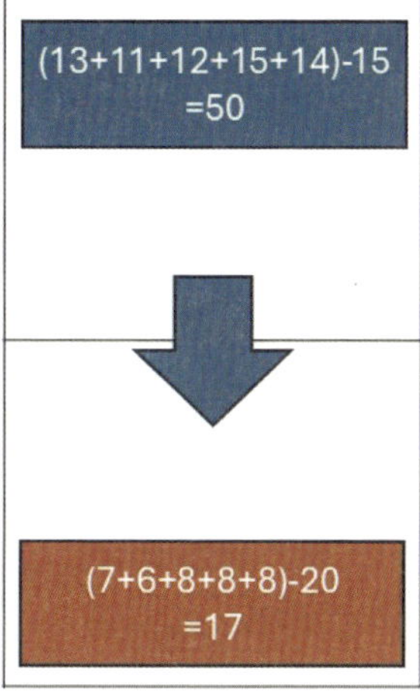

Shortform을 활용한 Soundscape 산림치유

닉네임: 구름	
Shortform 주제:뒤집어 보면 더 아름답게 보인다.	
감정: 산만,부산함	
Storytelling:	

오래된 성터 오래 된 나무들이 버티고 서 있다. 한아름을 넘어 두세 명이 손을 맞잡고 둘레를 재 보도록 세월만큼 두꺼운 나무들, 그 앞 그루터기, 그 나무도 본디 얼마나 두껍게 잘 자라던 나무였는지 남은 크기로 가늠한다. 길가 옆 차들 사이로 존재하는 성터이기에 찾는이 많지 않고 새소리보다 자동차 소리가 크게 들리지만 그루터기는 다른 나무를 위해 자신을 희생했는가 보다. 그루터기 뒤에 있는 나무가 더 커보이며 웅장해 보였다. 가족을 위해 희생했다고만 생각했던 내 삶의 어느 순간도 저 잘려진 그루터기와 같지 않을까. 내 모습 뒤로 가족들이, 주변이 더 빛나 보일 수 있었다면 그 또한 비움으로 이룬 나의 즐거움 아니었을까.

Aha(깨달음):비우고 내려오면 충분히 아름다울 수 있고 여유롭게 생각하다보니 억울함이나 분함도 사라지고 마음이 편안해 진다.

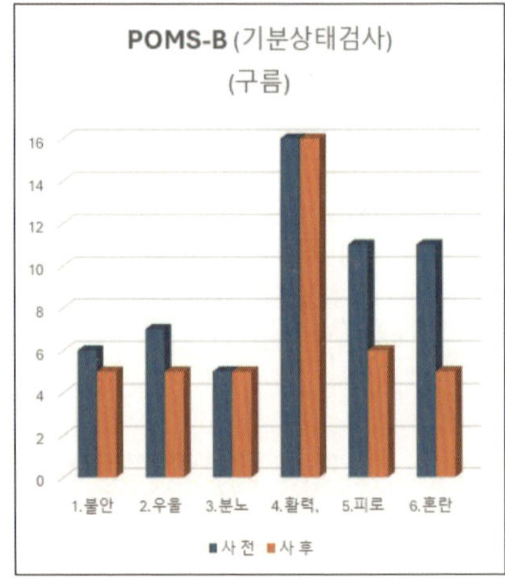

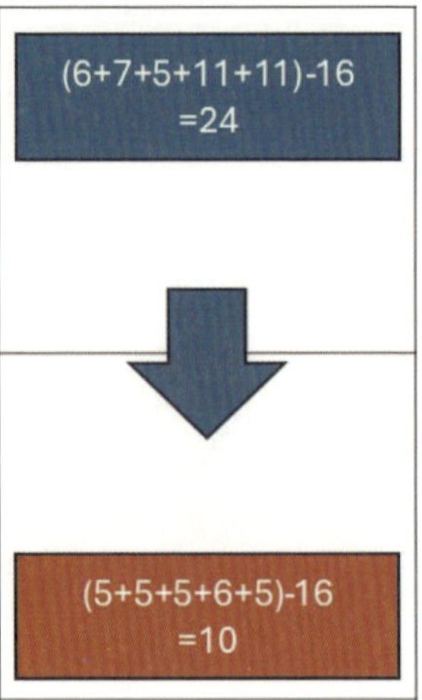

Shortform을 활용한 Soundscape 산림치유

닉네임: 바람	
Shortform **주제:선명함, 강인함**	
감정: 눈부시다.	
Storytelling:	

무심코 걷다가 밟을뻔한 노란 민들레 꽃 봄이 되면 무수히 많이 피어 있어서 눈여겨 보지 않았는데 오늘따라 유난히 노란 빛깔에 마음에 꽂힌다.
어떤 이유인지는 정확히 모르지만 노란빛에 매료된 듯하다.

Aha(깨달음): 흔하지만 자기만의 매력이 있는 존재.

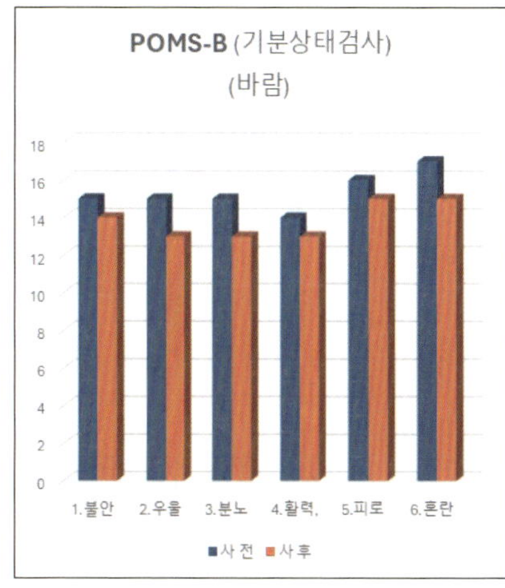

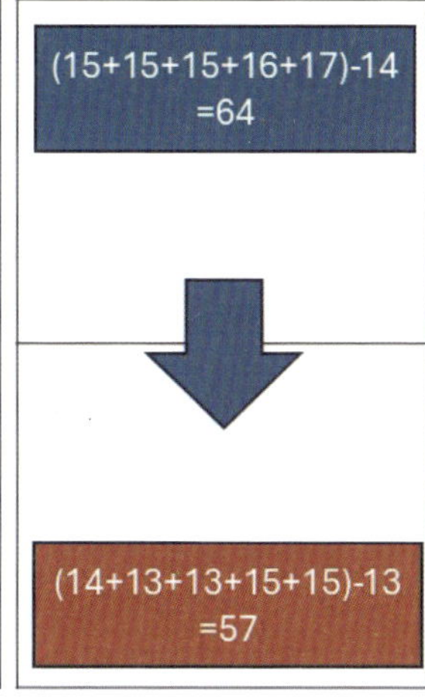

Shortform을 활용한 Soundscape 산림치유

닉네임: 산금	
Shortform 주제:중심을 잘잡자	
감정: 안쓰러움 , 대단함 , 기특	

Storytelling:

커다란 나무 기둥 무릎부터 햇볕을 바라보고 가지를 뻗고 있는 참나무 , 보통의 나무는 아랫 부분에 있는 가지들이 정리되고 매끈한 기둥이 튼튼하게 뻗어 있는데 이 이나무는 무릎부터 머리 끝까지 잘리지 않은 가지들이 매달려 지혜롭게 자라고 있다 . 달려있는 가지들이 무겁기도 하고 바람에 흔들려 정신없을 법도 한데 한편으로 보면 지쳐보이기도 하고 가지를 지켜내기 위해 애쓰는 모습이 기특하기도 하다 . 버리지 못하고 정리하지 못하는 인생사 , 사람과의 관계 끌어안고 버텨보자 , 중심을 잘잡자 . 인내하자 .

Aha(깨달음) : 자기의 역할에 (엄마 , 며느리 , 딸 , 아내) →나의 모습 충실하게 모든 가지의 잎들이 햇볕을 잘 받도록 해주는 모습을 보고 나도 나의 역할에 충실 해야겠다는 생각을 했다 .

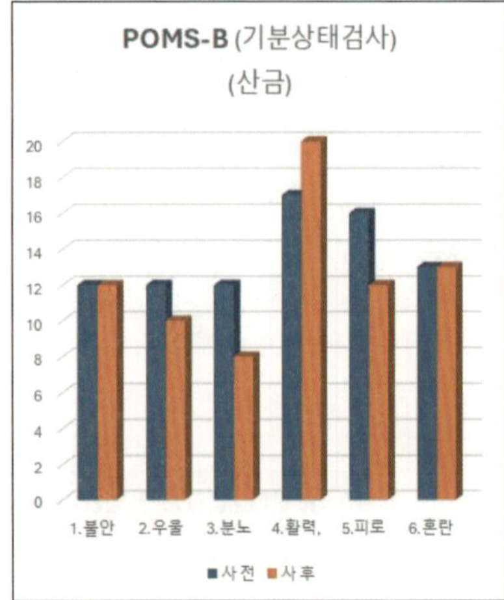

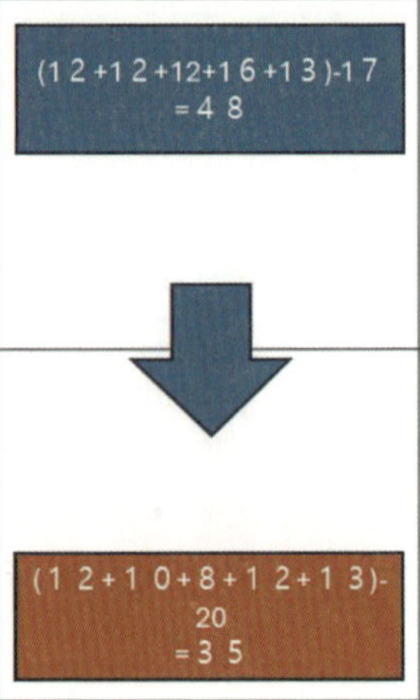

Shortform을 활용한 Soundscape 산림치유

닉네임: 새물내	
Shortform 주제:고개를 들어 바라보면	
감정: 쓸쓸함,외로움-> 평온함,당당함, 안정감,기대감	

Storytelling:

. 언덕위에 구부정한 모습으로 홀로 서 있는 나무를 보며 '외롭지 않을까?', '힘들고 쓸쓸하겠다' 라는 생각이 들었다. 잔잔한 바람이 분다. 잎과 나뭇가지들이 바람을 타고 살랑거린다. 그런 모습이 평온해 보였다. 주위를 둘러보니 맞은편에 좀 더 큰 나무가 이 나무를 향해 기울어져 있다. 또 다른 방향에도 이 나무를 지긋하게 바라보는 듯 하다.
그러고 보니 주변의 나무들은 모두 거리를 두고 있지만, 무심한 듯 서로를 바라보고 응원해 주는 듯한 모습이다.
구부정한 나무가 바람에 살랑이니 덩달아 주변 나무들도 살랑거린다.
외롭겠다, 쓸쓸하겠다는 느낌은 나의 기우였나보다. 나무들은 각자의 위치에서 자신만의 모습으로 서로를 응원하며 지내고 있는 것 같다.
25년 직장을 다니다 동료들 보다 일찍 퇴직을 한 나는, 가끔 혼자라는 외로움이 있었다. '나만 동떨어져 있어, 나만 도퇴되는 건 아닌가?' 라는 두려움도 있었다. 그래서 무언가를 하지 않으면 안된다는 조급함도 있었다. 지금 돌아보면, 그것 역시 조용한 기우였음을 알게 되었다.내 주변에 항상 날 응원해 주는 지인들이 있었다. 그래서 지금 나는 이렇게 잘 지내고 있다.
내 발등만 보고 있으면 시야가 좁아지고 생각에 갇힐 수 있다. 외롭고 두려운 날엔 고개를 들어보자. 너무 가까이 보던 나를, 조금 멀리서 바라보자. 시야가 넓어지면, 마음도 숨을 쉰다.가만히 귀기울여 보자. 나를 응원하고 지지하는 소리를 들어보자. 언덕 위에 작은 숲의 나무들은 각자의 모습으로 묵묵히 자리를 지키고 있다. 바람과 향기와 뿌리로 서로 연대하고 응원하며 숲을 지키고 있다.나도, 내 자리에서 당당하고 여유있게 동기들을 응원하고 연대하며 세상을 지키고 싶다.

Aha(깨달음):

나도, 내 자리에서 당당하고 여유있게 동기들을 응원하고 연대하며 세상을 지키고 싶다.

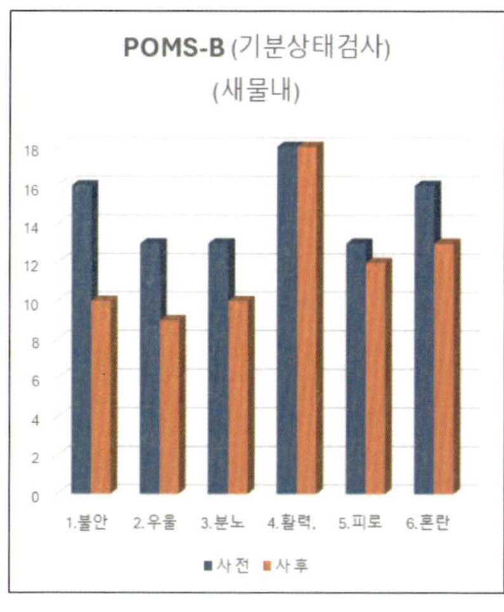

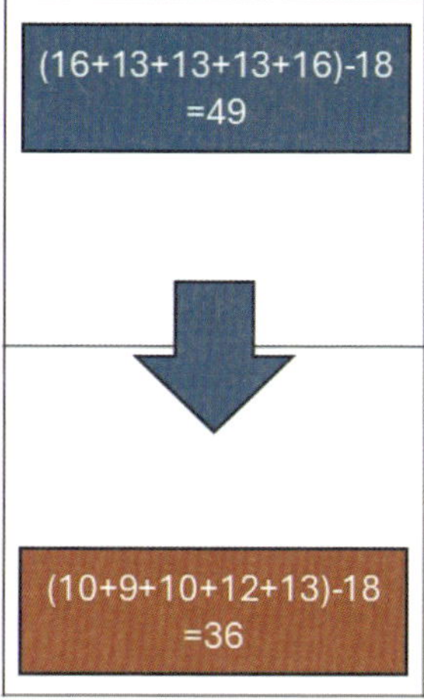

<table>
<tr><td>13장</td><td>

산림치유 모형

</td></tr>
</table>

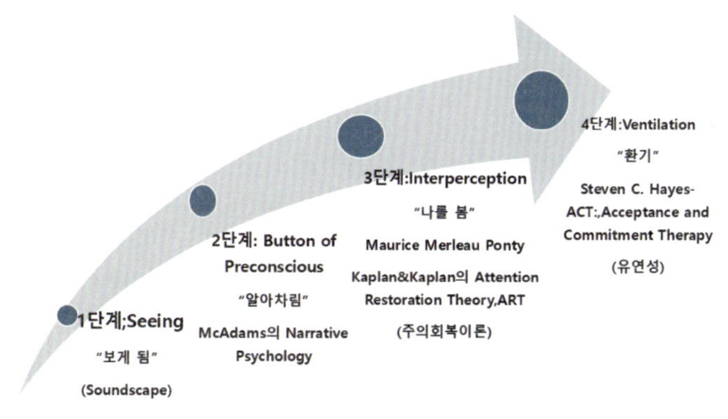

[치유 변화과정 모형]

현대 심리학에서 '환기(Ventilation)'는 감정의 표현을 통해 심리적 건강은 완화하고 내면은 정화하는 핵심 개념으로 다루어진다. 산림치유·심리테라피의 통합 모델을 모색하고자 2024년 2월부터 2025년 6월까지 총 4차례 프로그램을 진행하였으며, 과학적 근거를 위해 HRV, POMS-B, HTP 검사를 실시하였다. 숲에서 자연과 함께하는 산림 숲, 도시 숲, 바다 해안가 또는 해양 숲에서의 소리풍경(Soundscape)을 보면서, Freud의 자유연상으로 무의식의 억압된 감정을 이야기치료(Storytelling)로 자신의 내면을 표현함으로써 나를 보게 되고, 상호지각(Interperception)을 통해 의식화하는 과정은 감정 표현과 생리적 호흡으로 정서적 긴장을 해소하는 환기(Ventilation)의 과정으로 의식의 전환이 이루어진다는 것을 알 수 있었다. 이러한 사례 연구를 한 후 치유 과정 모형을 살펴본 결과, '보게 됨', '알아차림', '나를 봄', '환기'의 4단계로 진행됨을 알 수 있다.

1단계, '보게 됨'은 자유연상으로 바라본 소리경관을 통해 무의식의 자신의 억압된 내면을 바라보게 된다는 사실이다. 이것은 자연이 우리에게 주는 자유함과 자율성의 부분이며, 두려움과 불안을 느끼는 순간도 어색함의 순간도 숲속이나 자연을 통해서 금방 몸과 마음이 열린다는 사실이다.

2단계, '알아차림'은 '전의식의 버튼을 누르는 작업'으로 글쓰기(Story-telling)를 통한 표현의 시간이다. 펜네베이커는 감정과 기억을 글이나 언어화함으로써 표현을 통해 심리적·신체적 건강을 증진하는 긍정적 효과가 있다고 하였다.

3단계, '나를 봄'은 마를로 퐁티의 Interperception(상호 지각) 이론에서 "내가 세상을 지각하는 동시에, 세상도 나를 지각한다."라는 자연을 통해 새롭게 나를 보게 되는 시간이다. 이것은 카플란의 주의회복이론과 일치하는 부분으로 자연에 노출된 나를 통해 나를 온전히 수용함으로써 새로운 에너지와 활력을 찾게 된다.

4단계, '심리적 환기'는 심리적 안정감과 회복력은 사람에게 수용전념치유 이론의 유연함을 갖게 된다. 이를 통해서 새로운 호흡을 통해 공기를 호흡하고 쉼 호흡과 같은 감정의 환기를 느끼게 됨을 참여자들을 통해 알 수 있었다.

결국 4단계를 거치면서 심리적 유연성을 갖게 된다는 사실이다. 이는 산림이 주는 자연의 자율성과 심리적으로 경험하는 환기는 인간을 스스로 제대로 바라보게 되고 통찰을 이끌어 냄으로써 심리적 유연성을 갖게 됨을 알 수 있다. 하워드 클라인벨(Howard J. Clinebell) 또한 성장은 돌봄과 대면, 사랑과 정의, 유희성과 결단 사이의 긴장과 상호작용 속에서 이루어진다고 하였다. 그는 '성장 공식'을 성장은 '돌봄과 맞섬'으로, 성장은 어떠한 관계에서나 그들이 인식하지 못하고 있는 긍정적인 변화에의 잠재력에 대하여 초점을 맞출 필요가 있다고 하였다. 맞섬은 자기=맞섬으로 발전되어야만 변화를 초래한다. 진실된 돌봄이 없는 맞섬은 거부로 체험된다. 그것은 자기 맞섬이나 변화에의 내적 욕구가 아니라 방어적인 태도를 갖게 된다. 맞섬 없는 수용과 사랑은 불완전하거나 가식으로 체험되는 경향이 있다. 성장을 가능케 하는 사랑은 불완전하거나 가식으로 체험되는 경향이 있다. 성장하기 위해 맞서는 도전은 수용이나 긍정과 마찬가지로 애정이 담긴 것이며, 변화에 결정적인 도움을 준다.[52] 수용전념치료의 핵심 개념인 유연성은 하워드 클라인벨이 이야기한 성장의 '돌봄과 맞섬'의 개념과 유사하다고 볼 수 있다.

숲과 자연에서 함께하는 산림치유·심리테라피는 심리적 환기가 나타난 결과를 근거로 인간의 불안이나 고통을 제거의 대상으로 볼 것이 아니라 '견디는' 것으로 보는 환기(Ventilation)의 심리적 유연성을 경험하기 위한 치료적 접근과 돌봄을 위한 상담적 접근을 제안하고자 하였다. 이것은 산림 휴양이 영적·정신적·심리적 안정감을 향상시키고 사회적 관계의 회복에도 긍정적 영향을 미치며, 산림 휴양은 스트레스를 완화하는 데 도움을 줄 수 있다.[53] 다양한 어려움에 있는 이웃들이 쉽게 치유 현장을 찾고 회복되도록 전문가들을 통한 산림·심리테라피가 진행되도록 할 필요성이 있다.[54] 결국, 돌봄의 방향은 이들이 '회복'되는 것이다.[55] 그리고 산림 휴양을 이용한 치유 회복은 산림 복지 차원에서 충분히 고려하고 다양한 산림 휴양 치유 회복 프로그램을 개발하는 등 적극적으로 활용할 필요가 있다.

14장 산림치유의 활성화 방안

1. 산림치유 웰니스 관광 상품화[56]

산림치유 산업 일자리 창출 모델 구축 방안을 주제로 민주당 국회의원 이광희 의원과 온석대학원대학교 산림치유복지학과 김윤수 학과장을 비롯해 학계 교수, 각 분야 기관장을 비롯한 동문과 재학생들이 국회의원회관 제1소회의실에서 국회 토론회를 열고 열띤 토론과 의견을 나누는 자리를 마련하였다. 산림치유 산업의 급성장과 웰니스 관광산업의 활성화에 따라, 산림 복지 및 치유 서비스에 대한 수요가 지속적으로 증가하고 있으며, 이에 따라 산림치유사의 역할도 확대되고 있지만, 고용 안정과 처우 개선은 여전히 미흡한 실정이다. 현재 산림치유사 자격과 양성 체계는 강화되고 있으나, 공공 및 민간 분야에서의 고용 확대를 위한 의무 배치 및 재정 지원은 부족한 상황이다. 특히 전국 약 80여 개의 산림치유 시설에서 근무하는 산림치유사들의 고용이 불안정하여, 신규 인력이 양성되더라도 안정적인 일자리로 연결되지 못하는 문제가 발생하고 있다. 이에 따라, 산림치유사의 고용 안정성과 지속 가능한 일자리 창출을 위해 공공기관 및 민간 차원의 고용 지원 정책을 마련하고, 산림치유사 배치 의무화 법안을 검토하는 등의 실질적인 해결 방안을 검토하는 등의 실질적인 해결 방안을 논의하였다.

산림치유와 관광산업을 연계하여 글로벌 경쟁력을 갖춘 웰니스 관광 상품 개발과 민간 산림 복지 서비스의 자체 브랜드 구축을 통한 지속 가능성 형성을 목적으로 하였으며, 국내외 웰니스 관광객, 기업 연수 프로그램, 의료·헬스케어 연계 관광 수요층을 대상으로 진행해 나가야 될 것으로 기대하였다.

1) 주요 관광 상품 개발(예시)

유형	상품명	주요 내용	대상
기업 연계형	숲속 리더십 워크숍	☑ 기업 임직원 대상 스트레스 완화 & 조직 활성화 숲 치유 프로그램	기업/단체
의료·헬스케어 연계	'산림 재활 & 면역력 강화 캠프'	☑ 의료기관과 협업, 암 환자·만성질환자 대상 산림요법 진행	의료 관광객
외국인 대상 K- 웰니스 체험	'한국식 숲 치유 힐링 투어'	☑ 명상, 한방요법, 템플 스테이 결합한 체험형 여행	외국인 개별/ 단체 여행객
가족·개인 맞춤형	'숲속 디지털 디톡스 캠프'	☑ 스마트폰 없는 자연 치유 프로그램(요가, 명상, 숲 트레킹)	2030 MZ 세대
고급형 프리미엄 웰니스 패키지	'럭셔리 숲 치유 리트릿'	☑ 고급 숙박 + 개별 맞춤형 산림치유 + 웰니스 코칭	VVIP 고객층

2) 기대 효과

❶ 산림치유사와 관광업계의 협업을 통한 신규 일자리 창출

❷ 지역 기반 웰니스 산업 활성화 및 경제적 부가가치 상승

❸ 외국인 대상 특화 상품으로 글로벌 시장 진출 가능

2. 산림치유 창업 지원

전문업의 질적 성장 지원과 공공 시장 의존도를 줄이고 지속 가능한 민간 시장의 비즈니스 모델 개발을 목적으로 한다.

1) 추진 계획

기존 추진 과제	기본 내용	제안 내용
산림복지전문업 창업 아카데미 운영	창업 및 경영 기초 교육을 제공하고, 자격별 맞춤형 직무 교육과 프랜차이즈화를 지원	✓ 산림치유사 협동조합 운영 지원 – 산림치유사들이 협업하여 지역 기반 공동 창업(예: 치유센터 운영)하도록 지원 ✓ 기업 연계형 산림치유 전문가 양성 – 기업 대상 '산림치유 기반 워크숍' 전문가 과정을 개설하여 기업 연수 프로그램과 연결
유망 산림복지 전문업 육성 및 우수 사례 발굴·확산	창의적인 융복합 산림복지 아이템을 발굴하고, 우수 사례 공유 및 지원	✓ 임팩트 투자 연계 – ESG 투자자 및 임팩트 펀드 매칭 지원 ✓ 산림치유사 맞춤 창업 지원 – 산림치유사를 위한 1인 창업 지원(예: 1인 운영 산림치유 카페 & 힐링 프로그램)
산림복지형 사회적 기업 육성 프로그램 개발·지원	산림복지를 통한 사회적 기업 모델 개발 및 지원	✓ 복지시설 연계 치유 프로그램 운영 – 노인 요양시설, 정신건강센터와 연계하여 산림치유사가 정기적으로 방문하는 모델 구축 ✓ 산림치유 기반 사회적 일자리 창출 – 경력 단절 여성, 고령자 등이 참여할 수 있는 '산림치유 보조강사' 과정 개설
산림복지전문업 멘토링 운영	창업 성공 기업가를 멘토로 육성하여 실무 중심 컨설팅 지원	✓ 산림치유사 멘토링 시스템 구축 – 신입 산림치유사가 선배 치유사와 멘토·멘티 관계를 맺고 실무 지원 ✓ 청년 대상 산림치유사 인턴십 운영 – 대학(산림치유학과 등)과 협력하여 졸업 전 현장 경험을 쌓을 수 있도록 기업과 연결
타 분야와 융복합적 산림복지 서비스 상품 개발 지원	다양한 산업과 연계하여 산림복지 서비스의 상품성을 강화	✓ 의료·웰니스 연계 치유 프로그램 운영 – 병원과 협력하여 암 환자, 우울증 환자 대상 '의료 연계 산림치유' 사업 추진 ✓ 레저 스포츠와 결합한 산림치유 프로그램 – 트레킹, 요가, 명상을 결합한 전문 산림치유사 고용 확대

임업과 산림복지전문업의 협력 모델 개발·확산	지역 산림자원과 연계한 새로운 숲 관광 서비스 모델 개발	✔ 산림청 '산촌 활성화 지원 사업' 및 타 부처 농산촌 개발 사업과 연계하여 협업 추진 ✔ 숲길과 산림치유사를 활용한 숙박·체험 시설을 조성하고, 지역 축제 및 특산물 판매 등을 통해 지역 일자리 창출과 소득 증대를 도모
숲 경영 체험림을 통한 산림복지 서비스 개발 모델	임업인이 현지 여건에 적합한 산림문화·휴양 서비스를 개발할 수 있도록 지원	✔ 숲속 치유 센터 운영 지원 – 체험림 내 전문 산림치유사 배치 및 정기 프로그램 운영. ✔ 치유형 숲 캠핑 프로그램 개발 – 명상, 아로마 테라피 등을 포함한 캠핑 체험 프로그램 도입
사립 휴양 시설 융자 지원	민간 산림복지 시설(자연휴양림·숲속 야영장 등) 조성을 위한 자금 지원	✔ 산림치유 특화 숙박 시설 조성 – 치유 전문가 상주형 숙박 시설(예: '웰니스 힐링 리조트') 운영 지원 ✔ 치유형 에코 스테이 개발 – 숙박과 산림치유를 결합한 '치유형 한옥 체험' 사업 추진
산림복지전문업 대상 국립산림복지시설·국유림 공간 공유·개방 등	국립 시설 및 국유림을 활용하여 전문업의 경험 확대 및 서비스 다양화	✔ 공공기관 및 기업 복지 프로그램 운영 – 국유림 내 산림치유사를 배치하여 기관 및 기업 대상 웰니스 복지 프로그램 운영 ✔ 소외 계층 대상 무료 치유 프로그램 확대 – 장애인, 다문화 가정 등 취약 계층을 위한 '산림치유 지원 사업' 추진

2) 기대 효과

❶ 산림치유사의 독립 창업 지원 및 민간 사업 활성화

❷ 기업 후원 및 임직원 복지 연계를 통해 안정적인 수익 구조 확보

❸ 산주·임업인·산촌 주민과의 협업을 통한 지역사회 발전

3. 산림치유·심리테라피 통합 모델(Forest-Psyche Journey Integrated Model)

1) 사업 개요 및 목적: 산림치유 자원과 웰니스 산업을 결합한 통합형 치유 서비스

2) 핵심 가치: 자연·심리·건강·데이터 기반 맞춤형

3) 기대 효과: 건강 증진, 지역 경제 활성화, 글로벌 웰니스 진출

4) 필요성:

- ❶ 스트레스·우울·번아웃 증가 등으로 인한 예방·회복 서비스 필요
- ❷ 자연 접근성 부족으로 인한 산림치유 확대 필요

5) 사업 목표:

- ❶ 산림치유+웰니스 관광 패키지 개발
- ❷ 산림·심리 테라피 표준화
- ❸ 효과 검증 및 데이터 기반 운영
- ❹ 지역·기업·기관 네트워크 확립

6) 산림·심리테라피 연계성

- ❶ 주의회복이론(ART) 기반 숲속 명상
- ❷ Soundscape를 활용한 FPIM(Fores-Psyche Integrated Model): 감정의 환기(Ventilation) 4단계 모델
- ❸ POMS-B, HRV 검사 서비스, HTP 그림 검사 실시
- ❹ 운영 구조: 사전 측정→치유 활동→사후 측정→Group Counseling→차(茶)담

7) 운영 계획

- ❶ 장소: 고급 호텔 중심 웰니스 인증 숙박 시설
- ❷ 대상: 일반·가족, 직장인, 청소년, 은퇴(예비)자, 중년 남(여)성
- ❸ 운영 기간: 연중+계절별 특화 코스
- ❹ 인력: 산림교육전문가, 산림치유사, 심리상담사, 간호사, 웰니스 트레이너

8) 기대 효과

- ❶ 경제적: 관광 수익·일자리 창출

❷ 사회적: 정신 건강 증진, 친환경 라이프 스타일 확산

❸ 학문·정책: 융합 통합 모델 표준화, 국제 학술지·학회 발표

앞으로 산림치유 프로그램은 다양한 대상을 중심으로 과학적 데이터를 측정할 수 있는 장치 마련과 차별화된 FPIM(Fores-Psyche Integrated Model) 산림치유·심리테라피 통합 모델로 접근해 나갈 것이다. 기존 산림치유 프로그램은 특정 계절과 기후 변화의 영향을 받게 되는 단점이 있지만, 이 프로그램은 4계절 가능하다는 이점이 있으며, 고급화 전략으로 차별화를 시도해 볼 수 있다는 이점이 있다.

참여자 후기

참여자 1

    Sound of Inner 프로그램에 참여하면서 좋은 장소에서 누리는 쾌적함과 Shortform을 통해서 글쓰기 작업 후 집단 모임을 할 때 나 자신을 좀 더 알게 되고, 타인을 이해하는 시간이 의미 있었다. HTP 그림 검사로 무의식의 정신세계를 알게 되고 프로그램 후 사후 검사에서 긍정적으로 변화되는 것을 보면서 참 기뻤다. 짧은 시간 여행을 하면서 치유도 있고, 심리적인 부분의 알아차림이 매우 좋았다.

참여자 2

    암 진단을 받고 수술 후 몸도 마음도 지친 상황에서 교수님의 제안에 과연 도움이 될까 하는 의심이 많이 들어서 몇 번이고 망설였던 기억이 난다. 지금 생각해 보면 거듭 제안해 주셔서 순종하는 마음으로 접수를 하고 참여하게 되었는데 너무 잘했다는 생각이 든다. 눈이 내린 제주도 풍경과 태어나서 처음 보는 멋진 설경과 바닷가 풍경은 예쁘다 못해 아름다웠다. 한 시간 동안 주어진 Shortform을 담으며 눈 덮인 숲속을 걸을 때 조용하게 나를 돌아보는 시간이 되었다. 밤에 집단 모임을 할 때 글쓰기를 통해서 다른 사람들을 이해하고 나도 공감받고 이해되는 시간이 너무 좋았던 것 같다. 아침 식사 후 산책로를 거닐고 바다가 보이는 의자에 앉아 멍 때리는 시간이 좋았다. 몸도 마음도 지친 상태에서 오랜만에 여행도 하고, 나를 돌아보는 치유의 시간이 의미 있는 시간이 되었고 앞으로 건강도 챙기면서 몸도 마음도 점점 회복되는 시간이 될 수 있을 것 같다. 많은 분이 이 프로그램에 참여해서 치유받기를 기대해 본다.

참여자 3 ____________________________________

　여행하면서 재미도 있고, 즐거움도 느낄 수 있어서 짧은 시간이지만 좋은 추억이 되었다. 여정을 마치고 사전·사후 결과에서 변화가 나타났을 때 신기하기도 했고, 산림치유와 심리가 결합 되면서 육체적, 정신적 치유가 동시에 나타나서 좋았다. Shortform 영상을 찍을 때는 그냥 보는 중에 끌리는 대로 영상을 담았다가 왜 이 영상이 눈에 들어왔는지 몰랐는데 Storytelling 글쓰기를 하면서 이유를 알게 되는 순간 신기하기도 했고, 무의식의 심리를 보게 되면서 '또 다른 나'를 발견한 것 같아 보람도 있었다. 이 시간 동안 함께해 주신 분들께 감사드린다. 많은 사람이 이 프로그램에 참여해서 여행도 하고 치유도 받는 유익한 시간을 보내길 바란다.

참여자 4 ____________________________________

　"괜찮아, 이대로도 좋아." Shortform 영상을 찍고 난 후 Storytelling으로 글쓰기 작업을 하면서, 내면의 깊은 울림을 경험하는 시간을 갖게 되어 기뻤다. 나를 위로하는 "괜찮아, 이대로도 좋아." 열심히 치열하게 살아온 나를 위로해 주는 이 한마디가 여유와 평안한 마음을 주어 기뻤다. 함께 여행하면서 즐겁게 수다 떨고, 먹고, 마시고, 한 시간 개인 시간을 통해서 Shortform 영상을 찍고, 글쓰기를 하고 저녁 시간에 모여서 집단 모임을 하면서 생각의 정리와 나눔 시간을 통해서 정리되는 마음과 알아차림의 시간이 너무 좋았다. 사전·사후 검사를 통해서 검증된 변화 수치가 객관화시켜 주어서 의미가 있는 시간이 된 것 같아 보람되었다. 이 프로그램이 유익하다는 것을 알게 되었다. 힘든 시간을 보내고 있는 많은 분이 참여해서 치유받기를 기대해 본다.

참여자 5 ───────────────────────────────────

프로그램 후에도 영상으로 담았던 Shortform이 뇌리에 남는다. 문득 머물게 된 시선 끝으로 담기는 순간 '왜지?'라는 의문이 들었는데 Storytelling 글쓰기를 하면서 좀 더 이해하게 되었다. 숲을 통해서 육체적인 치유가 일어났다면 글쓰기를 하면서 좀 더 깊이 있게 나를 관찰하는 것 같다. 하루 일정을 마치고 집단 모임을 하면서 타인으로부터 지지받는 피드백이 큰 지지가 되었던 것 같다. 나를 이해하는 시간으로 많은 도움이 되었다. 한 발짝 물러서서 사물을 바라볼 수 있는 여유와 객관화 작업이 필요하다는 것을 깨닫게 되었다. 여행을 통해서 숲에서 느끼는 치유, Storytelling과 그림 검사를 통해서 한결 가벼운 마음이 느껴졌다.

참여자 6 ───────────────────────────────────

여행에서의 장소와 숙소는 참 중요한 것 같다. 참여자들에게 편안함과 안정감을 줄 수 있는 시설과 쉼을 가질 수 있고 산책도 겸할 수 있는 곳으로 선택하는 것이 좋을 것 같다. 여행과 산림치유와 심리적인 통합 프로그램이 더욱 필요한 시점인 것 같다. 처음엔 반신반의하며 프로그램을 진행했지만 시간이 갈수록 여행의 즐거움과 마음의 기쁨이 느껴지면서 함께 치유되는 느낌을 갖게 되었다. 눈 쌓인 숲길을 거닐며 온갖 바람 소리, 새소리, 그리고 눈을 밟고 걸어가는 발자국 소리가 지금도 생생하게 들리면서 그때 만난 하나님의 음성 소리로 무서움과 두려움을 직면하고 담대히 마주하게 되었다는 이야기를 전하는 분도 있었다. 차 한 잔을 마시며 마무리하는 집단 모임 시간은 지지받고 공감받는 귀한 시간이 되었다. 앞으로 많은 분이 프로그램에 적극 참여하기를 권하고 싶다.

- 강정석.(2021).『치유의 숲 이해와 관리』. 서울: 좋은땅출판사.

- 권석만.(2021).『현대심리치료와 상담이론』. 서울: 학지사.

- 김춘경·이수연·이윤주·정종진·최웅용 공저.(2020).『상담의 이론과 실제』. 서울: 학지사.

- 노안영.(2018).『상담심리학의 이론과 실제』. 서울: 학지사.

- 박범진·송초롱·연평식·이윤정.(2021).『산림치유사1급 양성교재』. 충북:웃고문화사.

- 박진영.(2020). "산림복지 서비스의 자율성과 제도적 과제."『산림복지연구』3(1). 21-35.

- 산림청.(2025). "산림치유 활성화 및 산림치유산업 진흥에 관한 법률안."『입법공청회 자료집』. 14-57.

- 신성만·김주은·신정미·금창민·김이삭·김향미·추교현·유안나 공저.(2021).『심리상담의 이론과 실제』. 서울: 마인드포럼.

- 신창섭.(2018).『산림치유의이해 』. 충북: 산림치유사업단.

- 송인준·이가영·송초롱.(2022). "산림치유 프로그램의 효과를 검증한 국내연구의 동향분석."『한국산림과학회지』vol.111. no.4. 통권241호. 651-666.

- 송준용.(2018) "이야기심리학에 근거한 청소년의 자아정체성 형성과정 연구."『융합상담치료연구』. 제1권 제1호. 6-8.

- 이영호, 김은지.(2020). "수용전념치료(ACT)의 주요 개념 및 임상 적용 고찰."『상담학연구』21(2). 341-358.

- 이상호·성남훈·조성호 공저.(2005).『싱담심리힉의 기초』. 시울: 학지시.

- 온석대학원대학교 산림치유복지학과 동문회.(2025). "산림치유산업 일자리 창출 모델 구축방안."『국회토론 회 자료집』. 22-24.

- 조앤 에릭슨 저.박종성 옮김.(2008).『감각의 매혹』. 서울: 에코의 서재.

- 최외선·이근매·김갑숙·최선남·이미옥 공저.(2013).『마음을 나누는 미술치료』. 서울: 학지사.

- 하워드 클라인벨. 이종헌 역.(2003).『성장상담』. 서울: 성장상담연구소.

- 히라노히데키·미야자키요시후미·가가와다카히데 외. (사)한국산림치유포럼 역.(2001)『산림테라피』. 서울: 도서출판 전나무숲.

- Buck, J.N.(1948), The H-T-P:A Qualitative and Quantitative Scoing Manual. Journal of Clinical Psychology, 4, 151-159.

- Endel Tulving and Donald M. Thomson, "Encoding Specificity and Retrival Processes," Psychological Review 80, no.5(1973):352.

- Kaplan, S(1995), "The restorative benefits of nature: Toward an integrative framework." 『Journal of Environmental Psychology』.15(3).169-182.

- Kashdan, T.B. & Rottenberg, J., "Psychological flexibility as a fundamental aspect of health", 『Clinical Psychology Review』, 30(7), 2010, 865-878.

- Lazarus, R.S.,&Folkman, S.(1984). 『Stress, Appraisal, and Coping.』, New York: Springer Publishing Company, 141-180.

- McAdams,D.P.(2001), "The Psychology of life stories. Review of General Psychology", 5(2), 100-122.

- Naewijn,J.(2011), "Determinants of Daily Happiness on Vacation. Journal of Travel Reserch", 50(5), 559-566.

- Sigmund Freud, The Interpretation of Dreams, trans. James Strachey(London:Hogarth Press, 1953), 112.

- Westen, D.(1998). "The scientific legacy of Sigmund Freud Toward a psychodynamically informed psychological science", 『Psychological Bulletin』, 124(3), 333-371.

- https://encykorea.com/c/Article/E0012098?utm_source=chatgt.com/

- https://access.visitkorea.or.kr/ms/detail.do?cotId=49

- 국가유산청 국가유산포털 www.heritage.go.kr/ 천연기념물 태안 신두리 해안 사구

- https://www.chollipo.org/

- https://temiorae.com/

- korean.visitkorea.or.kr

부록 1. POMS-B(기분상태 검사)

POMS-B(기분상태 검사)

항 목	전혀 그렇지 않다	거의 그렇지 않다	가끔 그렇다	자주 그렇다	매우 그렇다	합계					
내 용	1	2	3	4	5	요 인					
						1	2	3	4	5	6
1. 긴장된다											
2. 우울하다											
3. 짜증난다											
4. 활기차다											
5. 지쳤다											
6. 멍하다											
7. 불안하다											
8. 무기력하다											
9. 화가 난다											
10. 힘이넘친다											
11. 무력하다											
12. 산만하다											
13. 초조하다											
14. 실망스럽다											
15. 격분한다											
16. 건강하다											
17. 피곤하다											
18. 갈팡질팡한다											
19. 신경이 날카롭다											
20. 울고싶다											
21. 적대적이다											
22. 에너지가있다											
23. 기력이 없다											
24. 정신이 없다											
25. 안절부절 못하다											
26. 슬프다											
27. 참기어렵다											
28. 기운이 솟는다											
29. 힘들다											
30. 집중이 안된다											

자연과 사람이 함께 걷는
힐링체험 숲길 소개
산림청

곰배령 생태탐방로
점봉산(1,424m)은 백두대간의 한봉우리로서 북쪽으로는 대청봉(1,708m), 향로봉(1,296m)으로 연결되며 동남쪽으로는 조침령을 거쳐 오대산(1,563m)으로 연결되어 있습니다.
우리나라 식물식종의 약 20%(약 850여종)가 분포하고 있으며, 인위적인 훼손이 적은 천연상태의 전형적인 온대 활엽수림 지역입니다.
생태탐방 노선 1개노선 10.5km
곰배령 정상   1코스   점봉산 생태관리센터   2코스
거리 (소요시간)
생태관리센터   곰배령   생태관리센터
5.1km (110분)   5.4km (120분)
10.5km
표고차

금강소나무숲길
산림유전자원보호구역과 천연기념물 서식지가 있는 친환경 숲길로 금강소나무라는 우수한 산림자원과 보부상길, 화전민 등 역사의 숨결을 느낄수 있는 숲길입니다.
예약탐방제 시행(가이드 동반)
숲길노선 7개 노선 79.4km
3구간 : 오백년소나무길
3-1구간 : 화전민옛길
1구간 : 보부상길
2구간 : 한나무재길
5구간 : 보부천길
4구간 : 대왕소나무길

내포문화숲길
내포지역의 유구한 역사와 문화적 전통, 자연과 생태적 가치를 발견하고 느낄수 있는 체험문화숲길로 민초들의 삶과 역사, 정신과 문화가 고스란히 살아있는 충청지역 최대의 장거리 도보길입니다.
숲길노선 26개 노선 319km

백두대간트레일
삶의 이야기가 펼쳐지는 풍부한 역사, 문화자원을 볼 수 있을 뿐만 아니라 상대적으로 난이도가 낮아 부담없이 많은 사람들이 즐길 수 있는 장거리 보도여행길입니다.
숲길노선 10개 노선 160km
인제구간
제1구간 : 양구 전쟁기념관-논강교
제2구간 : 논강교-한계 삼거리
제3구간 : 한계삼거리-잉광교
제4구간 : 잉광교-귀둔농협
제5구간 : 귀둔농협-방동약수
제6구간 : 방동약수-월토교
홍천구간
제1구간 : 공원리길
제1-1구간 : 새소리길
제2구간 : 장촌리길
제3구간 : 자운리길
제4구간 : 불발령길

서울둘레길
서울의 역사, 문화, 자연생태 등을 스토리로 엮어 국내외 탐방객들이 느끼고, 배우고, 체험할 수 있는 사계절 걷기 좋은 도보 여행길입니다.
생태탐방 노선 8개 노선 157km
8코스 : 북한산코스
7코스 : 봉산·앵봉산코스
1코스 : 수락·불암산코스
2코스 : 용마·아차산코스
6코스 : 안양천코스
5코스 : 관악산코스
4코스 : 대모·우면산코스
3코스 : 고덕·일자산코스

속리산둘레길
숲과 자연, 역사의 보고라 할 수 있는 속리산을 감싸안고 고갯길, 마을길, 제방길, 임도 등을 연결하여 고향의 정취를 느낄 수 있는 체류형 트래킹길입니다.
숲길노선 7개 노선 144km

제1구간 : 구병산옛길
마로면 임곡리 → 장안면 개안리

제2구간 : 말티재넘는길
장안면 대추홍보관 → 속리산면 상판리

제3구간 : 달천들녘길
상판교 → 대원리 마을회관
상판교

제4구간 : 금단산신선길
대원리 마을회관 → (괴산)신월리 월송교
도착 대원리마을회관

지리산둘레길
2008년 국내 최초로 만들어진 둘레길로 3개도(전북, 전남, 경남), 5개 시·군(남원,구례,하동,산청,함양) 21개 읍·면, 120여개 마을을 잇는 295km의 장거리 도보길입니다.
숲길노선 22개 노선 295km

운봉 - 인월
인월 - 금계
금계 - 동강
주천 - 운봉
동강 - 수철
산동 - 주천
수철 - 성심원
방광 - 산동
성심원 - 어천 - 운리
운리 - 덕산
오미 - 난동

오미 - 방광
송정 - 오미
덕산 - 위태
목아재 - 당재
위태 - 하동호
하동호 - 삼화실
가탄 - 송정
삼화실 - 대축
원부춘 - 가탄
대축 - 원부춘
서당 - 하동읍

한라산둘레길
제주의 역사, 문화, 생태 경관자원을 만날 수 있는 소중한 보물로 일제강점기 병참로와 임도, 표고버섯재배 운송로 등을 활용하여 개설한 에코힐링 환상숲길입니다.
숲길노선 5개 노선 51km

1구간 : 천아숲길
5구간 : 사려니숲길
2구간 : 돌오름길
4구간 : 수악길
3구간 : 동백길

대한민국 명품숲길에서 자연과함께 힐링하세요
국민 누구나
쾌적하고 안전하게 산행할 수 있도록
산림청은 국민과 함께
산림복지를 실현하겠습니다
산림청

■ PROGRAM 예시

사전/사후 검사

- **HRV**(Heart Rate Variability)
- **POMS-B**(Profiles Of Mood States: 기분상태 검사)
- **HTP**(House, Tree, Person 그림 검사)

■ Soundscape와 Storytelling

Forest-Psyche Journey Integrated Model: FPJI

- **닉네임**: 향기
- **Shortform 주제**: Persona
- **느낌**: 안정감

- Storytelling:

  무더위와 피곤함이 있는 오후 시간대 왁자지껄 공원에 모인 사람들의 소리가 조금은 분위기를 어수선하게 했지만, 수목원 안으로 들어가는 순간 숲의 분위기가 마음을 차분하게 했다. 도시 숲이라는 선입견에도 불구하고 막상 숲 안으로 들어서니 생각이 달랐다. 도시 숲은 접근성이 용이해서 쉽게 사람들이 이용하고, 여기저기서 자연의 소리보다는 차 소리, 사람들 소리, 아이들 소리, 다양한 소리들이 들리게 마련이다. 그러나 숲을 거닐다 벤치에 앉아 돗자리를 펴 놓고 편히 쉬고 싶다는 생각을 하게 되었다. 여러 새소리와 바람 소리, 시원하게 부는 바람이 피곤함을 사라지게 해 주었다. 시선을 끄는 장면을 발견하면서 잠시 생각을 하게 되는 순간이 되었다. 눈길을 끄는 장면은 나무 밑동에 쌓인 병충해 보호 천을 보는 순간 저 나무들이 인간에게 주는 혜택만큼 나무들을 보호하려는 노력들을 보게 되었다.

자기 자신을 보호하는 것도 중요하다는 것을 깨닫게 되었다.

처음에는 황토색 천을 보면서 보는 사람들로 하여금 옷이 패션 옷을 입은 것처럼 세련됨도 있고, 그러면서도 병충해도 막고, 질병도 막을 수 있는 것을 고민한 흔적이 느껴졌다. 감각 있는 분이 행정을 하신 것 같아 흐뭇했다. 심리학자 융은 Persona를 이야기하면서 인간은 상황에 맞게 적절한 가면을 쓰게 된다고 했다. 나를 있는 그대로 드러내는 것도 중요하다. 그러나 상황에 따라 적절하게 자기 자신을 지켜 내고 보호할 수 있는 것도 필요한 것 같다. 자연은 아낌없이 자기 자신을 내어 준다. 그리고 새들이 깃들고 바람이 머물고 인간에게 피톤치드를 통해 좋은 공기를 공급해 준다. 언제나 그 자리에서 묵묵하게 서 있다. 늘 사람들이 머물고 갈 수 있도록 지켜 내는 것이다. 이제는 자신을 보호할 수 있는 것도 필요하다. 자기 자신에게 적절한 옷을 입히고, 적절한 가면도 필요한 것 같다.

내가 먼저 건강한 사람이 될 때, 넓은 품으로 안아 주고 포근한 마음으로 포용할 수 있는 사람이 되는 것이 중요할 것 같다.

도시 숲은 접근하기 용이하고 평지라서 걷기도 편리하고, 인공 호수 공원도 조성이 되어서 산림치유 인자를 골고루 갖춘 것 같다. 물론 백색소음이 있기는 하지만 장점이 많은 치유 장소로 손색이 없다고 본다. 시간이 짧다는 생각을 아쉬운 마음으로 가져가게 되었다.

- Aha(깨달음): 유연함을 위해 나를 지지하고 응원하자.

- **POMS-B 사전·사후 검사 및 해석**

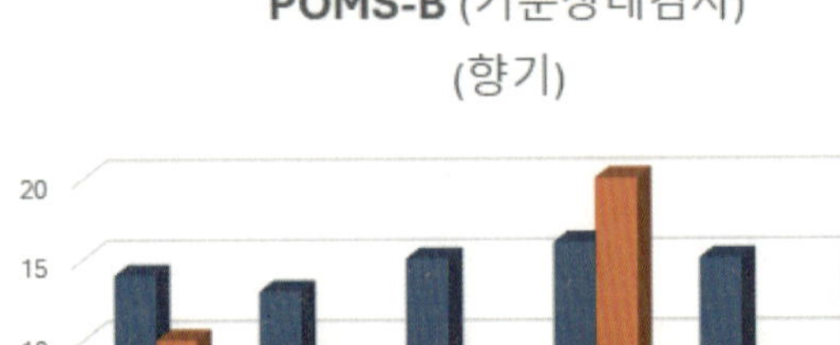

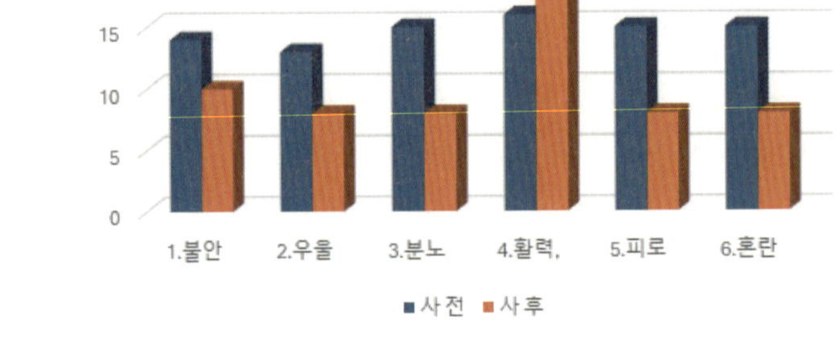

- **H.T.P 사전·사후 검사 및 해석**

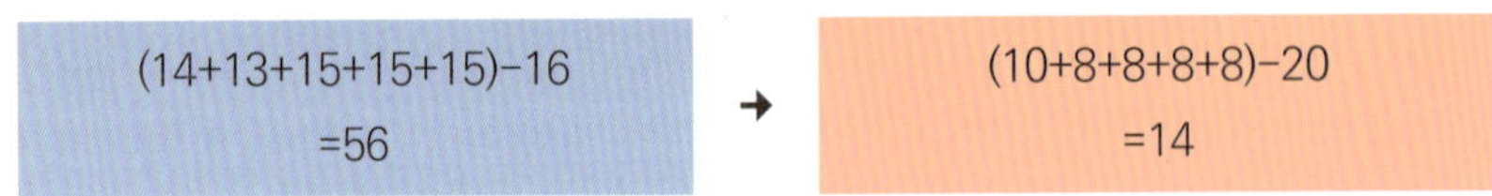

해석	**[사전]** 그림은 집의 지붕의 세세한 묘사는 마음이 복잡, 생각이 많음, 나무가 집을 드리우는 것으로 집에 대한 근심 걱정, 생각으로 가득 참. **[사후]** 그림의 특징은 심리적 안정감, 사고의 단순화.
T R E E	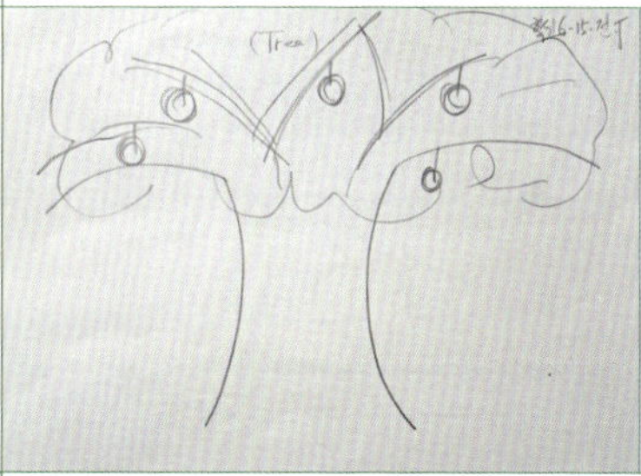 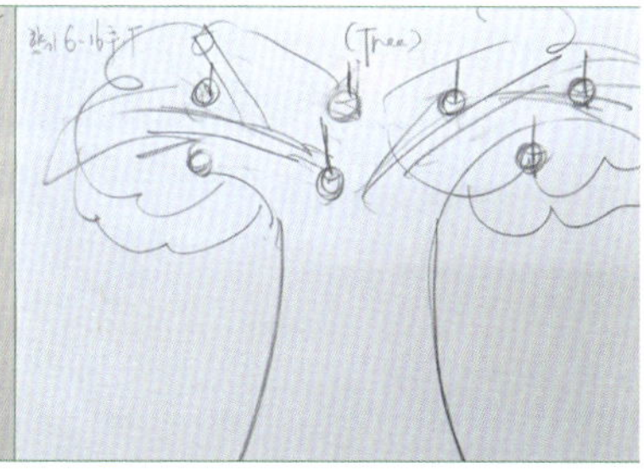
해석	**[사전]** 그림은 자아 강도가 좋음. 자신에 대한 능력과 꿈과 비전, 성취, 수관이 풍성, 열매도 있음. **[사후]** 그림의 특징은 필압이 좀 더 강하고 자신에 대한 능력과 꿈과 비전.
P E R S O N	 
해석	**[사전]** 그림은 필압이 강함, 자의식이 강함. 머리카락은 생각이 많고 복삽함. **[사후]** 그림의 특징은 타이가 등장. 형식이 중요함, 배운 사람, 성취에 대한 상징과 추구하는 사람.

– HRV 사전·사후 검사 및 해석

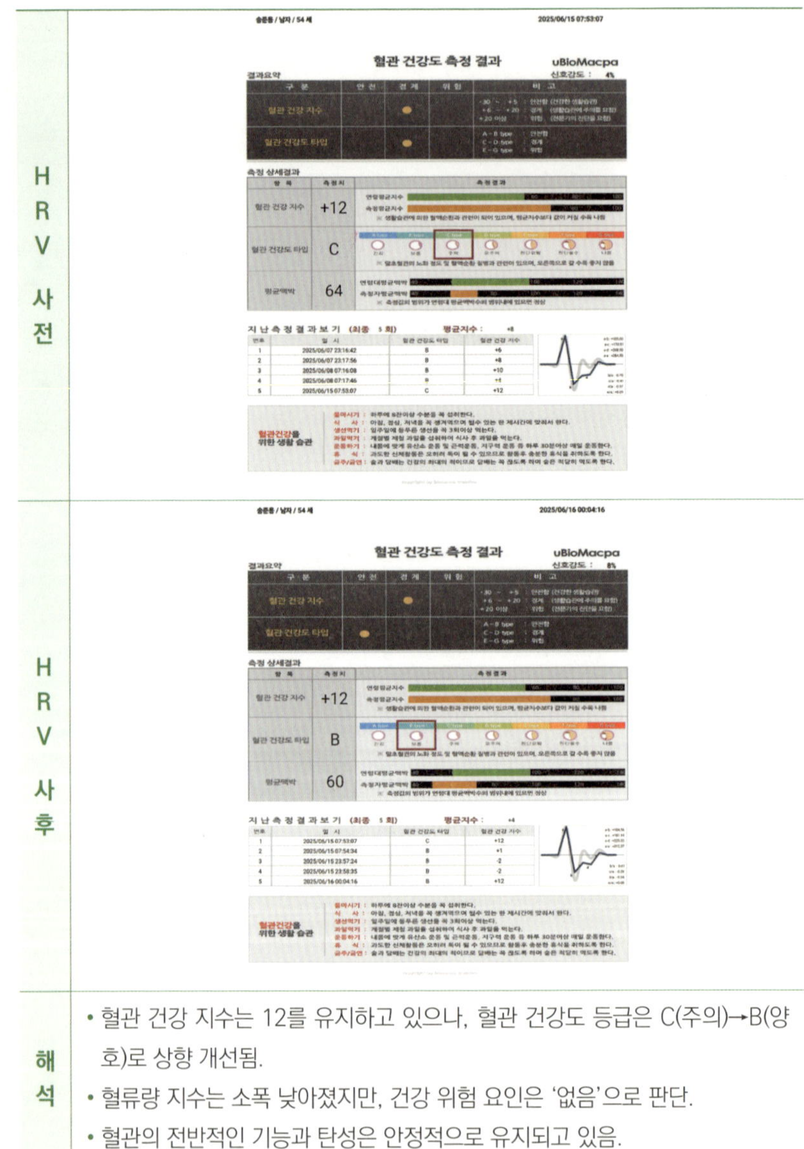

H R V 사 전	
H R V 사 후	
해 석	• 혈관 건강 지수는 12를 유지하고 있으나, 혈관 건강도 등급은 C(주의)→B(양호)로 상향 개선됨. • 혈류량 지수는 소폭 낮아졌지만, 건강 위험 요인은 '없음'으로 판단. • 혈관의 전반적인 기능과 탄성은 안정적으로 유지되고 있음.

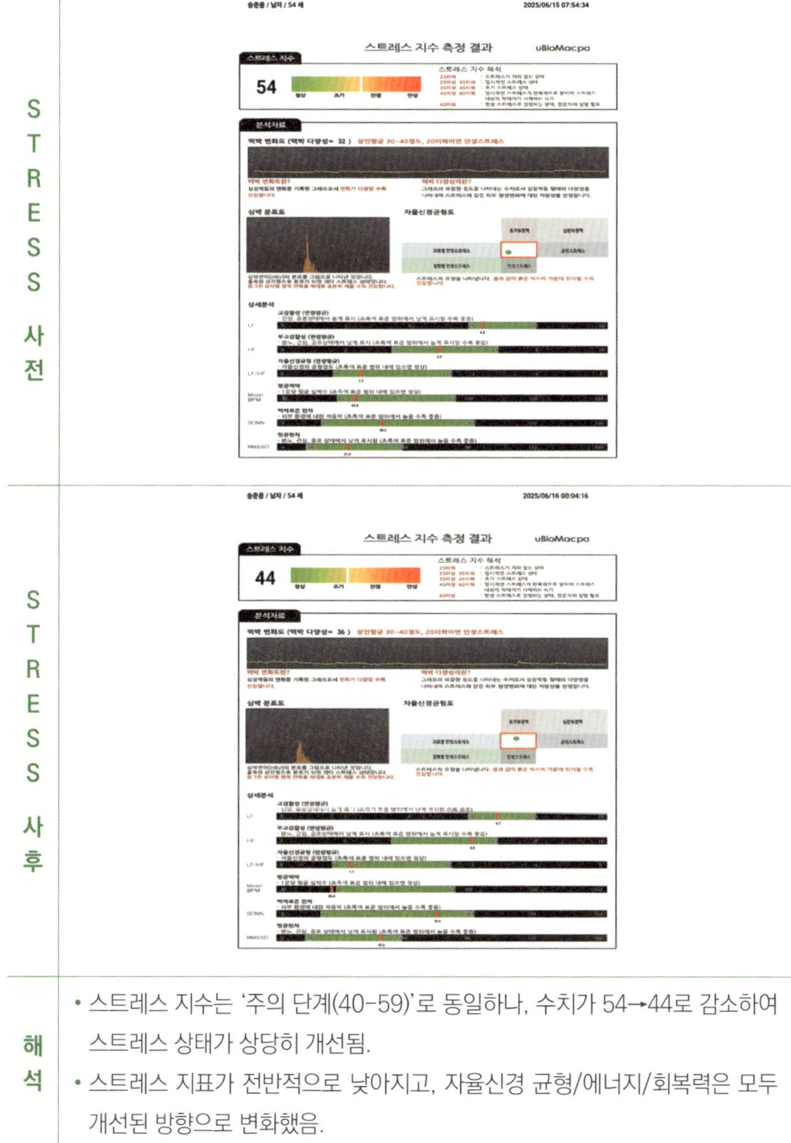

해석	• 스트레스 지수는 '주의 단계(40-59)'로 동일하나, 수치가 54→44로 감소하여 스트레스 상태가 상당히 개선됨. • 스트레스 지표가 전반적으로 낮아지고, 자율신경 균형/에너지/회복력은 모두 개선된 방향으로 변화했음.

미주

1) 강정석, 『치유의 숲 이해와 관리』, 서울: 좋은땅출판사, 2021, 60-62.

2) 신창섭 외, 『산림치유의 이해』, 충북: 산림치유연구사업단, 2018, 31-33.

3) 이영호, 김은지, "수용전념치료(ACT)의 주요 개념 및 임상 적용 고찰", 『상담학연구』 21(2), 2020, 341-358.

4) 산림청, "산림치유 활성화 및 산림치유산업 진흥에 관한 법률안", 『입법공청회 자료집』, 2025, 14-57.

5) 박진영, "산림복지 서비스의 자율성과 제도적 과제", 『산림복지연구』 3(1), 2020, 21-35.

6) Kashdan, T.B. & Rottenberg, J., "Psychological flexibility as a fundamental aspect of health", 『Clinical Psychology Review』, 30(7), 2010, 865-878.

7) 히라노 히데키·미야자키 요시후미, 가가와 다카히데 외, (사)한국산림치유포럼 역, 『산림테라피』, 서울: 도서출판 전나무숲, 2001, 27-32.

8) 박범진·송초롱·연평식·이윤정, 『산림치유사 1급 양성교재』, 충북: 웃고문화사, 2021, 177-179.

9) 송인준·이가영·송초롱, "산림치유 프로그램의 효과를 검증한 국내연구의 동향 분석", 『한국산림과학회지』 vol.111, no.4, 통권241호, 2022, 651-666.

10) 김진숙, "Soundscape에 기반한 치유의 숲 소리 및 경관의 선호도·심리적 회복감 분석-국립대관령 치유의 숲을 중심으로-", 충북대학교대학원 박사 학위 논문, 2021.

11) 김윤희, "스트레스 수준에 따른 산림치유 프로그램 선호도 분석", 충북대학교대학원 석사 학위 논문, 2016.

12) 정지헌, "수도권 중등 교사의 스트레스 대처방식에 따른 산림치유 프로그램 선호도 분석", 충북대학교대학원 석사 학위 논문, 2022.

13) 백광식, "산림의 소리가 대학생의 생리·심리적 안정 및 주의 집중력에 미치는 영향", 공주대학교대학원 석사 학위 논문, 2022.

14) 김인옥, "산림의 청각요소가 인체의 심리·생리에 미치는 영향", 충북대학교대학원 석사 학위 논문, 2014.

15) "숲의 소리경관은 감각단서로 작동하여 특정 기억을 자극하며, 이는 전의식의 '버튼'을 누르는 효과를 만들어 자유연상으로 이어진다. 즉, 소리라는 감각단서가 방아쇠가 되어 전의식의 저장소가 열리고, 거기서 다양한 연상(기억·감정·이미지)이 흘러나오는 곳이다(소리경관→감각단서→전의식버튼→자유연상)." Sigmund Freud, The Interpretation of Dreams.trans.James Strachey(London: Strachey(London:Hogarth Press, 1953), 112./ Endel Tulving and

Donald M. Thomson, "Encoding Specificity and Retrieval Processes," Psychological Review 80, no.5(1973): 352.

16) Westen, D.(1998). "The scientific legacy of Sigmund Freud Toward a psychodynamically informed psychological science", 『Psychological Bulletin』, 124(3), 333-371. https://doi.org/10.1037/00332909.124.3.333

17) 히라노 히데키·미야자키 요시후미·가가와 다카히데 외, 『산림테라피』, 서울: 전나무숲, 2001, 190-193.

18) Kaplan, S(1995), "The restorative benefits of nature: Toward an integrative framework.", 『Journal of Environmental Psychology』, 15(3), 169-182. http://doi.org/10.1016/0272-4944(95)9000-9

19) 강정석, 『치유의 숲 이해와 관리』, 서울: 좋은 땅, 2021, p.70-71.

20) 강정석, 『치유의 숲 이해와 관리』, 서울: 좋은땅출판사, 2021, 82-95.

21) 오창화, "알코올 의존증 완화를 위한 산림치유 프로그램 개발 및 적용 효과에 관한 연구," 강원대학대교대학원 석사학위논문, 2023, 8-10.

22) 산림청, 「산림치유 6대 발표 자료」 (대전:산림청, 2011)

23) 신창섭 외, 『산림치유의 이해』, 충북: 산림치유연구사업단, 2018, 30-31.

24) 이장호·정남훈·조성호 공저, 『상담심리학의기초』, 서울: 학지사, 2005, 60-61.

25) 상게서, 61-62.

26) 프로이트는 1900년에 발표한 『꿈의 해석』에서 인간의 정신세계를 의식, 전의식, 무의식으로 구분하는 지형학적 모델(Topographical Model)을 제시하면서, 이 모델에 따르면, 인간의 심리적 경험은 의식적 접근의 가능성을 기준으로 첫 번째는, 의식 수준(Conscious Level)으로서 항상 자각하고 있는 지각, 사고, 정서 경험을 포함한다. 이러한 의식적 경험은 인간의 정신세계에 있어서 극히 일부분에 해당된다. 정신세계라는 거대한 빙산에서 수면으로 떠오른 일부가 의식적 경험에 해당된다. 둘째는, 전의식 수준(Preconscious Level)으로서 평소에는 의식하지 못하지만 약간의 노력을 기울이면 쉽게 의식으로 떠올릴 수 있는 기억과 경험을 의미한다. 전의식은 무의식의 내용을 의식으로 연결하는 교량 역할을 한다. 세 번째, 무의식 수준(Unconscios Level)은 자각하려는 노력에도 불구하고 쉽게 의식되지 않는 다양한 심리적 경험을 포함한다. 이러한 무의식은 수용되기 어려운 성적 욕구, 폭력적 동기, 부도덕한 충동, 비합리적 소망, 수치스러운 경험과 같이 의식에 떠오르면 위협적인 것으로 느껴지기 때문에 억압된 욕구, 감정, 기억의 보관소라고 할 수 있다(권석만, 『현대심리치료와 상담이론-마음의 상처와 성장으로 가는 길』, 서울: 학지사, 2021, 56-58).

27) 김춘경·이수연·이윤주·정종진·최웅용 공저, 『상담의 이론과 실제』, 서울: 학지사, 2020, 69-188.

28) 조앤 에릭슨 저, 박종성 옮김, 『감각의 매혹』, 서울: 에코의서재, 2008, 17-134.

29) 김춘경·이수연·이윤주·정종진·최웅용 공저,『상담의 이론과 실제』, 서울: 학지사, 2020, 168-171.

30) 신성만·김주은·신정미·금창민·김이삭·김향미·추교현·유안나 공저,『심리상담의 이론과 실제』, 서울: 마인드포럼, 2021, 127-.

31) 권석만,『현대심리치료와 상담이론』, 서울: 학지사, 2021, 132-133.

32) 신성만·김주은·신정미·금창민·김이삭·김향미·추교현·유안나 공저,『심리상담의 이론과 실제』, 서울: 마인드포럼, 2021, 184-185.

33) Kaplan, S. (1995). "The restorative benefits of nature: Toward an integrative framework.",『Journal of Environmental Psychology』, 15(3), 169-182.

34) 히라노 히데키·미야자키 요시후미·가가와 다카히데 외, (사)한국산림치유포럼 역『산림테라피』, 서울: 도서출판 전나무숲, 47.

35) 김진숙, "Soundscape에 기반한 치유의 숲 소리 및 경관의 선호도·심리적 회복감 분석-국립대관령 치유의 숲을 중심으로-", 충북대학교대학원 이학 박사 학위 논문, 2021. 53-55.

36) Buck, J.N.(1948), The H-T-P:A Qualitative and Quantitative Scoing Manual. Journal of Clinical Psychology, 4, 151-159.

37) 최외선·이근매·김갑숙·최선남·이미옥 공저,『마음을 나누는 미술치료』, 서울: 학지사, 2013, 145-155.

38) 송준용, "이야기심리학에 근거한 청소년의 자아정체성 형성과정 연구",『융합상담치료연구』, 제1권 제1호, 2018, 6-8.

39) McAdams,D.P.(2001), "The Psychology of life stories. Review of General Psychology", 5(2), 100-122.

40) 최윤미, "이야기심리학 관점에서 본 삶의 의미와 정체성 탐색",『심리치료연구』, 11(1), 2020. 45-62.

41) 노안영,『상담심리학의 이론과 실제』, 서울: 학지사, 2018, 26.

42) Naewijn,J.(2011), "Determinants of Daily Happiness on Vacation. Journal of Travel Reserch", 50(5), 559-566.

43) Lazarus, R.S.,&Folkman, S.(1984).『Stress, Appraisal, and Coping.』, New York: Springer Publishing Company, 141-180.

44) https://access. visitkorea.co.kr/

45) https://korean.visitkorea.or.kr/

46) https://encykorea.com/c/Article/E0012098?utm_source=chatgt.com/

47) https://access.visitkorea.or.kr/ms/detail.do?cotld=49

48) 국가유산청 국가유산포털 www.heritage.go.kr/ 천연기념물 태안 신두리 해안 사구

49) https://www.chollipo.org/

50) https://temiorae.com/

51) korean.visitkorea.or.kr

52) 하워드 클라인벨, 이종헌 역, 『성장상담』, 서울: 성장상담연구소, 2003, 64-67.

53) 정승록, 박병화, op. cit., 474-475.

54) 민장배, 이수환, "사이버 중독에 대한 실천신학적 접근", 『신학과 실천』, 79(2022), 457. 578-579.

55) 송준용, "생성AI시대 알파세대의 디지털리터러시의 영향과 돌봄을 위한 목회상담적 접근", 『신학과 실천』, 89(2024), 457.

56) 온석대학원대학교 산림치유복지학과 동문회, "산림치유산업 일자리 창출 모델 구축방안", 『국회토론회 자료집』, 2025.03.18. 22-24.

57) 상게서, 61-62.

58) Buck, J.N.(1948), The H-T-P:A Qualitative and Quantitative Scoing Manual. Journal of Clinical Psychology, 4, 151-159.

59) 온석대학원대학교 산림치유복지학과 동문회, "산림치유산업 일자리 창출 모델 구축방안", 『국회토론회 자료집』, 2025.03.18. 22-24.

60) 온석대학원대학교 산림치유복지학과 동문회, "산림치유산업 일자리 창출 모델 구축방안", 『국회토론회 자료집』, 2025.03.18. 22-24.

공저자

대표저자 송준용

상담심리학 박사(Ph.D)/상담학과 교수

전) 연세대학교 상담코칭지원센터 상담연구원

연세마음향기상담센터 원장

FOREWELL치유센터 대표

국가자격 산림교육전문가

안혜용

상담심리학 박사(Ph.D)/상담학과 교수

미술치료 전문가

혜화숨심리상담센터 소장

염미정

경북전문대학교 간호학과 교수

전)고려대학교병원 응급의료센터 간호사

전)정신건강의학과 간호과장 & 상담센터장

전)염미정 작업실 [나를 위한 서재] 대표

교류분석상담전문가 상담및심리치료영역 [한국교류분석상담학회]

오수익

치유인형만들기 아카데미 소장

FOREWELL치유센터 충남서부지부장

온석대학원대학교 산림치유복지학과

김성래

SEJONG E&R 관리본부장

FOREWELL치유센터 충남남부지부장

온석대학원대학교 산림치유복지학

강명숙

우리숲 힐링푸드연구소 소장

FOREWELL치유센터 대전지부장

온석대학원대학교 산림치유복지학과

김소영

㈜자연의 말그미(산림치유 전문업) 대표

FOREWLL치유센터 경기광주지부장

온석대학원대학교 산림치유복지학과

국가자격 산림교육전문가